미국경제론

노철화 지음

Σ 시그마프레스

미국경제론

발행일 | 2017년 2월 28일 초판 1쇄 발행

저 자 | 노철화
발행인 | 강학경
발행처 | ㈜ 시그마프레스
디자인 | 강경희
편 집 | 김성남

등록번호 | 제10-2642호
주소 | 서울시 영등포구 양평로 22길 21 선유도코오롱디지털타워 A401~403호
전자우편 | sigma@spress.co.kr
홈페이지 | http://www.sigmapress.co.kr
전화 | (02)323-4845, (02)2062-5184~8
팩스 | (02)323-4197

ISBN | 978-89-6866-880-7

* 책값은 책 뒤표지에 있습니다.
* 이 도서의 국립중앙도서관 출판예정도서목록(CIP)은 서지정보유통지원시스템
  홈페이지(http://seoji.nl.go.kr)와 국가자료공동목록시스템(http://www.nl.go.
  kr/kolisnet)에서 이용하실 수 있습니다.(CIP제어번호 : CIP2017004108)

머리말

미국 경제가 다양한 형태의 자본주의 경제 중의 하나이지만, 미국 경제는 현대 자본주의 경제의 중추를 이루고 있으며 우리의 경제, 정치, 사회, 문화에 깊은 영향을 미치고 있다. 오늘날 한국 경제의 모습은 미국 경제와 많이 닮아 있다. 춘아, 춘아, 옥단춘아, 네 아버지 어디 갔니?에서 김우창 교수가 '우리 현실을 움직이는 것이 서양적인 것'이고, '서양을 공부하는 게 필요'하다고 지적한 것과같이 우리에게는 미국 경제에 대한 공부가 필요하다.

미국 경제는 미국의 독특한 역사적, 환경적 조건 속에서 발전되어 왔다. 미국 경제는 미국의 역사·정치·사회·문화와 상호관계 속에서 변화했다. 미국 경제는 세계 경제를 주도하고 다른 나라의 경제에 영향을 미치지만 국제적 상호의존관계 속에서 다른 나라로부터 다양한 영향을 받기도 한다. 미국은 세계 최대의 경제규모를 가지고 있으면서 자원대국이며 농업대국이고 세계 최고의 경쟁력을 보유하고 있다. 그러면서 빈부격차가 가장 심한 빈곤대국이라고 불리기도 한다.

미국 경제 자체가 워낙 방대하고 다면적일 뿐만 아니라 경제학의 많은 분야가 적용되기 때문에 미국 경제를 제대로 파악하기 어렵다. 미국 경제의 복잡한 현실에 대해 다양한 해석이나 이론이 등장하기도 하고, 뛰어난 의견들이 서로 대립하기도 한다. 집권당이나 시대에 따라 재정정책, 금융정책, 통상정책은 물론 교육·환경·복지·의료·국방 등의 정책기조도 크게 달라졌다. 주제별로 전체적인 흐름을 잃지 않고자 했다.

미국 경제의 전반적인 모습과 함께 개별적인 경제 영역을 살펴보기 위해 미국 경제의 환경적, 제도적, 역사적인 모습을 먼저 개관하고 이와 연관해서 개별 영역별로 미국 경제가 변화해 온 모습을 담고자 했다. 내용을 보면, 제1장에서는 국토와 자원, 인구와 인종, 세계 속의 미국 경제 등을 개관하고, 제2장에서는 미국 경제의 제도적 특징으로 자유시장제도, 지방 분권, 독점금지, 노동조합, 대통령의 경제정책 등에 대해 설명하고 미국식 자본주의와 유럽식 자본주의를 비교했다. 제3장에서는 미국 경제의 역사와 산업구조에 대해 간략하게 정리했고, 제4장에서는 미국의 거시경제를 분석하고 통화정책과 재정정책을 살펴보았다. 제5장에서 미국의 기업을 여러 측면에서 정리했고, 제6장에서는 미국의 금융제도와 금융개혁을, 제7장에서는 고용과 분배 문제를, 제8장에서는 미국 산업의 경쟁력과 국제무역에 대하여 살펴보았다.

부산대학교 기본연구지원사업(2년)의 지원을 받았다. 학생들과 함께 공부했던 내용을 책으로 묶게 되어 고마움을 표한다.

2017년 2월

노 철 화

부산대학교 경제통상대학
무역학부 명예교수

1 미국 경제 개관

2 미국 경제의 제도적 특징

3 미국 경제의 역사와 산업구조

4 미국의 거시경제와 경제정책

5 미국의 기업

6 미국의 금융제도 개혁

7 미국의 고용과 분배

8 미국 산업의 경쟁력과 국제무역

제 **1** 장

미국 경제 개관

1. 미국의 국토와 자원

(1) 미국의 국토

국토의 면적이 가지는 의미는 단순히 국민이 거주하는 장소의 넓이로서뿐만 아니라 지하자원, 해양자원, 인구와 함께 국민경제의 기반을 형성한다. 미국의 국토는 러시아, 캐나다 다음으로 세계에서 세 번째로 넓고 중국이 네 번째로 넓다. 수도 워싱턴 DC, 50개 주(state)와 푸에르토리코 및 괌 등의 해외 영토를 포함한다.

미국 본토는 남북으로 3,100km, 동서로 4,500km에 이르고, 국토 면적은 982.6만 km²로, 남한 면적의 94배, 프랑스 면적의 17배, 일본 면적의 25배에 달한다. 미국의 면적이 캐나다 · 러시아보다는 작지만 북극이나 사막과 같은 불모의 땅을 제외한 이용가능면적으로는 세계에서 가장 넓은 영토를 보유하고 있다. 미국의 국토는 기후나 자연환경, 자원에서 뛰어난 조건을 갖추고 있어서 미국 경제의 기반이 되었다.

미국의 독립 당시의 영토는 대서양 쪽의 13개 주에 걸친 지역으로 현재 면적의 약 1/5에 불과했지만, 1803년에 나폴레옹으로부터 루이지애나를 구입했고, 1819년에 스페인으로부터 플로리다를 매입했으며, 1845년에 텍사스를 병합했고, 1846년에 영국으로부터 오리건을 획득했으며, 1848년에는 멕시코와의 전쟁으로 뉴멕시코와 캘리포니아, 텍사스 등을 구입했고, 1867년에는 러시아로부터 알래스카를 구입하는 등 영토를 지속적으로 확대했다.

(2) 미국의 지하자원

미국의 지하자원은 매우 풍부하다. 동부 애팔래치아 산맥에서는 석탄 · 철광석 · 보크사이트 · 동 등이 생산되고, 서부의 록키 산맥에서 텍사스에 걸쳐 석유 · 천연가스 등이 생산되고 있다. 1913년에는 미국은 천연가스 · 석유(세계 생산의 65%) · 동 · 석탄 · 철광석 · 은 등은 세계 최고의 산출량을 기록했고 금은 2위였는데, 석탄 · 석유 · 천연가스 · 철광석 · 동광석 등이 대규모로 생산되어 공업 발전을 뒷받침했다.

미국은 20세기 전반까지는 천연자원 수출국으로서 경제발전에 대한 천연자원의 기여도가 높았지만, 제2차 세계대전 이후 경제성장에 따른 자원 수요가 급증하면서 천연자원이 더 이상 중요한 성장요인이 되지 못했다. 제2차 세계대전 이후에는 중동 지역의 신흥 산유국에 비해 생산비가 높고 전략적 관점에서 국내 석유를 보존했기 때문에 원유의 수입의존율이 높아졌다. 그러나 1987년의 경우 원유를 포함한 1차 에너지(괄호 안의 숫자는 원유 비율)의 해외의존율을 비교해 보면 미국이 21.0%(36.6%), 영국이 32.9%(45.4%), 당시 서독이 63.9%(95.4%), 프랑스가 82.6%(95.2%), 일본이 94.9%(100.0%) 등으로, 미국의 에너지 해외의존율이 다른 선진국에 비해 매우 낮은 유리한 조건을 갖추고 있었다.

미국은 세계 석유 소비량의 20%를 차지하는 세계 최대의 에너지 소비국이기 때문에 국내 채굴 석유와 함께 많은 양의 수입 석유에 대한 의존도가 높았다. 그러나 최근에는 새로운 유전 개발과 함께 셰일가스 채굴 기술의 발달에 따라 2008년부터 셰일오일 채굴의 증가로 원유 생산이 증대되면서 2013년에는 세계 최대 에너지 생산국이 되었다. OECD 자료에 따르면, 2015년의 1일 원유 생산량은 미국이 15.0백만 배럴로, 사우디아라비아의 12.0백만 배럴, 러시아의 11.0백만 배럴, 중국의 4.7백만 배럴보다 많았다. 미국에서 셰일오일의 생산이 크게 증가되면서 에너지 가격이 큰 폭으로 하락했고 다량의 에너지를 저렴하게 공급하는 새로운 에너지 혁명을 일으켜서 석유화학 · 태양광 · 전기차 등 전체 산업에 영향을 미쳤다. 미국의 원유 소비량 가운데 미국 국내 원유의 공급 비중이 2015년에 55%를 기록해 수입 원유 비중 45%를 초과했다.

▶ ▶ ▶ 셰일가스

셰일가스와 셰일오일은 지하 1km 이하에서 모래와 진흙이 쌓여 굳어진 퇴적암(셰일 : shale)층에 매장되어 있는 천연가스와 오일을 말한다. 확인된 셰일가스 매장량이 기존 천연가스 매장량의 1/3에 달해 앞으로 60년을 사용할 수 있는 규모에 달한다. 미국에서 채굴 기술이 발달하면서 셰일가스와 셰일오일 생산이 급증했다. 2005년에 세계 최대 석유수입국이었던 미국은 셰일오일 생산에 따라 수입이 급격하게 감소했는데, 2015년에는 세계 최대 석유수입국의 자리를 중국이 차지했다. 미국은 2015년 12월에는 원유수출 금지 조치를 해제했으며, 2020년대 초에는 에너지를 자급자족하고 2030년에는 석유를 자급자족하게 될 것으로 전망되었다.

전체 석유 생산량의 약 5%에 불과한 셰일오일의 가격은 배럴당 약 50달러 수준으로, 국제 유가에 직접 영향을 미쳤다. OPEC 등 산유국들이 셰일오일의 급성장을 막으려는 전략에 따라 국제적으로 유가 수준이 큰 폭으로 하락하면서 미국의 셰일오일 생산이 상당한 타격을 받았지만 최근에는 생산이 다소 회복되었다.

셰일오일의 증산은 직접 셰일가스를 기반으로 하는 석유화학 관련 산업뿐만 아니라 고비용으로 경쟁력을 상실했던 미국 제조업이 저렴해진 에너지 가격에 따라 경쟁력이 높아지면서 제조업 부흥을 이끌고 있다. 그러나 셰일가스와 셰일오일 채굴과정에서 지하수가 오염되고 이산화탄소가 다량 배출되어 지구온난화 문제에 영향을 미친다는 우려가 있다.

2002년 부시 대통령에 의한 이라크 공격 결정에는 세계 2위의 석유 매장량을 가진 이라크를 통해 국제질서 주도권을 강화하려는 의도가 있었다고 알려졌다. 미국의 주요한 원유 수입원은 사우디아라비아, 이란, 아랍에미리트, 쿠웨이트, 바레인, 이라크 등 중동 산유국들이 많았는데, 최근에는 캐나다, 브라질, 콜롬비아 등 미국의 영향력이 강한 지역으로부터의 수입이 증대되었다.

2008년의 금융 위기 이래 국제 유가가 지속적으로 하락했다. 세계적인 경기침체의 장기화로 원유에 대한 수요가 낮을 뿐 아니라, 미국의 셰일오일 증산에 따라 원유 생산대국인 사우디아라비아가 국제 정치·경제에 대한 영향력 약화를 우려하여 원유 생산 규모 축소를 거부했고, 경제 제재가 완화된 이란이 증산을 원하면서 석유수출국기구(OPEC) 국가들 간에 생산 축소를 통한 원유 가격 지지에 대해 합의하는 데 실패했다. 2014년에 원유 가격이 배럴당 90달러 이하로 하락했고 2016년 초에는 40달러 선까지 폭락했는데 산유국의 과잉공급을 막기 위해 2016년 12월에는 2001년 이후 처음으로 OPEC 회원국과 비회원국 11개국이 2017년 1월부터 하루 56만 배럴 감산하기로 합의하자 유가는 50달러를 상회했다.

2. 미국의 농업

(1) 세계 최대의 농업국

광대한 영토의 약 20%가 농경지로 이용되고 있으며 목축을 포함하는 농업용지가 국토의 절반을 차지하는데, 세계 전체 농업용지의 약 20%를 미국이 차지하고 있다. 미국은 기후조건이 세계에서 유통되는 대부분의 농산물을 재배하는 데 적합한, 뛰어난 자연조건을 갖추고 있다. 미국이 2009년까지는 세계 최대의 공업국이었다는 사실은 잘 알려져 있지만 세계 최대의 농업국이기도 했다. 애팔래치아 산맥에서 록키 산맥에 이르는 대평원은 세계적으로 비옥한 토지로서 수많은 농작물이 생산되는데, 식량자급률은 128%에 달하여 국내 소비를 충족시킬 뿐만 아니라 잉여 농작물을 세계로 수출했다. 미국은 쌀·소맥·대두·면화 등의 세계 최대 수출국이었으며 '세계의 곡창'으로도 불렸는데, 농지의 약 1/3이 수출용 농작물을 경작했다. 농업은 2013년에 소비재와 부동산, 헬스케어와 함께 미국의 경제를 이끈 4대 산업에 포함되었다.

세계 최대의 농업국이지만 농업에 종사하는 사람의 수는 매우 적다. 제2차 세계대전 이전부터 농업의 기계화가 진전되었으며 경작 규모도 급속히 확대되었다. 1세기 전만 해도 미국 노동력의 절반이 농장에서 일했는데, 1990년대에 이 숫자가 3% 미만으로 줄어들었으며 2014년에는 1.4%에 불과했다. 그러나 농산물 가공과 유통을 포함하는 농업 관련 산업의 고용은 적지 않다. 미국의 농업은 비옥한 토지로 높은 생산성을 유지하고 있다. 농업용 기계장비 등에 의존한 농업생산성의 상승은 제조업보다 급속하게 이루어졌는데, 1950년을 100으로 할 때 1975년의 생산성지수를 보면 비농업부문은 218인 데 비해 농업부문은 447에 달했다. 미국의 농가소득이 20세기 전반에는 비농가소득에 비해 상당히 낮았지만 후반에 들어서 평균소득이 서로 수렴하여 1990년대에는 차이가 작아졌다.

미국 농업의 최대 고민은 과잉생산에 있었다. 과거 러시아 등 해외 농작물의 흉작으로 수출이 호조를 보이는 경우도 있었지만 1980년대 이래 유럽의 공동농업정책(Common Agricultural Policy, CAP)에 의한 농산물 수출 증대 등에 따라 미국으로서는 농산물 수출을 증진시키고 장기적으로 안정성을 확보할 필요가 생겼다. 이에 따라 대외적으로 농산물 무역의 자유화와 농산물과 축산물의 수입개방 압력을 강화했다. 농산물 교역 문제를 둘러싼 미국과 유럽 간이나, 선진국과 개발도상국 간의 갈등이 과거 우루과이라운드 협상이나 21세기 들어서 밀레니엄 라운드 의제 협상에서 가장 큰 걸림돌이 되었다.

(2) 미국의 농업정책

미국 정부의 농업에 대한 개입은 건국 시절까지 거슬러 올라간다. 농업 생산과 유통 인프라 건설 등 공적인 투자와 규제를 중심으로 농가 신용, 작물 보험, 자원 보존, 노지 보존 등에 대한 보조금이 주요 인센티브로 제공되었으며, 건강과 식품 안전, 농업 노동자 보호 등의 규제가 실시되었다. 농산물 가격에 대한 규제는 1920년대의 농산물 가격 폭락과 1930년대의 뉴딜 정책에 의해 확대되었는데, 최소한의 농가소득을 유지하는 것이 정부의 책임이라는 전제하에서 농산물 가격 지지정책을 실시했다. 수입 농산물에 대한 과세는 건국 이래 지속되어 왔던 보호무역정책으로 미국은 1960년대까지 관세 및 무역에 관한 일반협정(GATT)에서도 농업에 대한 협상을 원치 않았다. 1970년대에 곡물가격이 급등할 때는 수출보조금이 필요하지 않았지만 1980년대 들어 세계적으로 농산물 가격이 하락하자 유럽과 함께 미국도 농산물 수출 보조금을 증가시켰다. 이러한 농업정책은 비용편익의 측면에서 지나치게 특수 이익집단의 정치력에 의해 좌우되면서 사회경제적 손실을 초래할 수 있다는 비판을 받았다. 농민들이 정치적으로 성공한 요인으로는 로비 기술, 농업정책을 실무부서에 맡기는 연방정부구조, 농업정책에 대한 미약한 반발 등을 들 수 있는데, 정치적 영향력이 점차 약화되었다.

제2차 세계대전 이후 농산물 생산은 소위 녹색혁명에 따라 획기적인 고수확 종자가 개발되면서 생산이 크게 증가했다. 1972년 이후 식량부족현상으로 농산물 가격이 폭등하면서 농산물이 미국의 주력 수출품으로 자리 잡게 되었고 미국의 농업은 황금기를 누렸다. 그러나 시장원리가 강화되고 수출용 곡물 재배를 위해 거대한 자금력이 필요하게 됨에 따라 미국의 농업은 종래의 중소 농가 중심에서 대규모 농장 경영으로 전환되었다. 1980년대 초가 되면 미국은 1970년대 초의 3,900만 톤의 3배에 달하는 1억 1,000만 톤을 수출하여 세계 곡물 수출량의 60%를 차지했다. 1980년대에 들어서 세계적으로 경기침체가 지속되면서 곡물에 대한 수요가 위축된 반면, 유럽공동체(European Community, EC)는 공동농업정책을 통하여 EC 역내에서의 농산물 유통을 자유화했고, 역외 수입으로부터 시장을 보호했으며, 수출 보조금을 증대시켜서 전통적인 식량 수입국에서 수출국으로 전환되었고 농산물 수출에서 미국과의 경쟁이 치열해졌다.

미국은 1985년 말 농업안전보장법을 제정하여 농산물 수출을 촉진하기 위해 보조금을 지급했고 이에 따른 미국의 수출 지원에 대항하여 EC 등의 경쟁국들도 보조금을 지급하면서 상황이 악화되었다. 우루과이라운드 농업 협상에서 보호주의의 배제, 시장원리 강화의 기조 위에서 '예외 없는 관세화'를 도입했고 수출보조금의 삭감을 중요 내용으로 하여 타결되었다. 1990년대에 들어서는 1980년대의 공급과잉이 조정되면서 세계 농산물 수급이 안정적인 수준을 유지했으며, 이후 농산물 무역의 자유화 추세 속에서 농업의 대규모화에 따른 기업화가 진행되면서 시장원리에 따라 농산물이 선택되고, 경쟁력을 지닌 농작물이 생산·수출·수입되며, 채산성이 있는 농산물이 주로 재배되는 현상이 나타나게 되었다.

(3) 농업기업의 성장

농업 생산에서 생산의 특화, 농장의 대형화, 품목 특화의 진행, 농민의 위험 부담을 축소하는 계약 체결 등과 같은 구조적 변화가 진행되었다. 농가 소득원의 다양화로 인해 농산물 생산에 따른 소득은 대규모 농가에 집중되었고, 대부분의 소규모 농가의 경우 농산물 생산은 소득원의 일부분만 차지했다. 곡물메이저로 불리는 거대 다국적 곡물상들이 세계적으로 곡물의 유통을 관리하고 자신들의 가공공장에서 사료와 비료를 제조하는 농업기업(agribusiness)으로 성장했다. 한국에서 2003~2008년 수입한 곡물 중 카길(Cagill), 아처 다니엘스 미드랜드(Archer Daniels Midland, ADM), 벙기(Bunge), 루이 드레퓌스(Louis-Dreyfus, LDC) 등 상위 4대 곡물메이저(ABCD)에 의존하는 비중이 밀은 46.7%, 콩은 46.4%, 옥수수는 62.4%에 달했고, 대두는 일본의 마루베니(Marubeni)로부터 수입하는 물량이 52%를 차지했다.

농작물의 유통에서 발생하는 부패나 해충의 문제를 해결하기 위해 생물공학의 첨단기술을 이용하여 병충해 등에 강한 작물을 개발했는데, 이렇게 실용화된 유전자변형(GM) 농산물의 등장으로 '제2의 녹색혁명'의 시대에 접어들었다는 주장이 있는 반면, 유전자변형 농산물이 인체에 미치는 영향에 대한 우려뿐만 아니라 식량 생산의 중심적인 위치를 차지하게 되면 단일작물의 재배로 식물다양성이 희생되고, 자연조건을 무시한 대량 생산으로 토양의 황폐화를 촉진할 것이라는 우려도 높아졌다. 세계 유전자변형 농작물 재배 면적의 40%를 차지하는 미국에서 2013년 생산된 옥수수, 목화, 콩, 사탕무의 90~98%가 유전자변형 품종이었다.

최근 미국 농업은 유전자변형 농산물의 증가와 이에 대한 소비자들의 우려, 초대형 농기업의 증가, 농산물 가격의 급격한 변동성 등의 문제에 직면하고 있다.

3. 미국의 인구와 인종

(1) 미국의 인구

인구는 인적 자원이자 한 나라의 경제활동의 기초가 된다. 미국은 광대한 면적에 걸쳐 많은 인구가 거주하고 있는데, 세계에서 세 번째로 인구가 많은 국가로서 인구수는 중국과 인도 다음이다. 1800년에 500만 명이었던 인구가 1900년에 7,489만 명, 1950년에 1억 5,070만 명이었는데, 2015년 말 현재는 3억 2,276만 명에 달했다. 이는 1960년의 1억 8,067만 명에 비해 약 79% 증가한 규모이다. 2006년에 미국의 인구가 3억 명을 돌파하자 미국인 1명의 평균 소비·배출량이 세계 평균 대비 에너지 소비는 4.9배, 물 사용은 2.7배, 이산화탄소 배출량은 5배, 쓰레기 배출량은 2배에 달하기 때문에 지구 환경에 부정적인 영향을 미치게 될 것이라고 전망되었다.

미국의 인구 피라미드를 보면 고령화 사회로 진입하고 있음을 확인할 수 있다(그림 1-1 참조). 인구의 고령화는 신생아 출생이 줄고 평균수명은 길어지면서 노령인구의

그림 1-1 미국의 인구 피라미드

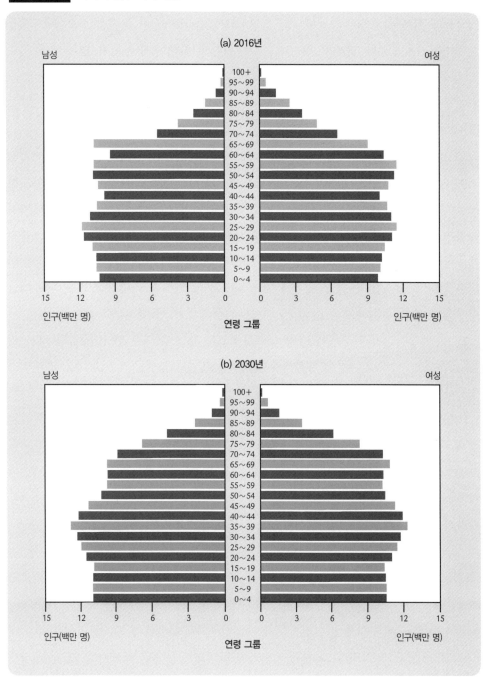

(a) 2016년

남성   여성

인구(백만 명)   연령 그룹   인구(백만 명)

(b) 2030년

남성   여성

인구(백만 명)   연령 그룹   인구(백만 명)

비율이 높아지는 현상이다. 고령화는 노동력 부족에 따른 이민 수용 문제, 노령인구를 위한 재원 조달 문제를 심화시켰다. 그러나 미국은 독일이나 일본 등의 다른 선진국들에 비해서는 물론 중국에 비해서도 청장년층의 비중이 상대적으로 높은 '젊은 국가'의 인구 구성을 갖추고 있는데, 서부 유럽에 비해서 출산율이 높고 이민 인구가 급증했기 때문이다.

(2) 고령화 문제의 심화

미국 사회에서 고령화가 진행되면서 제2차 세계대전 이후 1946년부터 1964년 사이에 태어난 베이비붐 세대들이 은퇴 연령에 도달했다. 전체 인구의 약 25%를 차지하면서 개인 자산에서 80%, 소비에서 50%, 의료비에서 75%, 여행비에서 75%를 차지하면서 미국 사회의 중추적 역할을 했는데, 이들이 은퇴 이후 경제적 위험에 노출되게 되었다. 2010년 자료에 따르면, 개인연금 수령 대상자가 1980년대의 39%에서 현재는 15%로 감소했고, 연금이 주로 투자하는 주식 가치가 하락했으며, 장기주택담보대출에 많이 의존하지만 주택가격이 크게 등락했고, 소비 위주 생활로 저축률이 낮으며, 기대수명이 연장됨에 따라 의료보험료는 늘고 보장은 줄고 있었던 것이 위험 요인으로 지적되었다. 경기침체가 장기화되면서 노령인구의 노동시장 재진입이 증가하고 있다.

고령화가 미국 경제에 미치는 영향은 사회보장제도와 의료보험의 만성적인 적자를 초래할 수 있고 노동연령인구 증가율이 현저히 낮아지고 이에 따라 재정의 지속가능성도 영향을 받게 되며, 특히 의료보험 관련 재정적자는 심각한 수준에 도달하게 될 것으로 예측되었다. 고령화 추세를 완화시키려면 미국의 노동력 공급 감소를 완화시킬 수 있는 상당한 규모의 이민인구 유입이 필요하다.

(3) 미국의 인종

미국은 다인종으로 구성된 사회이다. 과거에는 서유럽뿐만 아니라 동유럽, 중남미, 아시아 등으로부터 새로운 이민자 유입에 따른 다문화사회가 도래하면서 서유럽계 중심의 '용광로'가 아니라 '모자이크', '샐러드 접시' 등으로 묘사되고 있다. 과거에 미국 사회의 주류 지배계층을 와스프(White Anglo-Saxon Protestant, WASP)라고 부르기도 했지만 백인 앵글로-색슨계 개신교도들이 집단으로서 힘을 지니고 있는 것은 아니다. 그러나 비백인에 대해 지금까지 이어지고 있는 인종차별은 미국 사회를 괴롭히고 있다.

2014년의 미국 인구 중에 백인은 62%, 흑인은 12%, 히스패닉은 18%, 아시아계는 6%, 원주민은 1%, 혼혈인은 2%를 차지했다. 미국으로 유입된 다양한 새로운 이민자들이 중산층으로 상승되는 과정 속에서 언제나 낙후된 인종은 원주민과 흑인들이었다.

미국에서 노예제도나 흑인 문제를 냉정하게 말하기는 어렵다. 소위 자유의 나라라는 미국에서 유럽 등지에서 노예제가 사라질 무렵 오히려 노예제가 강화되었고, 노예해방이 이루어진 이후에도 억압이 지속되었으며 아직까지도 인종차별이 계속되고 있다는 사실을 부끄럽게 여기는 사람들이 적지 않다. 미국은 노예제도를 폐지하기 위해 내전을 치른 유일한 국가이다.

(4) 인종 문제

미국은 OECD 국가 중에서 경제적 불평등이 가장 심한 국가이지만, 인종별 불평등은 더욱 심각하다. **포브스**에 따르면 2015년 총인구의 13.2%를 차지하는 흑인들은 국부의 2.5%를 보유했고, 인구의 17%를 차지하는 히스패닉계는 국부의 2.9%를 차지하는 데 그쳤다. **포브스** 400대 부자에 흑인은 2명, 히스패닉은 5명만 포함되었다.

미국에서 흑인의 사회경제적 위상은 매우 낮다. 1980년의 실업률이 평균 7.1%였을 때 흑인의 실업률은 14.3%, 히스패닉은 10.1%에 달했다. 평균실업률이 5.2%였던 2016년 1분기의 경우 백인의 실업률이 4.6%인 데 비해 흑인은 그 2배에 달하는 9.0%였고, 아시아계는 3.8%, 히스패닉은 6.1%였다. 16~19세 청소년 실업률의 경우에는 백인 14.4%에 비해 흑인은 23.2%, 아시아계는 10.8%, 히스패닉은 15.5%에 달했다. 2015년에 부모와 함께 생활하는 흑인 아동은 34%에 불과하여 74%의 백인 아동이나 히스패닉의 60%, 아시아계의 83%와 대조를 이루었고, 어머니만 함께 사는 흑인 아동은 49%에 달하여 15%의 백인 아동이나 히스패닉의 26%, 아시아계의 11%와 크게 대조를 보였으며, 흑인 아동의 70%가 혼외 출생이었다. 2013년 미국 아동 14명 중 1명의 부모 1명이 수감되어 있었는데, 흑인 아동은 9명 중 1명의 부모 1

명이 수감되어 있었다. 2014년 비무장 흑인 청년이 백인 경찰에 의해 불법적으로 살해당한 사건 이후 "흑인의 생명도 소중하다(Black Lives Matter)"고 외치는 민권운동이 빈발했지만 유사한 사건이 계속 이어지고 있다.

인종 문제는 성별, 학력, 종교, 세대와 함께 선거 결과에도 큰 영향을 미친다. 저학력 '백인들의 분노(Angry White)'가 표출되었다고 평가받는 2016년 대통령 선거의 CNN 출구조사에 따르면 유권자의 69%를 차지하는 백인의 58%가 공화당의 트럼프에게, 백인의 37%와 흑인의 88%와 히스패닉의 65%가 민주당의 클린턴에게 투표했다. 18~44세 연령층은 클린턴에게 더 많이 투표했지만 45세 이상 연령층은 트럼프에게 더 많이 투표했으며, 고졸 이하 학력자의 52%가 트럼프를 선택했고 44%가 힐러리를 선택했다.

(5) 이민자 문제

미국 독립 당시부터 유럽으로부터 이민이 지속적으로 이루어졌다. 미국으로의 이민이 많았던 것은 종교적인 이유도 있었지만 경제적 요인이 크게 작용했다. 1800년 당시 미국의 임금은 서유럽보다 약 30% 높았으며 넓은 토지에 공업화가 지속되면서 노동력이 부족함에 따라 19세기 전반에 걸쳐 높은 임금이 지속되었다. 이에 따라 제조업에서는 노동력을 절약하기 위한 기계에 대한 투자가 대폭 이루어지면서 생산성을 높였다. 제2차 세계대전이 끝난 1945년 이후 이민이 증가하는 추세가 지속되었는데, 1960년대 이후 아시아계 이민과 중남미 출신의 이민이 증가하면서 주로 저임금 노동력 공급에 크게 기여했다.

합법 이민 못지않게 비합법 이민이 지속적으로 증가하여 최근 불법이민자 문제가 사회적·정치적 이슈로 비화했다. 불법이민자는 2007년에 1,220명으로 정점에 달했고 대침체 이후에는 대체로 안정세를 유지했다. 2014년에는 불법이민자가 1,110만 명에 달했고 그중 멕시코계가 580만 명, 기타 지역 불법이민자가 530만 명이었는데, 외국출생 이민자의 25.5%가 불법이민자였다.

특히 스페인어를 사용하는 중남미 출신의 히스패닉계 주민이 급속하게 증가하여 최대 소수인종을 이루면서 경제적, 사회적으로는 물론 정치적으로도 주요 압력집단으로 떠올랐는데, 2050년에는 미국 인구의 30%에 달할 것으로 추정되었다. 그중 약

60%를 멕시코계가 차지하고 있는데, 국경을 접하고 있는 이점 때문에 불법 입국도 급증했다. 멕시코와 국경을 맞대고 있는 미국 남서부는 광업과 농업이 활발했고 항공, 군사, 정보산업 등이 발달되어 있어서 노동력에 대한 수요가 매우 높은 점도 중요하게 작용했다. 국제경쟁과 이민자들 때문에 일자리를 상실하거나 위협받고 있다고 느끼는 비숙련 백인 노동자층의 분노가 2016년 선거에서 불법이민자를 추방하고 멕시코와의 국경에 거대 장벽을 건설하겠다고 공약한 트럼프에 대한 지지로 나타나기도 했고, 인종 다양성이 높은 지역에서는 백인들이 결집하며 트럼프에 유리하게 작용했다.

4. 통계로 본 미국

OECD의 미국경제조사(*Economic Surveys: United States 2016*)에서 미국의 영토, 인구, 경제, 대외경제, 정부, 노동시장, 환경, 사회 등에 대한 통계치를 OECD 평균치와 비교했다(표 1-1 참조). 이에 따르면, 인구 중 15세 이하의 비중은 OECD 평균보다 높았고 65세 이상의 비중은 낮아서 '젊은 국가'의 모습을 보였지만, 예상 수명은 남녀 모두 OECD 평균보다 낮아서 비효율적인 의료제도의 문제를 반영했다. 국내총생산의 최근 5년간 실질증가율은 2.0%로서, OECD 평균의 1.7%보다 높아서 미국 경제가 상대적으로 빠르게 회복되고 있음을 보여 줬고, 1인당 국민소득은 구매력평가(PPP) 기준으로 54.4천 달러로 OECD 평균 39.2천 달러보다 높았다. 실업률과 노동시장참여율에서 미국은 OECD 평균보다 양호했지만 평균노동시간은 더 길었다.

환경에서 1인당 총 1차 에너지 공급량은 6.9 석유환산톤(ton of oil equivalent, toe)으로 OECD 평균의 4.1보다 높았지만, 1인당 연료연소 이산화탄소(CO_2) 배출량은 16.2로 OECD 평균의 9.5보다 크게 높았다. 사회 면에서는 소득불평등을 나타내는 지니계수(Gini coefficient)가 0.401로 OECD 평균의 0.308보다 크게 높았으며 최하위 10%의 소득에 비한 최상위 10% 소득의 비율은 미국이 17.6으로 OECD 평균의 9.6보다 매우 높았다. 또 의회 의원 중 여성의 비중은 19.4%로 OECD 평균인 28.6%보다 낮았다.

표 1-1 통계로 본 미국

영토, 인구					
전체인구(백만 명)	318.9		최근 5년 인구 증가(%)	0.8	(0.5)
15세 이하(%)	19.2	(18.3)	예상 수명(년)		
65세 이상(%)	12.6	(13.6)	남성	76.4	(77.8)
외국 출생(%)	13.1		여성	81.2	(83.1)
경 제					
국내총생산(GDP)			부가가치 비중(%)		
경상가격(10억 달러)	17,947		1차 산업	1.3	(2.5)
실질증가율(최근 5년평균, %)	2.0	(1.7)	제조업(건설 포함)	20.7	(26.4)
1인당 GDP(천 달러, PPP)	54.4	(39.2)	서비스업	78.0	(71.1)
정부(GDP 대비, %)					
지출	37.8	(42.3)	총금융부채	113.6	(118.7)
수입	33.5	(38.5)	순금융부채	88.5	(76.0)
대외 경제					
달러당 유로 환율	0.90		상품수출 중 비중(%)		
PPP 환율(미국=1)	1.00		기계 및 수송장비	34.1	
GDP 중			화학 및 관련제품	13.1	
수출(재화 및 서비스)	12.3	(28.8)	상품수입 중 비중(%)		
수입(재화 및 서비스)	15.5	(28.6)	기계 및 수송장비	39.7	
경상수지	-2.70	(0.1)	기타 제조업 제품	15.0	
순국제투자포지션	-40.5		광물연료 및 관련제품	14.8	
노동시장, 기술 및 혁신					
고용률(15~64세, %)	68.7	(66.2)	실업률(15세 이상, %)	5.3	(6.8)
남성	74.2	(74.1)	청소년(15~24세)	13.4	(15.0)
여성	63.4	(58.5)	장기실업(1년 이상)	1.4	(2.5)
참여율(15~64세, %)	72.7	(71.2)	대학교육(25~64세, %)	44.2	(33.6)
평균노동시간(년)	1,789	(1,770)	R&D지출(GDP 중, %)	2.7	(2.4)

환 경					
총 1차 에너지 공급 (1인당, toe)	6.9	(4.1)	연료연소 CO_2 배출 (1인당, 톤)	16.2	(9.5)
재생에너지(%)	6.5	(9.2)	용수 추출(1인당, m^3)	1,582	(819)
미세먼지(PM 2.5, μg/m)	10.7	(14.0)	도시 용수(kg)	725	(516)
사 회					
소득불평등(지니계수)	0.401	(0.308)	교육 성취도(PISA, 2012)		
상대적 빈곤율(%)	17.6	(11.2)	읽기	498	(496)
최상위 10%/최하위 10% 소득 비율	18.8	(9.6)	수학	481	(494)
공공 및 민간 지출 (GDP 비중, %)			과학	497	(501)
건강관리, 경상지출	16.4	(8.9)	여성 의회의원 비중(%)	19.4	(28.6)
연금	6.8	(8.7)	순공식개발지원(GNI 비중, %)	0.2	(0.4)
교육(초 · 중 · 고)	3.6	(3.7)			

(2015년 또는 최신 통계치, 괄호 안은 OECD 평균)

5. 세계 속의 미국 경제

세계 속의 미국 경제의 위상은 매우 높다. 미국 CIA의 세계 팩트북(*World Fact-book*)에 의하면, 2015년을 기준으로 인구는 중국, 인도에 이어서 약 3억 2,100만 명으로 세계 3위, 국토는 러시아, 캐나다에 이어 3위를 차지했다(표 1-2 참조).

  GDP는 2015년에 경상가격 기준으로는 18조 달러로 1위를 기록했고 중국 11조 4,000억 달러, 일본 4조 1,000억 달러, 독일 3조 4,000억 달러, 영국 2조 9,000억 달러, 프랑스가 2조 4,200억 달러 순이었으며, 구매력평가 기준으로는 중국에 이어 2위를 차지했다. 1인당 GDP는 구매력평가 기준으로 카타르, 룩셈부르크가 1, 2위를 차지했고 미국은 19위를 차지했는데, 경상가격 기준으로는 미국이 55,904달러로 5위, 중국이 8,280달러로 75위, 일본이 32,481달러로 25위, 독일이 41,267달러로 19위를 차지했다. 출생 시 예상 수명은 79.7세로 선진국들 중에서 낮았고, 실업률은

표 1-2 주요국의 경제 지표	미국	프랑스	독일	일본	중국	한국
인구(백만 명)	321(3)	67(21)	81(17)	127(10)	1,367(1)	49(27)
국토(백만 km²)	9.83(3)	0.64(43)	0.36(63)	0.38(62)	9.60(4)	0.10(109)
예상수명(년, 출생 시)	79.7(42)	81.8(19)	80.6(32)	84.7(2)	74.5(98)	80.0(38)
GDP(조 달러, PPP)	18.0(2)	2.6(10)	3.8(5)	4.7(4)	19.5(1)	1.8(13)
1인당 GDP(천 달러, PPP)	55.8(19)	41.4(38)	47.4(29)	38.2(42)	14.1(112)	37.8(47)
실업률(%)	5.20(56)	9.90(114)	4.80(49)	3.30(27)	4.20(42)	3.50(31)
공공부채(GDP 대비, %)	73.6(38)	98.2(19)	71.7(43)	227.9(1)	16.7(156)	34.9(125)
군비지출(GDP 대비, %)	4.35(9)	1.80(47)	1.35(73)	0.97(101)	1.99(40)	2.80(25)
수출(조 달러)	1.6(2)	0.5(6)	1.3(3)	0.6(4)	2.3(1)	0.5(5)
수입(조 달러)	2.3(1)	0.5(6)	1.0(3)	0.6(4)	1.6(2)	0.4(11)
원유 생산(천 BBL/일)	8,653(3)	15(75)	49(57)	5(83)	4,189(4)	0

(괄호 안은 세계 국가 순위, 유럽연합은 제외; 2015)

5.20%로 양호한 편이었다.

GDP 대비 공공부채는 38위를 차지했고 GDP 대비 군비지출은 9위를 차지했다. 수출은 2위, 수입은 1위를 차지했고, CIA의 세계 팩트북 기준으로 원유 생산은 3위를 차지했다.

제 **2** 장

미국 경제의
제도적 특징

1. 자유시장경제

미국 사회의 기본 이념의 하나로서 자유주의를 들 수 있다. 경제적 자유주의는 개인의 자유와 권리를 중시하며, 시장주의를 기본으로 하고 계약의 자유, 경쟁의 자유, 기회의 평등, 규제 완화, 기업가 정신, 적자생존을 특징으로 한다. 다양한 자본주의 국가 경제 중에서도 미국 경제는 민간기업의 자유로운 경제활동을 최대한 보장하는 자유기업체제를 가지고 있다. 민간 활동이 존중되고 공공 권력의 개입이 가능한 한 배제되어야 한다는 사고방식이다. 미국 경제에서 소비자와 생산자가 경제를 구성하는 대부분의 결정을 내리지만, 정부가 안정과 성장, 규제와 통제, 직접적인 서비스와 직접적인 지원 등에 대해서 강력한 영향력을 행사한다.

전통적으로 미국에서는 수송 부문을 제외하고는 연방정부가 민간 부문의 일에 개입하는 것을 꺼려 왔다. 그러나 19세기 후반에 농민이나 노동자, 소기업이 자신들을 위해 정부가 나서 줄 것을 요구하면서 점차 변화하기 시작했다. 20세기 들어서 전문경영자들과 다소 급진적인 중산층이 나타나면서 경쟁과 기업의 자유로운 활동이 보장되도록 정부가 기업의 관행을 규제하기 위해 개입할 것을 요구했다.

경제활동이 점차 복잡해짐에 따라 미국에서도 예를 들면 노동관계법, 독점금지법, 공익사업관련법 등에 따른 규제가 이루어졌지만, 이러한 법의 테두리 내에서는 최대한의 자유가 보장되었으며 특히 연방정부의 역할을 제한하려는 경향이 강했다. 미국에서 민간 활동에 대한 정부의 행정적 개입을 배제하려는 풍조가 큰 전환을 이룬 것은 1960년대 존슨 대통령의 '위대한 사회(Great Society)' 정책이 계기였다. 가장 큰 성과로는 노령자에 대한 의료보험(medicare, 메디케어)과 빈곤자에 대한 의료보조(medicaid, 메디케이드)의 복지정책을 들 수 있다. 그러나 이러한 정책이 민간의료보험 회사와 민간병원 등으로부터 강한 반발을 샀고, 경기침체가 지속되면서 재정 부담이 증가하자 다시 '작은 정부'에 대한 논의가 활발하게 이루어졌다.

미국에서는 시장경쟁을 극히 중시하는 시장만능주의적 사고가 존재했는데, 1980년대에 들어서 레이건 대통령의 정책을 통해 크게 확산되었다. 레이거노믹스(Reaganomics)는 조세 및 정부지출 삭감과 규제 완화, 민영화를 근간으로 했다. 경쟁을 통해 자율적으로 경제활동이 이루어져야지 정부에 의해 경쟁이 제한되어서는 안 된다는 사고방식이 신자유주의적 정책으로 나타났다. 의도적으로 촉진된 시장경쟁의 격화는 장기적으로 경제를 활성화시키고 새로운 기업 활동을 창출하여 미국 경제의 번영을 가져온 원동력이 되었다는 평가도 있지만, 레이거노믹스는 달러 가치 상승에 따른 기업 경쟁력 약화와 산업공동화, 빈부격차의 확대, 재정적자와 무역적자의 공존 등과 같은 심각한 부작용을 초래했다.

2008년의 금융위기를 겪고 정부의 전면적이고 적극적인 시장 개입이 이루어지면서 신자유주의적 정책에 대한 반성으로 재규제(reregulation)가 진행되었는데, 2009년 출범한 오바마 행정부는 과거 30여 년에 걸친 '작은 정부'를 지향하는 정책에서 '큰 정부'로 근본적인 전환을 하여, 서브프라임 사태 이래의 금융위기와 이에 따른 실물경제 파급으로 위기 상태에 있던 미국 경제를 재건하기 위한 적극적 시장 개입을 추진했다.

정부의 개입을 원하지 않는 정서가 강한 미국에서 대기업에 의해 시장이 장악되는 위험에 대해서 라이시(Robert Reich) 교수는 자본주의를 구하라(Saving Capitalism)에서 '자유시장'을 옹호하면서 정부가 침범해서는 안 된다고 이야기하는 사람들이 '자유시장'을 '자유'와 동일시하면서 시장 메커니즘의 불균형에 부당한 영향력을 행사한다고 경고했다. 스티글리츠(Joseph Stiglitz)는 불평등의 대가(The Price of Inequality)에서 시장체제에서 대기업의 경제 권력이 강력해지고 최상위 1%의 지대 추구에 따른 불평등이 시장경제의 역동성과 효율성을 마비시키며 민주주의 제도가 최상위 1%의 특권을 위해 변질되었다고 지적했다. 또 정치경제학자 린드블롬(Charles Lindblom)은 시장에는 교환을 통한 효율성 추구 이외에, 시장 교환 이전에 역사·관습·법·권력 등에 의해 자산과 기술의 분배가 강제적으로 미리 결정되는 선행결정이 존재하는데, 이러한 선행결정에 의해 시장경제의 효율성이 제약을 받게 되고 시장 교환의 파급효과, 소득과 부의 불평등, 시장 지위의 불평등, 무지와 조작과 같은 강제성이 나타난다고 설명한다. 정부 관료가 기업의 요구에 잘 부응하게 되고 시장 엘리트와 정치 엘리트의 제휴에 의해 통제되면서 엘리트들이 제공하고자 하는 것만 대중들이 원하게 되는 전도된 현상이 존재한다는 것이다.

2. 연방정부와 지방분권

미국의 각 주(state, 州)는 지리적·기후적·문화적·정치적·경제적 다양성을 지니고 있고 독자적인 정책을 실시하기도 한다. 예를 들면 어떤 지역에서는 금연이나 금주가 시행되는 경우도 있고, 이웃 주나 시에 가서 물건을 구입하는 것이 유리한 경우도 있고, 지방세를 낮추고 교육수준을 높이고 도로를 개선하고 치안을 강화함으로써 도시들 간에 주민을 유치하기 위한 경쟁을 하는 경우도 있다.

미국은 연방과 주로 이원화된 체제를 갖추고 있다. 미국은 '아메리카 합중국('United States' of America)'이란 국명에서 보듯이 그 건국 과정에서부터 주의 연합체였고 주는 하나의 국가로서의 기구를 갖추고 있다. 연방정부는 연방 헌법에서 위임받은 사항에 대한 권한을 행사하고, 주정부는 연방정부의 행정기관이 아니며 연방정부의 권한과 헌법에서 금지하고 있는 권한 이외의 모든 권한을 행사한다. 주에는 행정부, 입법부, 사법부는 물론 사법, 경찰, 기타 기관도 있어서 주 내에서 발생하는 일에 대한 권한과 책임을 지고 있다. 주의 권력은 교육, 소방, 경찰, 공공시설 관리, 공적 자격이나 면허 부여 등 국민 생활과 관련된 광범위한 분야를 관장하며 강한 독립성을 보유하고 있다.

주는 연방과 별도로 독자적인 과세권을 보유하고 있으며 대체로 전체 수입의 3/4을 자체 재원으로 충당한다. 주는 채권도 발행할 수 있고 사회보장이나 의료, 교육 등의 분야에서 연방정부로부터 보조금을 받고 있다. 대공황 이전에는 주와 지방자치단체의 재정 규모가 연방정부의 규모를 능가했지만 1960년대 '위대한 사회' 정책 이후 연방정부의 지출이 대폭 확대되었는데, 대체로 미국 정부부문 지출의 2/3를 연방정부 재정이 차지했다. 각 주의 세금은 매출세, 개인소득세, 법인세를 중심으로 하고 있고 균형재정 원칙을 채택하고 있는 주도 제법 많다. 하지만 납세자와 행정 서비스 수익자 간의 괴리가 문제가 되고 납세자의 반란도 경험했고 각 주에서 '작은 정부'를 지지하는 풀뿌리 주민운동이 늘어났다. 2008년 금융위기 이후 경기침체에 따라 주와 지방 재정이 급속도로 악화되면서 증세나 공적 서비스 축소 등을 실시한 주나 지역이 늘어났다.

주를 중심으로 하는 연방주의는 주가 민주주의의 실험실이 될 수 있으며 주나 지방 정부는 주민들에게 더 가깝고 국가 권력에 대한 억제 장치를 제공할 수 있다는 장점이 있다. 반면, 주들 간 자원의 불균등 배분, 시민권의 불평등 보호, 기업 유치를 위한 경쟁적 세금 인하 등의 단점도 있다.

미국 경제가 발달하고 교통기관이 발달하며 주 경계를 넘나드는 거래가 많아지면서 연방정부가 주로부터 권한을 위임받아서 1887년의 주간통상법(Interstate Commerce Act, 州間通商法)에 따라 그 관리를 맡게 되었다. 그 뒤 경제가 더욱 발달하고 연방정부의 역할이 커지면서 주간통상법도 확대해석되어 주 사이에 발생한 모든 사건은 연방의 관할하에 두게 되었다. 그러나 이러한 경우에도 연방정부의 법률에는 주정부의 역할이 규정되어 있거나 '주정부의 협력을 얻어서'라는 내용이 포함되어 있다. 이러한 지방분권제도는 미국의 경제 운영을 복잡하게 만들고 부분적으로 비효율적으로 만든 요인이 되기도 했다.

미국의 역사를 보면 연방정부의 권한 확대에 반대하고 지방분권을 강화하려는 강력한 세력이 존재했다. 이들은 권력의 집중에 대한 전통적인 경계심과 지방의 일은 지방 사람들이 더 잘 알고 있다는 신념을 지니고 있었다. 사실 미국과 같이 방대한 국가에서 지방분권제도를 통해 지역적인 특성을 살린 정책이 실시될 수 없었다면 국토의 균형적 발전을 꾀하기 어려웠을지도 모르고 또 획일적인 정책의 강요에 따른 지역 간의 첨예한 갈등을 피하기 어려웠을지도 모른다.

3. 법률제도

미국 사회는 다툼이 있으면 법적인 소송으로 해결하려는 '소송사회(litigation society)'라고도 불리는데, 한국에서는 문제가 해결될 가능성이 없을 경우에 소송을 제기하는 것과 대조적이다. 기업 경쟁의 격화는 이러한 소송사회화 경향을 한층 촉진했는데, 소송을 통하여 경쟁상대보다 우위를 차지하고 경쟁상대를 시장에서 배제하기 위한 전략의 하나로 소송을 적극적으로 활용한다. 기업이 부담하는 고액의 소송비용은 궁극적으로 소비자에게 전가된다. 또 미국에서는 대통령이나 연방의회 의원들 중에 변호사가 많은데, 미국의 역대 대통령 중 절반 이상인 25명이 변호사 출신이었다.

미국에서는 회사뿐만 아니라 공익법인, 대학, 교향악단, 경제력 있는 개인도 변호사가 있다. 미국에서는 배심제를 통하여 일반인을 재판에 관여시킴으로써 법원이 일반인들에게 가까운 존재가 되었고, 그 결과 일반 대중들의 법률에 대한 관심도 높아지게 되었다. 배심원제도는 기본적으로 국가에 대한 불신감을 반영하고 있는데, 주의 납세자 명부나 선거인 명부에 실린 사람 중에서 무작위로 선발된 일반 국민으로 구성된 배심원단이 재판이나 기소에 참여하기 때문에 배심원제를 통한 진실 규명에 한계가 있다는 지적도 있다.

영미법계 국가인 미국 법의 특색은 판례주의에 있다. 대륙법계 국가인 한국의 법률에서 실정법이 차지하는 만큼 판례법이 차지하고 있다. 새로운 필요가 제기될 경우에는 환경법과 같은 새로운 법률이 제정된다. 영미법에서 발달된 제조물책임관련법[Product Liability(PL) Act]은 한국과 같이 대륙법 체계를 지닌 국가들도 받아들이고 있다. 또 기업의 불법행위 재발을 막기 위해 불법행위에 따른 손해를 보상하는 액수만 배상하는 보상적(compensatory) 손해배상 이외에 불법행위를 통한 이익보다 훨씬 큰 금액을 손해배상액이나 과징금으로 부과하는 징벌적(punitive) 손해배상제도가 활성화되어 있다. 1992년에 뉴멕시코 주의 한 맥도날드 매장에서 커피가 쏟아져 화상을 입은 여성에 대하여 16만 달러의 보상적 손해배상금과 48만 달러의 징벌적 손해배상금을 지불하라는 판결이 내려졌다.

미국의 사법제도는 연방법과 주법, 연방법원과 주법원으로 이원화된 체제를 갖추고 있다. 지방분권에 따라 각 주마다 사법부가 있는데, 주의 지방법원 관할 사건은 주대법원에서, 연방 지방법원 관할 사건은 연방대법원에서 담당한다. 주의 법원은 위헌심사권을 보유하지 않지만 연방대법원은 위헌심사의 최종심을 담당한다. 미국의 법률이 각 지역 특색을 반영한 관습이나 생활문화를 근간으로 하고 있기 때문에 각 주의 법률 중에는 서로 다른 부분이 있다는 점도 특징적이다.

미국의 헌법은 현재 효력을 지닌 헌법으로서는 세계에서 가장 오래된 법이다. 미국 사회가 변화해 왔지만 헌법이 존속된 것은 수정조항을 추가하는 유연성을 가졌기 때문인데, 현재 27개의 수정조항이 부가되어 있다. 미국 사회의 치부로 지적되는 총기 사고의 빈발에도 불구하고 총기 소유와 휴대는 미국 헌법 수정조항 2조(The Second Amendment)에 따라 국민의 기본 권리로 보장되고 있다. 연방대법원 판사는 종신제로서 독립성이 보장되어 있다. 대법원의 판단이 미국 경제에 중대한 영향을 미치는 사례가 적지 않은데, 대통령은 연방대법원 판사의 임명을 통해서 퇴임 이후에도 장기간에 걸쳐서 미국 사회에 영향을 미칠 수 있다.

세계 무역량이 증가되고 국제 경제관계도 복잡하게 되면서 필연적으로 분쟁이 증가하고 있다. 이에 따라 여러 나라의 법률과 국제사법에 정통한 변호사에 대한 필요성도 더욱 높아지고 있다.

4. 독점금지법

기업 활동에 최대한의 자유가 부여되더라도 기업이 지켜야 하는 법률은 적지 않다. 그중에서도 가장 오래되고 중요한 법이 독점을 통해 시장을 지배하려는 거대 기업의 탐욕을 견제하고자 제정된 독점금지법이다. 독점금지법은 1890년에 "정치체제로서의 군주를 원하지 않듯이 경제체제로서의 독점을 원하지 않는다"라며 제안된 셔먼 독점금지법(Sherman Antitrust Act)을 근간으로 하고, 1903년에는 법무부 내에 독점금지국(Antitrust Division)이 설립되었다. 셔먼법의 미비점을 보완하기 위하여 1914년에 클레이튼 독점금지법(Clayton Antitrust Act)을 제정했고, 불공정 거래를 위법행위로 규정하고 규제대상을 확대하기 위한 기구 설립을 위하여 연방거래위원회법(Federal Trade Commission Act)을 제정했다. 그러나 법규는 간결하고 추상적인 표현이므로 과거의 판례가 중요한 역할을 한다.

기업이 어느 정도의 독점력을 보유하는가는 직접 헤아리기 어렵다. 독점력을 추정하는 지표로서 집중도의 개념이 흔히 이용되는데, 경제 전체나 어떤 시장에서 최대 몇 개 기업이 자본·매출액·부가가치 등에서 차지하는 점유율을 나타낸다. 이러한 집중도로 보면 미국 경제는 대체로 안정적이었다. 그 이유로는 기업의 기술적 최적 규모가 크지 않은 기업이 많았고, 20세기의 기술혁신이 기존 산업의 확장보다는 새로운 제품이나 새로운 산업을 창출했으며, 거대화된 산업이 그 제조공정이나 유통의 일부를 독립된 회사로 조직했던 점을 들 수 있다. 과거 담배·알루미늄·석유·전신 전화 등 거대회사를 분할한 사례에서 보듯이 독점금지법이 집중도의 크기를 억제하는 데 큰 영향을 미쳤다.

19세기 말부터 20세기 초에 접어든 미국에는 경쟁자를 배제하기 위한 방안으로 기업연합이라는 트러스트(trust)가 형성되었다. 대표적으로 '석유왕' 록펠러(John Rockefeller)의 스탠더드 오일(Standard Oil)이 트러스트 소속이 아닌 기업 축출과 인수·합병 정책 등을 통하여 정유 시장의 85%를 장악했다. 아메리칸 타바코(American Tobacco)의 시장점유율은 90%, 듀폰(DuPont)은 80% 이상, 인터내셔널 하비스터(International Harvester)는 70%, US 스틸(U.S. Steel)은 75%를 차지하는 독점기업이 되었다.

1909년에는 100대 제조업 기업이 전체 제조업 기업 자산의 18%를 차지했다. 이러한 독점은 사회적 비판을 불러일으켰고 독점금지법으로 수평적 합병을 규제하는 클레이튼법이 1914년에 성립되었다. 연방대법원은 1911년 스탠더드 오일을 34개로 분할하는 조치를 내리면서 독점금지정책의 중요성을 확인시켰다. 그러나 1920년에는 연방대법원이 '철강왕' 카네기(Andrew Carnegie)가 1901년 '금융가의 황제'인 J.P. 모건(J.P. Morgan)에게 넘긴 US 스틸에 대한 소송에서 규모가 아니라 비합리적인 행위가 있어야만 독점으로 규정할 수 있다고 판결했다.

1970년대부터는 낮은 가격과 높은 품질을 갖춘 다양한 상품을 선택할 수 있는 권리를 찾기 위한 소비자운동이 활발하게 전개되기 시작하면서 다시 독점과 비경쟁적 행위에 대한 견제가 강화되었다. 1982년에는 연방대법원이 AT&T의 장거리 사업부문만 유지하고 지역전화 사업부문을 '베이비 벨(Baby Bell)'이라 불리는 벨 애틀랜틱, 벨 사우스, US 웨스트 등 7개로 분할시켰다.

독점금지법이 효과적으로 적용된 것은 기업의 독점적 행위에 대한 제동장치로서의 역할에 있다. 미국의 대기업으로서는 특정한 기업 활동이 독점금지법을 위반하지 않도록 과거의 판례를 검토하여 위반되지 않는다는 확증을 남기도록 노력한다. 예를 들면 거대 기업의 사장들이 만날 경우 변호사를 동반해서 독점금지법에 위반되는 행위를 하지 않았다는 사실을 증명하는 경우도 있다. 이러한 점은 의논과 협조를 당연하게 생각하는 한국의 재계와는 분위기가 크게 다르다.

복합기업(conglomerate)과 다국적기업(multinational)이 발달했는데, 최근 이러한 기업의 다수는 생산기술에 있어서 규모의 경제성의 확대에 의해 발달한 것이 아니라 정보통신혁명의 진행에 따른 경영기술혁신에 의해 발전했다. 복합기업과 다국적기업은 현재의 독점금지법으로는 효율적으로 규제하지 못했다. 새로운 첨단산업이 부각되는 새로운 환경 속에서 공정성을 유지하기 위해 연방거래위원회는 21세기의 기업에 대한 규제 원칙을 재조정할 필요성을 제기했다. 첨단산업에서는 새로운 아이디어를 가진 기업이 계속 생겨나기 때문에 마이크로소프트(Microsoft)나 IBM, 구글(Google)과 같은 거대 기업이 새로운 기업의 시장 진출을 방해하지 않아야 하고 법 규제가 기업 간의 자유로운 경쟁 환경을 정착시켜야 한다는 데 초점을 두었다.

거대 컴퓨터 소프트웨어 회사인 마이크로소프트에 대한 독점금지법의 적용은 첨단시대의 독점금지법 해석의 중요한 전환점이 될 것으로 기대되었는데, 1심에서 회사 분할 판결이 내려졌으나 2002년 법무부와 마이크로소프트 간의 타협으로 종결되었다. 정보통신이나 미디어 산업 등 첨단기술 산업분야에서는 규모 증가에 따른 이익이 증가하고 독과점을 규제하는 장벽들도 약화되었는데 마이크로소프트의 독점금지 소송이 정부와 기업 간 타협으로 끝난 것이 대표적 사례였다.

최근에 미국은 외국의 독점도 미국 소비자의 권익에 피해를 끼칠 수 있다는 점을 근거로 하여 외국 기업이 미국 시장에 영향을 미칠 의도를 가지고 있었으며 영향이 실제로 발생하는 사례에 대한 경쟁법의 역외적용뿐만 아니라 통상법규와 조세법, 증권거래법, 지적 소유권 분야 등에 대해서도 역외적용을 확대함으로써 통상마찰을 야기하고 있다.

5. 규제 개혁

(1) 규제의 효과

미국에서 규제(regulation)는 과도한 경쟁과 독점의 폐해를 억제하고 노동자와 소비자의 이익을 보호하고 자연환경을 보호하는 데 중요한 역할을 했다. 규제의 장점은 공정한 정보와 서비스를 제공할 수 있으며, 과도한 비용 경쟁에 의해 국민의 안전과 건강에 미칠 수 있는 피해를 예방할 수 있다는 점이며, 단점은 시장경쟁이 충분하게 기능하지 않고 자원배분이 왜곡되고 가격 상승을 초래할 수 있다는 것이다. 또 수입규제의 경우 외국으로부터 저렴한 상품이 유입됨에 따라 국내 산업이 받게 되는 피해를 감소시킬 수 있다.

미국에서의 규제에는 두 종류가 있다. 하나는 경제적 규제인데, 주로 전력이나 가스와 같은 에너지산업, 트럭수송이나 철도, 항공 등의 운수산업, 전화나 방송 등의 통신산업을 대상으로 공공성이 높은 산업에서 독점과 요금 인상을 방지하기 위하여 진입과 요금을 규제하는 것이다. 다른 하나는 사회적 규제로서 국민의 안전과 건강을 지키기 위한 식품·의료품 규제와 자동차 안전성, 환경 보호에 대한 규제가 대표적인 것이다.

19세기 말에 대기업이 등장하면서 독점의 폐해에 대한 비판에 따라 셔먼 독점금지법이 성립되었고, 1930년대와 1940년대에 뉴딜 정책의 일환으로 금융의 안정과 노사관계 조정을 위한 규제정책이 실시되었다. 그러나 1970년대 오일 쇼크 이후에는 물가 상승에 따라 공공성을 다소 희생하더라도 경쟁원리를 강화하기 위하여 경제적 규제에 대한 완화가 진행되었다. 규제완화(deregulation)의 효과가 가장 먼저 나타난 부문은 항공운수산업이었다.

(2) 미국의 규제정책

규제완화는 신규 기업의 진입을 증대시키면서 시장을 활성화하고 업계 내의 통폐합으로 산업 개편을 가져오게 된다. 1978년 항공규제완화법으로 운임규제 철폐에 따른 요금 자유화, 진입과 퇴출의 자유화 등 항공운수사업에 대한 대대적인 규제 철폐로 항공산업에서 신규 진입을 허용하면서 경쟁이 치열해졌고 운임 인하 경쟁이 이루어졌다. 당시 오일 쇼크 이후의 운임 상승 문제를 해결했고 항공사의 경쟁력도 높이는 효과를 가져왔다. 규제완화로 항공사의 도산이 이어지면서 약 10만 명이 일자리를 잃었지만 전체 항공사들이 효율적으로 경영하게 됨에 따라 그 뒤 35만 개의 일자리가 신규로 늘어났고 도산된 회사의 시설은 대부분 다른 회사에 인수되어 큰 피해는 없었다. 보호나 규제보다는 자유경쟁이 훨씬 효율적이라는 사실을 보여 준 사례로 평가되면서 다른 산업에도 규제완화의 물결이 파급되는 결과를 가져왔으며 미국 경제의 운용 방식에도 큰 변화를 가져왔다.

1980년대에 들어서 정부규제의 비효율성과 고비용 등의 문제를 감소시키기 위해 시장원리를 한층 더 중시하는 규제완화나 철폐 정책이 추진되었다. 특히 레이건 행정부는 취임 직후 규제평가제도(Regulation Impact Analysis)를 실시했는데 이러한 규제완화정책은 산업 활성화의 기폭제가 되었다. 의회는 의회대로 각종 규제완화를 위한 입법 활동을 활발하게 벌였다. 규제완화의 충격이 가장 컸던 사례로는 통신업에서 AT&T의 독점을 타파한 사건을 들 수 있으며, 그 뒤 진행된 통신 빅뱅은 전지구적 규모의 치열한 경쟁을 초래하는 광범한 파급효과를 미쳤다.

1970년대까지 AT&T는 지역 내 전화와 장거리 전화사업을 사실상 독점했다. 그러나 법무부가 1974년에 독점금지법 위반으로 제소했고 1982년에는 분할을 결정하고 1984년에 실행했다. 그 결과 AT&T는 22개의 지역전화회사를 분리하여 베이비 벨로 불리는 7개의 회사에 통합시켰고 각 지역에서의 독점이 허용되었다. AT&T는 장거리와 국제전화를 사업범위로 조정했고 그 대신 정보 서비스 등 종전에는 금지되었던 분야로의 진출이 허용되었다. 이후 장거리전화 분야에서 경쟁이 본격화되어 1970년에 95%를 차지했던 AT&T의 점유율이 1994년에는 약 50%로 하락했고, MCI가 약 17%, 스프린트(Sprint)가 약 10%를 차지하게 되었고 요금도 점차 인하되면서 AT&T의 분할은 성과를 거두었다. 2006년에는 AT&T가 분리시켰던 사우스벨을 다시 인수하였다.

통신업에서의 규제완화는 여기서 그치지 않는데, 1996년 2월의 통신법은 종래의 통신의 4대 분야인 장거리전화, 지역전화, 방송, 케이블 TV 간의 진입규제를 철폐했다. 이것은 AT&T의 분할과 같은 독점 배제의 수준을 넘어서 통신 빅뱅으로 불리는 대전환이었다. 통신업의 완전한 자유화는 무엇보다도 다른 분야로의 진출을 가져왔다. 지역전화회사가 케이블 TV 회사를 인수하고 월트 디즈니(Walt Disney)가 방송회사를 인수했다. 1996년 이후에는 베이비 벨 간의 합병이 진행되었다. 장거리전화 분야에서는 4위인 월드컴(WorldCom)이 2위인 MCI를 인수하고 다시 3위인 스프린트까지 매수하여 AT&T에 대항하고자 했으나, 규제당국의 조사 움직임에 따라 스프린트와의 합병을 포기했고 결국 파산에 이르렀다. 무한경쟁의 시대에 들어선 미국 통신업계는 장거리, 지역 내, 국제, 이동통신은 물론, 인터넷 접속, 케이블 TV 등 모든 서비스를 포함한 종합서비스가 이루어졌고, 이러한 움직임은 미국 거대 통신회사의 세계적 파트너 형성 등과 같은 국경을 초월한 세계 전략으로 발전되었다.

또 금융업에서는 금리자유화와 업무 규제완화 등의 금융개혁이 1990년대까지 지속적으로 진행되었는데, 1980년대 후반의 저축대출조합(S&L)의 위기가 발생했다. 1990년대에는 금융에서의 규제완화의 흐름 속에서 세계화 속에 증권화가 더욱 진행되고 1999년에는 글래스-스티걸(Glass-Steagall)법의 폐지로 은행이 증권이나 보험도 취급할 수 있게 되었다.

그러나 1996년 이후 통신 분야의 규제완화가 기대했던 통신설비의 효율적 자원 관리가 아니라 과잉 중복투자를 초래했고, 거대업체들을 중심으로 통합·재편되면서 서비스 가격이 크게 상승했다. 전력 분야에서는 거대한 에너지 공급업체들이 가격조작에 나서 민영화에 따른 경쟁으로 전력요금이 낮아지기는커녕 오히려 과거보다 전기요금이 대폭 상승했고, 공급망이 부실하여 정전사태에 시달리기도 했다.

대표적으로 신자유주의 이데올로기를 반영하는 민영화와 규제완화는 금융 규제완화 과정에서 나타난 1980년대 후반의 S&L 위기, 1999년의 헤지펀드 LTCM(Long-Term Capital Management) 위기, 2007년의 서브프라임 위기뿐만 아니라, 에너지산업 규제완화 과정에서 발생된 2000년의 캘리포니아 전력 위기, 그리고 2001년의 엔론(Enron) 파산, 2003년의 뉴욕 등 동북부 대규모 정전과 같은 심각한 부작용을 발생시켰다. "규제완화로 우리는 적절한 소비자 보호도 받지 못하게 됐고 신뢰할 만한 서비스, 시장조작을 막는 안전조치도 없어졌다"는 비판을 받았다.

2008년 미국에서 시작된 서브프라임 사태를 수습하기 위해 시장의 자율성 확보에 치우치지 않는 정부의 합리적 규제의 필요성에 대한 합의가 이루어졌다. 미국 정부와 연방준비은행이 부실 금융기관을 인수하면서 과거 30년 동안 미국 경제정책 근간이던 규제완화에 제동이 걸렸으며, 2010년에는 금융제도개혁법(Dodd-Frank Wall Street Reform and Consumer Protection Act)이 제정되는 등 미국의 기업 정책이 탈규제에서 재규제(reregulation)로 상당히 전환되었다. 그러나 경기가 어느 정도 회복되면서 최근에는 글로벌 금융위기 발생 후 강화됐던 각종 규제가 다시 약화되는 경향이 나타나고 있으며, 트럼프 대통령은 금융제도 개혁법과 화석연료산업 규제 등의 완화를 공약했다.

6. 노동조합

(1) 미국의 노동조합

미국에서는 노동력 인구에서 차지하는 피고용자의 비율이나 국민소득 중 피고용자가 차지하는 비중이 높은 편이다. 2013년 미국의 자영업자 비율은 6.6%로 독일의 11.2%, 일본의 11.5%, 한국의 27.4%에 비하여 매우 낮았는데, 개인이 경영하는 농장과 상점이 적은 것이 주된 요인이었다.

비농업부문 피고용자 중 노동조합원의 비중은 1950년만 하더라도 35%에 이르렀으나 1960년 32.1%, 1970년 30.8%, 1980년 25.2%, 1990년 16.1%, 2000년에는 13.5%였고, 2015년에는 11.1%로 조직률이 지속적으로 크게 하락했는데 경제협력개발기구(OECD) 평균인 27.8%에 비해서 매우 낮은 수준이다. 미국 노동조합조직률의 하락 추세는 첫째, 산업구조의 변화에 기인했는데, 노동조합을 비교적 쉽게 조직할 수 있는 제조업과 교통운수업의 노동자 수가 감소하고 조직이 어려운 서비스업과 정부기관에 속한 노동자 수가 늘어났기 때문이다. 둘째, 미국 산업구조의 변동으로 북부나 동부보다 노동조합의 전통이 약한 남부와 서부로 이동이 이루어졌기 때문이다. 셋째, 여성·청소년·임시직 노동자 등이 고용 증가에서 차지하는 비중이 높아졌기 때문이다. 넷째, 기업과 정치권의 노동조합 약화 전략도 노조활동 쇠퇴에 영향을 미쳤다. 실업을 노조 탓으로 돌리게 하고 불경기에 노동조합으로 인해 일자리를 잃을까 두려워하게 만들고 루이지애나, 미시간 등 일부 주에서는 노조 가입과 노조비 납입을 강제할 수 없게 하는 등 노조활동을 위축시키는 내용을 담은 노동권법(right to work law)을 입법하기도 했다.

미국의 피고용자는 스스로 중산층으로 생각하며 계급의식이 낮다. 미국의 노동조합은 역사적으로 특정한 정치적 이데올로기나 노동자 정당을 사실상 가지지 못했고, 노동조합의 주된 목적은 노동력의 공급독점을 추구하고 임금을 인상시키는 데 있었다. 현재 노동조합의 원형은 1886년에 결성된 미국노동총연맹(American Federation of Labor, AFL)이다. 당시에는 사회주의적 조합과 전투적 조합도 존재했지만 내부 대립으로 급속하게 쇠퇴되었다. 노동자들이 다양한 이민으로 구성되었다는 점을 고려하여 AFL은 직능별 조합으로 정치활동을 하지 않고 노동자의 이익 보호를 중심으로 실리를 추구하는 방향을 취했는데, 1900년부터 20년간 그 세력을 대폭 신장했다. 1929~1940년의 대공황기간에는 노동자의 약 1/3이 실업자가 되면서 정부가 적극적으로 노동조합운동을 장려했고 1935년에는 전국노동관계법(The National Labor Relations Act of 1935, 일명 Wagner Act)이 제정되었으며 노동자의 단결권과 단체교섭권이 최초로 보장되었다. 이 법을 집행하고 부당노동행위를 처벌하고 어느 노조가 노동자를 대표해야 할 것인가를 결정하기 위해 전국노동관계위원회(The National Labor Relations Board, NLRB)를 설치했다. 1935년에는 산업별조합회의(Congress of the Industrial Organization, CIO)가 조직되었는데, CIO는 미숙련 노동자를 적극적으로 조직하고 정치활동에도 참가했다. 그러나 이데올로기적인 정치활동은 아니었고 노동조합에 우호적인 정치가와 정당을 지지했고 로비활동을 활발하게 했다.

제2차 세계대전 이후에는 강력한 노동조합에 대한 반발이 높아졌고 1957년의 노사관계법(Labor Management Relation Act, LMRA, 일명 Taft-Hartley Act)이 노조의 반대에도 불구하고 제정되었는데, 클로즈드 숍(closed shop)이 금지되었고 파업 전 60일간의 냉각기를 요구했고 단체협약위반과 파업기간 중 손해에 대해 노조를 법원에 제소할 수 있도록 하는 내용으로 노동조합운동은 적지 않은 제약을 받게 되었다. 1955년에는 AFL과 CIO가 합병하여 미국노동총연맹·산업별회의(AFL-CIO)가 결성되어 세계 최대 노동조합이 되었다. AFL-CIO는 압력집단으로서 큰 세력을 가졌고 노동조합은 경제 체제 속에 하나의 제도로서 완전하게 정착되었다.

(2) 미국의 노동운동

미국의 노동운동은 1980년대 초 레이건 행정부에 의해 항공관제요원의 파업이 괴

멸적으로 붕괴되면서 쇠퇴의 길을 걸어왔다. 매년 10만 명 정도가 노조를 탈퇴했고 1,000명 이상의 사업장에서 쟁의에 의한 조업중단은 1970년에는 381회에 달했으나, 1981년의 145회를 마지막으로 세 자리 수를 넘지 못한 채 1997년에는 29회, 2009년에는 5회, 2014년에는 11회로 감소했다. 미국 기업의 구조조정이 가능하게 된 요인의 하나로 노동조합의 약체화를 든다. 1995년의 경우 노동조합 조직률이 14.9%였지만 정부부문이 37.8%인 데 비해 민간부문은 10.4%로 매우 저조했고, 2015년에는 11.1%였는데 정부부문에서는 35.2%였지만 민간부문에서는 6.7%로 하락했다. 민간부문의 조직률이 이렇게 저조한 데는 노동조합 간부의 노동귀족화에 대한 반발, 자동차나 철강산업과 같은 중후장대형 산업의 상대적 침체, 임시직 노동자의 증대, 불법파업에 대한 엄격한 법 집행 등이 중요한 요인이 되었다.

미국 노동시장의 유동성이 높아진 현상도 중요한 영향을 미쳤는데, 그 배경으로 인재 파견업과 파트타임의 증가, 실업기간의 장기화 등을 들 수 있다. 이러한 유형의 고용은, 회사 측은 기업연금과 의료보험지급을 피할 수 있어서 저렴하게 노동력을 활용할 수 있고, 계약기간이 끝나면 간단하게 인력을 감소시킬 수 있기 때문에 경영자의 입장에서는 편리한 고용 형태이다.

대체로 경제성장이 계속되는 시대에는 노동조합이 활성화되었지만, 저성장 시대에 진입하게 되면 고용 안정이 중시되면서 노동조합의 영향력은 약화되었다. 1970년대 후반까지 철강, 자동차, 기계, 석유화학, 철도 등 제조업을 중심으로 높은 노동조합 가입률을 유지했지만, 미국의 경쟁력이 크게 하락했던 1980년대 후반부터 경영위기를 극복하기 위해 노조를 결성하지 않으면 더 많은 복지혜택을 주겠다는 약속과 회사에 협조하는 것이 일자리를 유지하는 데 유리하다는 판단에 따라 노조조직률이 크게 하락했다. 미국 경제가 경쟁력을 회복한 1990년대 후반에는 노동자의 임금 인상을 위해 투쟁하고 정치활동을 벌여야 할 노동조합이 노조 탈퇴 증가와 가입률 저하로 어려움을 겪었다.

1990년대 후반 미국 경제가 완전고용을 능가하는 호황을 누리는 속에서도 임시직 노동자의 비중이 증가하고 노동조건이 악화되고, 장기 호황 이후 닥친 경기침체 속에 대량 감원이 진행되면서 위기감을 느낀 노동자들의 노동조합에 대한 관심이 일시적으로 증대되기도 했다. 그러나 2007년 서브프라임 사태로 촉발된 세계적 경제위

기 속에 제너럴 모터스(GM) 등 기업의 경영 위기를 타개하기 위한 노동조합의 양보
가 강요되었다. 경기침체를 맞이하여 노사관계는 여러 가지로 나타나는데, 자동차
업계의 사례에서처럼 기업의 존폐 앞에서는 정부의 지원을 받기 위해 노동의 양보가
계속되었지만, 반대로 경기호황기에 노동자들의 생활수준을 향상시킬 수 있는 조치
는 거의 취해지지 않았다.

(3) 노동조합 약화의 영향

제2차 세계대전 이후 1970년대까지는 미국 사회의 풍요와 미국인의 삶의 질 향상을
위해 노동조합이 행한 역할은 매우 컸으며, 노동조합은 노동자들과 저소득층의 생
활조건 개선을 위한 중요한 지원수단이었다. 노동조합의 임금 인상 노력으로 노동조
합 가입 노동자는 유사한 비가입 노동자에 비해 임금이 25%까지 높았다. 1970년대
이래 경제적 불평등 증가의 1/3 내지 1/5이 이러한 노동조합 가입률의 지속적인 하
락에 따른 결과로 분석되었다. IMF가 국가 정책과 기업의 의사결정과정에서 노동조
합의 영향력이 낮을수록 경제적 불평등이 증대된다고 지적한 바와 같이, 미국에서도
노동조합이 강력하면 생산성과 보수가 상승했고 노동조합이 쇠퇴하면 소득불평등이
확대되면서 생산성 향상의 성과가 경영자의 보수에 치중되었다.

노동조합과 단체교섭이 수행하는 역할은 경제적 불평등의 해소나 참여를 통한 생
산혁신에만 그치는 것이 아니라 작업장과 시민사회 영역에서 권력에 대한 견제와 균
형에도 중요하다. 다원적 민주주의의 발전은 사회 각 이해관계자 구성원들의 적극적
인 참여를 필요로 하기 때문이다. 기업 권력의 강화 속에 나타나는 노동조합의 약화
는 미국 민주주의에 해로운 일이다.

미국과 같이 노동자들이 기업지배구조 시스템에 주주로서만 참여할 수 있는 구조
하에서는 종업원 주주의 대표들이 중요한 기업지배 이슈에 대한 의결과정에서 투표
권을 갖는 독립이사를 선임할 수 있는 권리와 자격을 가져야 한다는 것이 노동조합
의 입장에서는 지배구조 개선을 위한 핵심 요구사항 가운데 하나이다. 현재 노동자
들의 자본 소유는 미국 주식시장에 상장된 전체 공개기업 지분의 약 26~30%를 차
지하고 있는데, 기업 내부 경영진들의 경영권을 감시하고 부정에 대항할 수 있도록
강력한 노동조합을 건설해야 하는 것도 앞으로 노동조합이 목표로 해야 할 가장 중

요한 과제 가운데 하나가 되고 있다. AFL-CIO는 노동조합과 노동자들이 기업 경영의 감시기능 강화를 위해 조직을 정비하고, 기업지배구조의 개혁·개편을 적극적으로 요구하며, 강력한 사회적 연대를 통해 기업의 책임경영이 제도화될 수 있도록 노력했다.

금융위기 이후 2009년에 GM과 크라이슬러가 회생재건 절차와 함께 파산을 신청하고 새로 설립된 '새로운 GM(new GM)'에서 미국자동차노조(UAW)가 퇴직자건강기금으로 GM의 17.5%, 크라이슬러의 55%의 지분을 소유하게 되면서 주요 주주가 되었지만, 이들 주식은 투표권이 없는 무의결권 주식으로 경영에 참여할 수는 없었다. 회사의 이익이 노조의 이익과 결부되면서 노동조합은 임금 동결과 파업 중지 등 회생재건 계획에 협조적이었다.

7. 은행제도

(1) 미국 상업은행의 특징

우리가 은행이라고 부르는 금융기관은 미국에서 상업은행(commercial bank)이라고 부른다. 미국의 상업은행제도가 유럽이나 한국의 제도와 다른 특징 중의 하나는 1994년 리글-닐법(Riegle-Neal Act)에 의해 은행의 주간 영업이 전면 허용되기까지 전국적인 지점망을 가진 상업은행이 존재하지 않았다는 점이다. 1은행 1점포의 형태가 많았고, 은행이 다른 주에 지점을 두는 경우는 많지 않았으며, 지역성이 강한 지역은행(community bank)의 성격을 가지고 있었다.

역사적으로 전국적인 은행이 발전되지 않은 것은 금융독점에 대한 전통적인 경계심이 강했고 은행의 발전 시기가 급속한 서부개척 시기와 일치했기 때문이다. 서부개척지에서는 유통화폐가 부족했고 개척 농민과 목장주도 금융을 필요로 했기 때문에 이러한 수요에 따라 새로운 은행이 설립되었다. 전형적인 은행은 예금액 10만 달러 이하, 예금자 100명 전후, 은행원 4~5명으로 이루어졌고, 은행가는 지역경제의 발전에 대한 기여에 자부심을 가졌다. 이러한 소은행제도는 위험이 높아서 쉽게 도산하기도 했고 비도덕적인 은행도 존재했으며, 특히 불황에 취약해서 신용에 대한 불안이 끊임없이 나타났다. 1929년의 대공황을 정점으로 오늘날에는 은행의 수가 당시의 절반 이하로 크게 감소했고 은행예금의 보증에 대한 연방정부계획이 수립되었으며 은행은 점차 안정화되었다.

미국 은행제도의 또 다른 특징으로 지방분권과 반독점의 정신에 따라 주정부로부터 인가를 받은 주법은행과 연방정부로부터 허가를 받은 국법은행으로 이원화되어 있는 점을 들 수 있다. 연방준비은행은 연방준비제도에 가입되어 있는 회원은행에 의해 소유된다. 현재 미국 상업은행의 1/3 이상이 회원은행이다.

미국 상업은행의 총자산 중 약 60%가 대출금이다. 그 내용으로는 최장 30년의 주택대출을 포함한 장기부동산 담보대출, 단기상공업 대출, 자동차 구입과 교육비 등 개인 대출이 주를 이루고 있다. 그 밖에 유가증권 투자, 수출입 무역금융 등이 있다. 자금 조달의 약 80%는 예금이 차지하고 있다. 자금 조달비용이 매우 낮은 당좌예금 등의 은행 상품이 증권과 같은 다른 금융상품과의 경쟁으로 감소되었다.

(2) 연방준비제도

미국의 중앙은행으로는 독립 당시 1791년에 설립된 합중국은행(Bank of the United States)이라는 국립은행이 존재했지만 1811년에 재인가를 받지 못했다. 1816년에는 두 번째 합중국은행이 설립되어 중앙은행의 역할을 했지만 잭슨 대통령이 당시 합중국은행 총재와의 불화로 합중국은행에 지나친 권력이 집중되었다는 이유를 내세워 면허를 갱신시키지 않았기 때문에 1833년에 소멸되었다.

지금의 연방준비제도(Federal Reserve System)는 1913년에 성립한 연방준비법(Federal Reserve Act)에 의해 설립되었고 1935년 은행법에 의해 개정되었다. 지역별로 12개의 연방준비은행이 있고 그 운영은 워싱턴에 있는 연방준비제도이사회(Board of Governors of the Federal Reserve System)에 의해 통제되고 있다. 이사회는 주요 통화금융정책을 결정하고 지역 연방준비은행의 업무와 상업은행의 영업을 광범하게 감독한다. 이사회 의장과 부의장은 대통령이 임명하고 의회 승인을 받아야 하며, 의장과 부의장의 임기는 4년이고 이사의 임기는 14년인 것은 이들의 독립성을 보장해 주기 위한 것이다.

국내외 경제에 미치는 영향의 중요성에 따라 연방준비제도가 다양한 압력을 받아왔지만 의회가 부여한 권한에 따라 대체로 정치적 견해가 아닌 경제원칙에 입각한 통화정책을 운용하는 전통을 유지했다. 통화정책이 2008년의 금융위기 이후 더욱 많은 관심을 받게 되면서 재닛 옐런(Janet Yellen, 2014년부터 재임) 연방준비제도 이사회 의장은 중앙은행의 독립성이 중요하고, 통화금융정책은 단기적인 정치적 견해에 의해 좌우될 수 없다는 점을 강조했다.

미국의 상업은행과 연방준비은행 간의 관계는 한국의 상업은행과 한국은행 간의 관계와 같이 밀접하지 않다. 미국의 은행은 지금도 자유은행제도 시대의 독립성을 정신적 뿌리로 삼고 있다. 미국의 은행 간 경쟁은 한국보다 훨씬 치열하며, 영업 성과에 따라 이자나 주주배당에 상당한 차이가 발생한다. 자본시장이 경쟁적인 점이 미국 경제의 활력소의 하나로 간주되어 왔으며, 금융의 세계화 과정에서 미국의 금융자본이 월등한 경쟁력을 과시하게 된 요인으로 작용했다. 미국의 대규모 상업은행은 다수가 은행 지주회사의 자회사이다. 금융자유화에 따라 영업제한이 해제되어 경쟁이 더욱 치열해지면서 금융업계의 상호 진입을 위해 자회사를 이용하는 경향이 증대되었다.

8. 대통령과 경제정책

(1) 대통령의 역할

미국 대통령은 세계에서 가장 막강한 권력을 보유하는 직책이다. 대통령은 14개 부처와 각종 참모기구를 통하여 헌법을 수호하고 의회가 제정한 법률을 집행한다. 구체적으로는 군 통수권과 외교 업무를 포함하는 국정을 통할하는 행정상의 권한뿐만 아니라, 법안 발의·승인 또는 거부권·특별회의 소집요구권과 같은 입법상의 권한과 연방판사 임명·사면권과 같은 사법상의 권한도 보유한다. 그러나 대통령은 의회나 여론의 비판을 고려해야 하며 의회가 보유하는 거부권과 같은 제약 요인도 적지 않다. 트럼프 대통령 당선자가 임명해야 하는 공직자 자리는 4,155개인데 상원의 인준을 받아야 하는 장관·차관, 대사, 군 수뇌부 등 정무직이 1,054개에 달하는 것으로 알려졌다.

미국 대통령 선거는 유권자가 선택한 선거인단이 대통령을 선출하는 간접선거제이기 때문에 2000년과 2016년 선거에서 공화당 후보보다 국민으로부터 더 많은 득표를 했던 민주당 후보가 낙선하는 일도 일어났다. 신분증이 없어 투표를 할 수 없는 유권자가 11%에 달하고 선거구 획정 등이 공정하지 않다고 국민 대표성에 문제를 제기하는 주장도 있으며 슈퍼팩(super PAC)을 비롯한 금권선거, 미디어선거, 로비활동 등의 영향력이 지나치게 크다는 비판도 많았다.

상징으로서의 대통령은 인격적으로 뛰어나고 도덕적으로 청렴결백하며 정치가로서 기회포착에 예민할 것을 요구받고 있다. 이러한 요구는 정치가이자 인간으로서 대통령에게 요구하는 것이 애당초 어려울지도 모르는 양면성을 가지고 있다. 1972년 발생했던 닉슨 대통령의 워터게이트(Watergate) 사건이 대표적이지만, 2016년 대통령 선거 과정에서도 후보들 간에 추한 모습을 드러냈다.

대통령의 경제정책을 알기 위해서는 대통령 자신의 경제관과 함께 주요 경제 담당자들도 파악해야 한다. 재무부 장관과 상무부 장관을 비롯한 경제 관련 부처의 장관들, 경제자문회의 의장, 국가경제위원회 위원장, 무역대표부 대표, 연방준비제도 이사회 의장 등의 경제관을 잘 파악해야 하며 대통령이 누구를 가장 신뢰하는가도 확인할 필요가 있다. 대통령에 의한 임명직이라도 일단 임명된 다음에는 임명권자의 의도와 관계없이 독자적으로 판단하여 업무를 수행하는 전통이 대체로 확립되어 있

▶ ▶ ▶ **슈퍼팩**

미국의 민간 정치자금 단체로 특정 선거 캠프에는 속하지 않고 외부에서 선거자금을 모으고 지지활동이나 반대운동을 벌이는 조직을 일컫는다. 금권선거의 우려에도 불구하고 2010년에 연방대법원은 개인뿐만 아니라 기업들을 대상으로 익명으로 기부금을 무제한으로 받아 선거에 막대한 영향을 미칠 수 있는 슈퍼팩(Super Political Action Committee, super PAC, 정치활동위원회)을 합법화했다. 2016년 힐러리 클린턴 대통령 후보는 '미국을 위한 최우선행동(Priorities USA)'의 지지를 받았으며 트럼프 후보는 '미국 통치를 위한 위원회(Committee for American Sovereignty)'의 후원을 받았다. 기업의 선거자금 지원이 철폐되었기 때문에 대기업이 다수의 방송사를 소유하고 있는 미국에서는 금·언 복합체의 정치적 영향력이 커지고 있는데 국민에 의한 민주주의가 금권정치의 시련을 겪고 있다.

다. 미국의 경제정책은 세계 경제를 움직이는 가장 강력한 국가인 미국 경제는 물론 다른 나라들의 경제와 정책 선택에도 커다란 영향을 미치고 있기 때문에 국제적으로 많은 관심을 받고 있다.

(2) 공화당과 민주당의 경제정책 기조 비교

미국의 역대 대통령들의 경제정책 기조는 대체로 소속 정당의 이념을 따르는데, 정당에 따라 노동자와 기업가 등 여러 이익집단의 이해를 반영하는 정책 내용에 큰 차이가 있으며 의회의 세력 분포에 따라 행정부의 정책이 타협되고 조정되기도 한다.

대체로 민주당의 경제정책 기조는 1930년대의 루즈벨트 대통령의 뉴딜 정책을 본보기로 한 자유주의 정책으로, 총수요를 적절하게 유지하기 위하여 재정·통화정책을 적극적으로 조정하고, 저소득층을 위한 소득재분배 정책에 적극적이며, 노동자·농민·중소기업과 같은 취약 부문을 보호하기 위하여 규제를 활용한다는 특징을 지닌다. 반면 공화당의 정책 기조는 1980년대 레이건 대통령의 레이거노믹스를 근간으로 하여 '작은 정부'를 지향하여 정부지출·세금·재정적자·규제 등을 더 축소하기 위해 조세 인하와 규제완화, 민영화, 비국방비 삭감, 완만한 통화정책으로 물가안정을 추구하는 특징을 지닌다.

최근의 사례에서도 공화당의 부시 대통령이 조세 인하와 규제완화를 내세우며 2002년에 누구나 집을 소유할 수 있는 '소유주 사회(Ownership Society)' 정책을 추진했는데, 2007년에 서브프라임 위기가 발생하자 2009년에 취임한 민주당의 오바마 대통령은 경제위기를 타개하기 위해 연방준비은행과 함께 적극적으로 팽창적인 재정·통화정책과 함께 재규제정책을 실시했다.

(3) 최근 공화당과 민주당의 대통령 선거 공약 비교

미국 대통령은 선거 과정에서 집권 공약을 상세하게 제시하고 실행하기 때문에 최근의 선거에서 나타난 민주당과 공화당의 선거 공약 비교를 통해 경제정책의 기조를 파악할 수 있다.

2012년 대통령 선거에서 후보들이 내세운 주요 경제 공약을 비교하면 먼저 조세정책에서 민주당의 오바마(Barack Obama)는 부유층에 대해서는 증세를 추진하겠다고 공약했던 반면, 공화당의 롬니(Mitt Romney)는 부유층을 포함하는 전 계층을 대상으로 감세를 추진하겠다고 했다. 재정적자 감소 방안에 대해서 오바마는 전쟁을 종식시켜 재정적자를 축소하고자 했던 반면, 롬니는 정부 재정규모를 축소하고 강력한 미국을 추구하겠다고 공약했다. 의료보험 개혁에 대해서는 오바마는 '오바마케어(ObamaCare)'로 불리는 건강보험개혁법을 제정하여 복지를 증대시키고자 공약했지만, 롬니는 집권하면 오바마케어를 폐기하고자 했다. 또 외교적으로는 오바마는 미국 일방주의를 청산하고자 했지만, 공화당의 롬니는 미국 예외주의를 지향했다.

2016년 대통령 선거 후보들의 주요 경제 공약을 비교하면, 먼저 조세정책으로는 민주당의 클린턴(Hillary Clinton)은 부자 증세를 내세우며 소득세 최고세율을 39.6%에서 43.6%로 인상시키고, 연간 소득 100만 달러 이상의 고소득자들에게 최소 30%의 실효세율을 적용하는 버핏세 추진과 각종 법인세 감면 축소를 공약한 반면, 공화당의 트럼프(Donald Trump)는 소득세 최고세율을 39.6%에서 33%로 인하하고, 부부 합산 5만 달러 이하 가구에 대해 소득세를 면제하고, 법인세는 35%에서 최대 15%로 인하하며 상속세를 폐지하겠다고 공약했다. 복지정책에서는 클린턴은 오바마케어 적용 확대, 학생 대출 금리 인하, 가족 유급휴가 도입 등 복지 확대를 공약한 반면, 트럼프는 자립을 강조하고 복지는 아메리칸 드림을 파괴한다고 주장했으며 개개인의 의료보험 가입 의무를 폐지하고 이민자 의료 서비스는 대폭 축소하는 트럼프케어(TrumpCare)로 대체하겠다고 공약했다. 임금정책에서는 클린턴은 샌더스(Bernie Sanders)의 주장을 받아들여 최저임금을 시간당 15달러로 인상하겠다고 공약했고, 트럼프는 최저임금 인상에 소극적으로 동의했다. 무역정책에서 공통적으로 보호무역주의 강화를 주장했는데, 힐러리는 환태평양경제동반자협정(TPP)에 찬성했던 기존의 입장을 수정해서 반대했고, 기존 무역협상도 재협상하겠다고 공약했으며 중국의 불공정 무역에 대한 견제를 주장했다. 트럼프는 '미국 우선주의(America First)'를 강조하며 북미자유무역협정(NAFTA), 환태평양경제동반자협정(TPP), 범대서양무역투자동반자협정(TTIP) 등의 자유무역협정에 반대하고 중국에 대한 무역 보복을 시사했다. 월가 개혁에 대해서 클린턴은 월가 경영진에 대한 과도한 성과보수 제한, 그림자금융 산업에 대한 규제 강화 등 금융개혁 공약을 제시했는데, 트럼프는 금융제도개혁법을 폐지하고 금융규제를 완화하겠다고 공약했다.

트럼프 당선자는 취임 직후 TPP 협상 폐기, 화석연료산업 규제 철폐, 기업 규제 완화, 연방정부 노동비자 악용 조사, 공직자-로비스트 회전문 제한을 이행하겠다고 주장했다. 또 상원과 하원에서 다수당을 차지한 공화당은 오바마 유산 지우기(Anything But Obama, ABO)에 나서 오바마케어 폐지, 세금 감면 및 해외수익 국내 반입 간편화, 예산 삭감을 위한 사회보장제도 개편, 금융규제 완화, 그리고 오바마 대통령의 이민개혁 행정명령과 총기규제 행정명령 폐기 등을 추진했다. 트럼프 대통령은 국정 우선 과제로 미국 우선 에너지 계획, 일자리 회복과 성장, 미국우선 외교정책, 강한 미군 재건, 법질서 구축, 모든 미국인을 위한 무역협정을 제시했다.

9. 정치적 타협으로서의 경제정책

(1) 압력집단

정치가들은 기본적으로 선거구민의 의향을 반영하여 행동할 뿐만 아니라 각종 압력집단(pressure group)으로부터도 영향을 받는다. 압력집단은 공통적인 이해관계를 가진 사람들이 모여서 자금을 동원하고 홍보활동도 하며 때로는 대중운동을 통하거나 의원을 설득하여 자신들에게 유리한 정책 결정을 유도하고자 한다.

경제성장에 따라 국민경제구조가 변화하는 과정에서 기존의 균형상태가 붕괴되면서 어떤 부문에서는 기술혁신이 발생하여 생산성이 높아지고 자본과 노동을 흡수하게 되면 다른 부문에서는 생산성이 뒤따르지 못해서 소득이 증대되지 못하고 자본과 노동을 상실당하기 쉽다. 경제적 패배자는 상대적인 위상의 하락을 감수하기보다는 조직적으로 정부에 압력을 가함으로써 자신들에게 유리한 정책과 입법을 관철시키고자 하게 된다. 미국에서는 조직적으로 경제적인 이익을 목적으로 한 압력집단의 형성은 19세기 후반 인구의 약 80%를 차지했던 농민들의 목소리를 정치에 반영하기 위하여 처음 이루어졌다.

미국과 같이 넓은 나라에는 여러 산업, 지역, 인종, 집단 간의 이해가 대립되는 경우가 많다. 예를 들면 1985년 섬유산업 보호를 둘러싸고 미국 하원 표결에서 섬유생산지역 의원들의 찬성 비율이 매우 높은 반면 섬유 소비지역 의원들의 찬성 비율이 매우 낮게 나타나서 지역의 이해관계에 따른 투표 결과가 분명하게 대비되었다. 또 일본 자동차 수입의 급증으로 미국의 자동차 산업이 타격을 받게 되면 자동차 산업이 집중된 미시건 주에서는 노사가 합심하여 수입제한을 요구하게 될 것이지만, 일본에 밀을 대량으로 수출하는 미네소타 주의 농민들은 질 좋고 저렴한 외국산 자동차를 선호하고 자동차 수입제한으로 그들의 농산물 수출에 피해가 올 것을 걱정하여 자동차 수입제한에 반대하는 태도를 가지게 될 것이다. 이러한 태도는 곧 해당 지역 출신의 정치가에게 전달된다. 또 미국이 다인종 국가인 점이 의견 대립을 첨예하게 만들기도 하는데, 아랍계 주민을 선거구민으로 가진 의원과 유태계 주민을 선거기반으로 가진 의원 간에 아랍이나 이스라엘에 대한 정책에 합의를 보는 것은 거의 불가능하다. 석유나 금융 관련 그룹이나 무기 제조업자의 압력도 강력하다.

(2) 정책 결정 메커니즘

미국의 정치는 이해관계가 상이한 많은 사람들 간의 투쟁으로 파악할 수 있다. 만약 타협이 성립되지 않으면 정책 결정이 불가능한 경우도 적지 않다. 역사적으로 타협이 성립되지 않은 경우로 남북전쟁을 들 수 있다. 여러 인종, 지역, 집단, 산업 등의 경제적 이해의 타협을 통하여 현실의 경제정책이 결정될 수밖에 없다. 대통령이 내리는 정책 결정은 해당 분야의 참모가 제시하는 하나 이상의 제안의 장점과 문제점을 열거한 자료의 도움을 받는데, 중요한 결정일수록 의논의 범위가 넓어질 것이다. 결정을 내린 뒤에는 그 결정이 최선의 것임을 의원들에게 설득하고 국민들에게 호소하기도 한다. 레이건 대통령이나 클린턴 대통령은 종종 직접 국민들에게 정책 결정의 당위성을 호소함으로써 의회의 반대를 우회했다.

  정치학이나 경제학에서 정책 결정 메커니즘에 대한 분석이 이루어지고 있다. 모든 정책은 경제적 성과를 높이기보다는 소득 분배를 바꾸려는 정치적 과정의 내생적 결과로 나타난다. 민주적 의사결정 과정에서 압력집단이 정치가들에게 강력한 영향력을 행사할 수 있다. 예를 들면, 자동차 수입제한의 경우 수입제한에 의해 이익을 보게 되는 사람들의 절대적인 숫자는 적지만 1인당 이익은 크기 때문에 표로 연결될 가능성이 매우 높은 반면, 수입제한에 의해 불이익을 보게 될 일반 소비자들의 수는 많지만 1인당 손실은 적기 때문에 표로 반영될 가능성이 낮다. 예를 들면, 미국 설탕

산업은 쿠바 혁명 이래 다양한 보호를 받고 있는데, 1984년의 경우 생산자들은 7.8억 달러의 이익을 얻었지만 소비자는 1인당 평균 5달러의 손실을 보았을 따름이었다. 따라서 수입제한의 국민경제적 손실은 국민경제적 이익보다 크지만 정치적 이익은 정치적 손실보다 더 크기 때문에 수입제한 정책이 채택될 가능성이 높아진다.

10. 국제 경제외교

(1) 미국의 경제외교

미국은 국제외교를 중시하지 않더라도 충분히 생존할 수 있는 역사적 · 지리적 환경을 가지고 있다. 미국 외교관들은 다수가 직업외교관이 아니기 때문에 외교상의 의례나 절차를 지키지 않거나 국내 정치의 연장인 것처럼 행동하여 문제가 되는 수도 있었다. 도덕주의가 미국인의 가치관으로 외교에서도 주장되지만 미국인들은 다른 나라에서도 미국식 민주주의가 정착되면 그 나라 국민들이 행복하게 되고 미국의 이익에도 합치된다고 생각하는 경향이 강하다. 민주주의와 인권 문제를 내세워 중국의 WTO 가입을 방해하기도 했고, 중동지역 분쟁 개입의 명분으로 이용되기도 했다. 트럼프 대통령은 미국의 국익을 최우선으로 하여 '자급경제'와 '일방주의'를 내세우고 전통적인 동맹인 유럽연합, 북대서양조약기구(NATO), 독일에 대한 분열적인 발언으로 유럽으로부터 반발을 불러일으켰으며, 미국산 제품을 사고 미국 일자리를 늘리겠다는 주장으로 보호무역주의를 강화하겠다고 밝혔다.

미국 경제는 외국에 의존하는 비중이 낮았기 때문에 경제 문제에서도 외교 경험이 부족했다. 국민소득에서 차지하는 수출의 비중인 수출의존도는 19세기 말에는 7~8%, 1950년대에는 4~5% 정도였고, 이후 점차 높아져서 1980년 9.8%, 2000년 10.7%, 2015년에는 12.6%에 달하게 되었지만, 대체로 미국 기업, 미국 정부, 미국인들은 국내시장중심적으로 행동했다.

미국의 무역수지는 1875~1971년까지는 거의 100년 동안 흑자를 지속했다. 1970년대 이래 무역수지가 적자로 전환되었지만 거시경제정책을 국내경제대책으로만 활용하여 무역적자에 대한 일관성 있는 적절한 대책을 추진하지 못했다. 그러나 1980년대 이래 무역적자가 크게 증대되었고 1990년대에 들어서면서 소련의 붕괴와 함께 냉전이 끝나자 신중상주의적 경향이 강해지면서 미국 외교관도 통상 세일즈맨의 역할을 수행하는 '미국 주식회사'의 역할이 강조되었다. 당시 크리스토퍼 국무장관은 "나는 미국의 외교정책에서 경제 문제를 무엇보다 앞세운다"고 강조했다.

(2) 미국의 통상 권한

통상 권한이 의회에 부여되어 있었기 때문에 미국 행정부는 통상교섭 뒤에 반드시 의회의 사후 승인을 받아야 하는데, 때때로 협상 결과가 의회의 비준을 받지 못해서 국제적 신용을 잃는 사태가 발생했다.

한국과 미국의 자유무역지역(KORUS FTA) 협정의 경우 부시 행정부가 의회로부터 외국과의 통상교섭에 관한 무역촉진권한[Trade Promotion Authority, 과거의 '신속협상권한(fast-track)']을 위임받아 추진했으며, 미국 의회의 비준을 받아서 2012년 3월 15일 발효되었다. 2015년에는 오바마 행정부가 환태평양경제동반자협정(TPP)을 위해 무역증진권한을 위임받아 협상을 타결시켰지만, 2016년 트럼프 당선자가 반대 의사를 밝히면서 의회 비준을 포기했다.

세계 유일의 초강대국인 미국의 정부와 의회가 마련하는 정책과 법안 등은 다른 나라의 이해관계에 큰 영향을 미친다. 따라서 많은 국가들은 미국의 정책을 자국에 유리하게 유도하기 위하여 전직 고위관리들을 거액을 주고 고용하는 등 로비활동을 전개하고 있다. 미국과 인접한 캐나다와 멕시코를 비롯하여 일본, 대만, 영국, 이스라엘 등이 활발하게 로비활동을 펴고 있다.

11. 평등

평등은 미국 건국이념의 하나이지만 매우 추상적인 개념으로 그 의미는 시대에 따라 변화해 왔다. 건국 당시의 평등은 누구나 태어나면서 신분상의 특권을 가지지 않는다는 개념으로서 부지런히 일하면 누구나 스스로 경작할 수 있는 토지를 소유할 수 있다는 의미였다. 당시의 소득 분배는 공업화된 뒤의 미국에 비해 훨씬 평등했을 것이다.

공업화가 진전되면서 소득의 불평등이 증대되었고 기회의 평등이 강조되었다. 출발선이 동일하다면 결과의 불평등은 개인의 능력의 차이를 반영하므로 누구도 이에 대하여 시비할 이유가 없다는 것이었다. 19세기의 자유주의자들도 기회의 평등을 철저히 추진하는 데 주력하여 특히 교육 기회의 평등과 고율의 상속제 등을 주장했다.

평등의 개념이 크게 변화했던 것은 대공황을 경험한 뉴딜 시기였다. 뉴딜 시기에는 처음으로 집단으로서의 미국인 간의 평등을 생각하게 되었다. 자본가나 경영자 집단에 비해 농민이나 노동자 집단이 평등하지 않다는 사회적 합의하에 농업조정법과 전국노동관계법 등에 의해 불평등하다고 생각되는 집단에 대한 지원이 이루어졌다.

1960년대가 되면서 많은 미국인들은 기회의 평등, 집단 간의 평등뿐만 아니라 결과의 평등도 주장하기 시작했다. 존슨 대통령의 '위대한 사회(The Great Society)' 프로그램과 '빈곤에 대한 전쟁(War on Poverty)'은 빈곤이 기회의 평등을 보장하는 것만으로는 소멸되지 않는다는 인식하에 미국인으로서 당연히 누려야 할 생활수준을 모든 사람에게 제공해야 한다고 생각했던 것이다. 이러한 결과의 평등을 지향하기 위해서 1960년대 중에 국가와 지방자치단체의 복지 관련 지출이 크게 증대되었다. 그러나 1960년대는 세계적으로도 고성장의 시대여서 조세 수입도 많고 국고에도 여유가 있었지만, 1970년대 저성장기에 들어서면서 세수가 증대되지 않는 반면 지출은 경직화되어 재정위기가 지속되었다. 또 정권 교체가 거듭되면서 복지 관련 지출의 증대가 기대했던 결과를 가져왔는가, 복지와 경제적 효율성 간에는 모순이 존재하지 않는가 하는 의문이 제기되었다.

1980년대에 레이건 대통령의 공화당 정권이 등장하면서 공급 측면의 경제학의 기치 아래 복지 관련 지출이 크게 감소했다. 일부 방만했던 복지 관련 지출이 경제적 효율을 저해하는 요소를 포함했던 점을 시정하기도 했지만, 레이건 행정부의 신자유주의적 시장중시정책은 종전의 '결과의 평등' 지향에서 새로운 '기회의 평등' 지향으로 크게 후퇴했다. 또 기존의 성별, 인종, 장애 등에 대한 적극적 소수자배려정책(affirmative action)과 같은 평등지향적 정책도 역차별로 간주되었다. '작은 정부'를 내세운 규제완화 정책에 따라 경쟁이 치열해지고 대폭적인 감세정책이 추진되면서 하위 60% 소득계층의 실질소득이 지금까지 지속적으로 하락하거나 정체되는 등 미국의 경제적 불평등이 크게 높아졌다.

클린턴 대통령의 민주당 정부도 1995년 중간선거에서 대패한 이래 '작은 정부'를 주장하는 등 자유주의적 대세를 추종했고, 부시 행정부는 감세 등 '작은 정부'의 기조를 한층 강화했다. 정보통신혁명이 진행되면서 국경이 과거와 같은 경제적 의미를 상실하고 국제적으로 신자유주의적 경쟁이 파급되면서 독일조차 분배적 사회정책을 크게 축소했고 기회의 균등한 보장을 내세우는 등 세계적으로 '기회의 평등' 정책을 강화했다. 2008년 금융위기 이래 경제적 불평등 문제가 전면적으로 대두되었지만 세계적으로 경기침체가 장기화되고 '결과의 평등'을 지향하던 유럽에서 재정 위기가 확산됨에 따라 재정긴축에 따른 복지 관련 지출이 축소되었다.

자본주의와 민주주의는 권력 배분에 대한 기준이 서로 다르다. 자본주의는 1달러 1표의 원칙에 기초한 시장경제에서 경제적 성과를 높이기 위해 적자생존의 원칙에 따라 부적격자를 축출함으로써 효율성을 추구하는 반면, 민주주의는 1인 1표라는 정치적 권력의 평등한 분배를 추구한다. 따라서 자본주의의 효율성 추구는 필연적으로 경제적·사회적 불평등을 초래할 수밖에 없으므로 민주주의 국가에서는 불평등이 지나치게 확대되지 않도록 개입할 필요가 있다.

민주주의의 정치적 평등과 양립할 수 있을 만큼 자본주의의 경제적 평등이 이루어지기 위해서 다양한 정책을 통해 불평등이 지나치게 확대되지 않도록 국가의 개입이 이루어지지 못한다면 심각한 사회적 위기로 확산될 수 있다. 금융위기 이후 이데올로기화된 시장주의의 부작용을 축소하고 공평성을 담보할 수 있는 새로운 패러다임의 필요성이 부각되었으며 최근 경제적 불평등의 심화에 따른 중산층의 붕괴가 세계 경제 침체의 장기화의 근본 원인이 되고 있다는 점에서 경제적 평등 정책을 적극적으로 추진할 필요성이 절실하다.

12. 교육

(1) 미국의 교육제도

미국에서 백인 중심의 가치관에 다른 인종이 동화되는 것이 당연했던 시대는 오래 전에 끝났고, 1950년대의 중산계층 가정을 이상화하던 가족상도 현실적으로나 의식 면에서나 크게 변화했다. 미국의 전통적 생활관이 이질적인 도시의 성장, 풍요로운 소비사회의 등장 속에 해체되어 가는 데 대한 반발도 적지 않아 주로 보수 기독교 계층을 중심으로 '도덕적 질서'를 주장하는 흐름도 나타났다. 미국의 사회적·경제적 특징은 교육제도에도 그대로 반영되었고 평등을 실현하는 수단으로서 교육이 중시되었다. 또 교육에서 나타났던 인종차별 문제는 1954년의 브라운 판결(Brown v. Board of Education)로 종전의 '분리되지만 평등(separate but equal)'의 원칙이 타파되었고 공교육에 있어서의 인종 분리는 시설 등이 동등하더라도 소수인종의 권리를 침해하는 것으로 확인되었다.

미국 교육제도의 기본 방향은 미국적 가치관을 반영하고 있다. 건국 이래 연방제 하에서 주를 기본으로 하는 행정 원칙에 따르는 분권의 원칙, 개개인의 자발적 의욕과 노력을 전제로 하여 개개인이 균등하게 교육을 받을 기회를 최대한 지원하고 결과는 개인의 책임으로 받아들이는 것을 공평하게 여기는 기회의 원칙, 교육은 개인과 경제 전체에서 노동력을 강화하기 위한 투자로 보는 경쟁의 원칙을 들 수 있다. 경쟁에 따른 교육 성과의 달성에 따라 소득이 결정되는 것이 노동자에 대한 공평하고 합리적인 자원 배분의 결과라는 것은 아니지만, 장기적으로 유능한 사람이 더 높은 보수를 받게 되는 인센티브가 작용하여 개인의 노력을 촉진하고 노동생산성 향상이라는 경제적 혜택을 기대한다.

미국의 교육제도는 분권 원칙에 따라 주와 지방의 권한이 크다. 교육은 주의 관할이므로 행정적으로는 주지사, 교육감과 그 참모로서 주교육부, 주교육위원회 등이 담당한다. 분권적 교육제도하에서는 많은 권한이 다시 주에서 지방으로 위임되어 있다. 초·중·고교 교육 행정의 권한을 가진 주정부는 학교구(school district)라 불리는 지방자치체에 그 권한을 위임하고 학교구는 교육위원회(board of education)를 독자적으로 설치하여 학교구의 예산을 의결하고 교원 인사, 학습 교과과정의 세부 사항을 결정한다. 교과내용에서 교사의 자유재량의 범위가 넓다.

연방정부에서는 간접적으로 교육의 방향을 제시하는데, 공교육 재정의 재원에서 차지하는 연방정부의 비율이 초·중·고교의 경우 1919/20년에는 0.3%였으나 1989/90년에는 6.1%로 장기적으로 상승했다. 이러한 분권적 제도하에서 특히 문제가 되는 것은 지방재정에서 재산세의 역할이 크다는 점이다. 주민의 재산 평가액은 학군에 따라 상당한 차이가 있고 그것을 기반으로 하는 종래의 지방재정 방식은 학생의 교육비 격차와 학업 성취도 격차를 초래했기 때문에 형평성 문제는 물론 사회적 불평등을 확대하는 데 기여했다. 지역적 차이가 계급·인종과 관계가 있기 때문에 사회적 불평등이 교육의 질에도 반영되었다. 이에 따라 교육비 격차를 축소하기 위한 정책으로 2002년의 낙오학생 방지법(No Child Left Behind Act, NCLB)을 통해 연방정부 차원에서 기초 학력을 강화하고 학업 성취도를 향상시키기 위한 노력이 기울여졌다. 그러나 NCLB가 전국적인 학력 테스트를 통한 경쟁체제가 학력 향상을 가져온다는 경쟁 논리에 따라 나쁜 성적을 낸 학교와 교사에게 불이익을 주면서, 학교 교육이 시험 대비 교육으로 변질되고 연방 지원을 확보하기 위해 테스트 난이도를 조정하기도 하며 빈민층이 많은 지역의 학교 운영과 교사 확보가 어렵게 되면서 교육의 질과 격차가 악화되는 문제가 나타났다.

교육 문제에 대해서 진보주의자들은 교육에 충분한 지원을 하지 않았기 때문에 교사와 학교에 자원 투입을 증가해야 된다고 주장하는 반면, 보수주의자들은 공립학교들이 지역적으로 독점 공급자의 위치에 있기 때문에 성과 향상의 인센티브가 부족하므로 경쟁의 힘이 교육에서도 발휘되도록 학생들에게 공립학교와 사립학교에 대한 선택권을 부여해야 한다고 주장했다.

(2) 고등교육

미국에서는 공교육에 대한 논의에서와 같이 엘리트적 색채가 강한 고등교육에서도 소수인종과 여성의 교직 채용과 입학에 관한 적극적 소수자 배려 정책 논쟁, 동성애자의 권리, 임신 중절 논쟁, 성희롱에 대한 논의 등 가치관에 관한 논쟁을 보는 것이 드물지 않다. 보다 근본적으로 미국이 지향하는 목표와 이념에 대한 논쟁도 활발하게 이루어진다.

미국의 고등교육에서는 기회의 균등의 원칙에 따라 교육이 모든 사람에게 열려 있어야 하기 때문에 유럽적인 엘리트 양성을 위주로 하는 것과는 차이가 있다. 미국의 대학은 기회 균등의 원칙하에 다양성(diversity)·유연성(flexibility)·탁월성(excellence)의 가치를 기초로 하고 있다. 하버드·MIT·스탠퍼드·시카고 등의 명문 사립대학은 등록금도 높고 사회적 지위도 높지만, 대중에게 개방된 주립대학 중에도 UC 버클리 · UCLA · 위스콘신, 미네소타 등의 주립대학은 사립 명문에 못지않다. 또 지역 대학(community college)이라고 불리는 2년제 단과대학도 다수 존재하는데, 미국 교육의 실용적 정신을 잘 반영하고 있으며 전체 대학생의 1/3 이상을 점하고 있다. 미국의 공교육은 무상 보편적 교육(free universal education)의 원칙을 견지하여 모든 국민을 대상으로 공공의 비용으로 교육을 운영한다.

　대표적인 공교육의 성공 사례로 평가되는 캘리포니아 주의 고등교육기관의 교수와 연구자들이 강한 위기의식을 느꼈는데, 주 예산 지원액의 삭감, 인구 증가로 인한 등록 학생 수 급증, 주거비 상승으로 인한 경제적 부담 증가 등에 따라 주립대학의 위상이 악화되었기 때문이다. 또 기업이 대학 교육과 연구에 깊이 개입되는 '시장 모형 대학(market-model university)'이 널리 확산되면서 학문 연구와 영리 목적 사이에 갈등을 초래하게 되었다. 시장 모형 대학은 기업의 연구 지원이 연구비 확보, 대학원생 지원, 과학적 발견 지원 등의 장점을 가지는 반면, 보편주의 · 공유주의 · 불편부당성 · 조직된 회의주의라는 과학자의 규범을 훼손할 수 있는 문제점을 지닌다. 유전자변형 곡물의 유전자가 토착 종자에 전이되는 사실을 규명한 논문이 유전자변형 곡물을 생산하는 초국적 기업의 지원을 받는 같은 학과 동료들의 이의 제기로 네이처 게재가 취소된 사례는 사적 이익에 영향받지 않는 불편부당성에 기초하는 과학의 토대가 흔들릴 수 있음을 보여 주었다.

　직업 교육으로 전락하고 있는 대학 교육의 현실을 비판하면서 하버드대 최초의 여성 총장인 드류 파우스트(Drew Faust)는 "교육은 사람을 목수로 만드는 것이라기보다는 목수를 사람으로 만드는 것(Education is not to make men carpenters so much as to make carpenters men.)"이라는 글을 인용하며 "대학은 경쟁력 있는 인재를 훈련하는 데도 기여해야 하겠지만 인재 양성을 넘어서는 그 이상의 것이 되도록 노력해야 한다"고 학문의 본연적 가치를 강조했다.

13. 의료보험

(1) 고비용 의료제도

선진국으로서 미국의 가장 큰 제도적 결함은 고비용 저효율의 의료보험제도에 있었다. 2007년 OECD 국가들의 GDP 대비 의료비 지출 비중은 평균 9.0%였는데, 미국이 가장 높은 16.0%를 기록했으며 프랑스가 11.0%였고, 가장 낮은 멕시코는 5.9%였다. 2012년 조사에서는 미국 국민이 1인당 의료비로 8,175달러를 지출했는데, 프랑스의 3,970달러, 덴마크의 4,285달러, 이탈리아의 2,919달러에 비해 크게 높았다. 의료비로 인해 개인 파산이 되는 사례가 2001년의 50%에서 2007년에는 62%로 크게 높아졌다.

미국의 의료비 지출은 일관되게 높은 증가율을 지속했다. 의료 관련 산업에 시장원리가 관철되고 의사, 환자, 보험회사, 제약회사, 의료기기회사 등 당사자 간의 교섭에 의해 의료비가 결정되는데, 이 중 환자의 교섭력은 압도적으로 약하다. 의료행위의 질과 양에 따라 의료비가 결정되면서 의료서비스는 의료 기술의 진보와 의료비 지출 증대에 따라 급성장했다.

의료서비스 체계에서 공공재정 충당 비율은 2012년에 미국은 46.8%였는데, 프랑스의 74.4%, 덴마크의 81.6%, 이탈리아의 76.3%에 비해 매우 낮은 수준이었다. 미국의 고비용 저효율 의료보험체계가 가계 부담을 증가시키고 기업 경쟁력을 저하시키는 중요한 요인이 되었기 때문에 빌 클린턴 대통령 등 과거에도 모든 국민을 대상으로 하는 의료보험제도를 도입하려는 시도가 있었으나 실패했다. 2000년 유아 1,000명 중 사망률이 미국은 6.1이었는데, 프랑스 3.5, 덴마크 3.6에 비해 매우 열악한 의료 수준을 보였다.

미국은 선진국 중에 모든 국민을 대상으로 하는 의료보험제도가 없는 유일한 국가였다. 미국의 의료보험은 시장중심으로 민간보험회사에 의존했다. 1960년대 존슨 행정부에서 65세 이상 노령자에 대한 의료보험(medicare)과 빈곤자에 대한 의료보조(medicaid)가 제도화되었다. 2007년에는 국민의 27%만이 공공 의료보험에 가입했으며, 58%가 고용주나 피고용자 개인이 직접 가입한 민간 건강보험에 가입했고, 15%가 무보험자였다.

2010년 GDP에서 차지하는 의료비용이 17.7%에 달했는데, 만약 닉슨 행정부에서 의료개혁이 이루어졌다면 이 수치가 10.7%로 낮아졌을 것이고, 클린턴 행정부에서 개혁이 성공했더라면 14.2%로 낮아졌을 것이라는 추정에서 의료보험 개혁의 잠재적인 경제적 효과를 알 수 있다.

(2) 오바마 대통령의 의료보험 개혁

모든 국민이 건강보험 혜택을 받을 수 있도록 오바마 대통령이 추진했던 '환자보호 및 적정부담법(Patient Protection and Affordable Care Act, PPACA, 일명 ObamaCare, 오바마케어)'이 2010년 제정되었는데, 고소득층과 고가 프리미엄 보험상품에 가입한 가족에 대한 과세를 통해 재원을 조달하고 비가입자에게 벌금을 부과하게 되었다. 이 의료보험 개혁법의 목적은 10년간 약 9,380억 달러를 투입하여 3,200만 명에 이르는 저소득층 무보험자를 의료보험에 가입시켜서 전체 국민의 약 95%가 의료보험을 보유하도록 하려는 것이었다.

의료보험 개혁을 둘러싸고 개혁 법안의 의회 통과 이후에도 반발이 계속되었는데, 그 배경에는 정부에 자신을 맡기지 않겠다는 미국적 개인주의 가치와 자신이 낸 세금이 다른 곳에 사용되는 것을 원치 않는 사고방식이 자리하고 있다. 2012년 6월에 대법원에서 의료보험 의무가입 조항에 대하여 5 대 4로 합헌 결정이 내려졌지만, 공화당 주류는 법안을 폐지하겠다고 계속 주장했다. 오바마케어 실시 이후 보험에 가입하지 않은 미국인의 비율이 크게 하락했고 건강보험비용의 증가가 급격하게 둔화되어 소비자와 납세자의 비용 부담이 기대보다 작아졌다.

공화당과 함께 오바마 대통령 정책 뒤집기에 나선 트럼프 대통령은 2017년 1월 취임 첫날 오바마케어와 관련된 규제의 부담을 완화하는 행정명령 제1호에 서명했다. 오바마케어로 보험사 수익성의 급격한 악화와 의료보험료 인상 등의 문제가 있지만 이를 완전히 폐기하게 되면 의회예산처(CBO)의 추산으로 첫해에 최소 1,800만 명이 무보험자가 되고 10년 내에 3,200만 명으로 늘어나게 되며 개인보험 가입자의 보험료가 10년 내에 2배로 상승하는 등의 부작용이 발생할 것인데, 그 대책 마련이 쉽지 않을 것이다.

14. 환경

(1) 환경 문제의 대두

환경은 경제적으로 에너지자원과 물질자원의 공급, 폐기물 처리, 쾌적성의 직접 공급, 지구 생명유지의 공급자 등의 기능을 제공한다. 쾌적성은 환경재의 투입으로 관광, 조류 관찰, TV를 통한 야생동물 다큐 시청 등의 소비활동과 관련되고, 폐기물 처리는 수질 오염 등과 연관되며, 지구 생명유지를 위한 기능으로는 지구의 기후조절, 생명체에 적합한 대기의 화학성분 유지, 성층권의 오존층 보전, 생물다양성 등을 들 수 있다. 환경문제는 협의로는 농경, 산림벌채, 광업, 공업, 도시화 등 인간의 행위에 의해 환경이 변화하면서 인간에 대해 반작용을 미치는 현상으로 정의할 수 있다.

미국은 대륙에 걸친 넓은 국토와 다양한 자연환경을 보유하고 있다. 18~19세기에는 국토 개발 과정에서 환경이 파괴되고 많은 야생동물이 살육되었는데 예를 들어 대표적인 야생동물인 아메리카 들소(buffalo)는 남획으로 19세기 말에 멸종 위기에 처했었다. 존 뮤어(John Muir)와 같이 삼림보호를 주장했던 환경운동가들의 노력에 힘입어 국립공원으로 지정함으로써 '자연 경관과 그 안의 자연적 및 역사적 대상은 물론 야생 동식물을 보존'하기 위한 노력이 있었다. 그러나 공업화의 진전에 따라 20세기에 들어서 환경 파괴가 지속되었고 그 규모는 더욱 확대되었다.

제조업이 발달하면서 대기오염, 수질오염이 광범하게 진행되었다. 1970년에 설립된 자연자원방위위원회(National Resources Defense Council)는 경제성장에 따른 석탄과 석유 등 화석연료의 연소를 통하여 생성되는 황산화물과 질소산화물이 대기 중의 수분과 반응하여 생기는 산성비의 위험성을 제기했다. 1970년에는 환경보호청(Environmental Protection Agency)이 설치되었고 공해대책 행정이 강화되었으며, 대기정화법이 제정되어 1975년 이후 생산되는 자동차가 배출하는 이산화탄소와 탄화수소의 양을 90% 감소하도록 의무화했다. 1972년에는 수질공해법과 연안관리법이 제정되었다. 수질오염에 대한 정책으로 공용폐수정화시설에 대해 연방정부가 재정지원을 하고 폐수배출을 폐수처리기술과 연계하여 직접 규제했다. 철강산업, 자동차산업, 화학산업은 공해방지비용 부담이 증가했다. 베트남전에서 미군이 사용한 고엽제의 영향으로 각종 질병 유발과 선천성 기형아 출생이 문제되면서 유독폐기물이나 화학물질에 대한 경각심이 높아졌으며, 1979년 스리마일 섬(Three Miles Island) 원자력 발전소의 노심 용해 사고 발생은 핵시설과 방사능 오염의 심각성을 환기시켰다.

환경 문제가 국경을 초월하여 가해나 피해 관계가 복잡하게 되면서 1980년대에는 국제적으로도 환경보호를 위한 조약이 다수 제정되었다. 세계적으로는 1972년에 113개국이 참가한 UN인간환경회의(UNCHE)가 개최되어 인간환경선언이 채택되었고, 1983년에는 환경과 개발에 관한 세계위원회(WCED)가 발족하여 1987년에 발표한 "우리들의 공통적 미래(Our Common Future)" 보고서에서 '지속가능한 개발(sustainable development)'을 제시하고 미래 세대가 필요를 충족시킬 수 있는 가능성을 손상하지 않으면서 현재 세대의 필요를 충족시키는 개발 방안으로 천연자원 개발, 투자와 기술개발의 방향, 제도 개혁을 주장했다. 1992년에는 지구정상회담(Earth Summit)으로 불리는 UN환경개발회의(UNCED)에서 지구환경에 관한 기본원칙이라 할 수 있는 리우선언과 함께, 환경과 개발, 삼림 관리 보전, 기후변화협약, 생물다양성협약 등이 채택되었다. 1997년에는 지구온난화를 규제하고 방지하기 위한 기후변화협약의 구체적 이행 방안으로 온실가스 의무 배출감소량을 지정한 교토의정서(Kyoto Protocol)에 합의했고 2005년에 발효되었다. 리우회의 10년 뒤인 2002년에는 지속가능발전 세계정상회의(WSSD), 20년 뒤인 2012년에는 다시 리우+20 회의가 개최되어 "우리가 원하는 미래(The Future We Want)" 선언에서 빈곤과 지속가능한 발전을 위한 녹색경제(green economy)를 대안으로 제시했다. 지구온난화에 대한 국제적 대응에서 큰 장애가 되는 것은 전지구적 차원에서 온실가스를 감축하려는 선진국과 앞으로 산업화를 통한 성장이 필요한 개발도상국의 이해관계가 충돌한다는 점이다. 미국은 대체로 국제적 환경 문제에 적극적으로 참여하지는 않았다.

(2) 미국의 환경정책

미국은 환경 문제 해결에도 시장 메커니즘을 도입하는 경향이 강하다. 환경세는 증세를 기피하는 성향 때문에 도입하기 어려우므로 배출량 거래가 주요 정책수단으로 받아들여졌다. 배출량 거래는 시장 메커니즘을 활용하여 환경대책을 효율적으로 집행할 수 있는 제도이다. 1990년의 청정에너지법에 따라 산성비의 원인인 이산화황 배출량을 감소하기 위해 배출량교환체제를 도입했다. 온실가스 배출권 거래는 기업들이 온실가스 배출허용량을 정부로부터 부여받아서 온실가스 감축허용량이 남은 경우나 부족한 경우에는 다른 기업과 매매할 수 있는 제도인데, 미국의 배출권 거래소는 시카고 기후거래소(Chicago Climate Exchange)와 시카고 기후선물거래소(Chicago Climate Futures Exchange)가 있다.

미국에서는 환경정책이 연방정부가 아니라 주정부에 의해 주도되는 경우가 적지 않았는데, 대개 민주당 지지자가 많은 주에서 독자적인 환경정책 도입에 적극적이었다. 연방 차원의 온실가스 배출권 거래에 대한 입법이 아직 이루어지지 않았지만 2005년에 뉴욕과 북동부 주들이 지구 온난화를 유발하는 이산화탄소의 방출을 줄이기 위한 계획에 자발적으로 합의를 했으며, 2007년 이후에는 서부와 중남부 주들도 온난화를 줄이기 위한 독자적인 정책을 시행했다. 이산화탄소 배출량의 거래총량제에 대해서는 경제에 미치는 영향을 최소화할 수 있다는 찬성론과 실제 이행하기 어렵다는 반대론이 대립했다. 2008년에는 주정부에 의한 거래가 본격적으로 이루어졌는데 최초의 가격은 이산화탄소 1톤당 3.07달러를 기록했다.

민주당 정부는 대체로 환경정책에 적극적인 반면 공화당 정부는 소극적이었다. 미국은 1992년 유엔기후변화 기본협약은 비준하였으나, 2001년에 공화당의 부시 대통령은 미국이 최대 온실가스 배출국임에도 불구하고 온실가스 억제 목표가 미국 경제에 부담을 준다는 이유로 도쿄의정서에 가입하지 않았다. 민주당 오바마 행정부가 파리협정 비준을 주도했지만 공화당 트럼프 대통령은 지구온난화 문제에 회의적이었다.

화석연료를 사용하는 승용차, 버스, 기차, 항공기와 같은 교통수단에서 아황산가스, 벤젠, 일산화탄소 등의 오염물질을 배출하여 대기의 질을 악화시키고 심장과 폐 호흡 등에 질환을 증가시킨다. 미국은 오일 쇼크 이후 자동차 연비 개선에 노력했다. 2009년에 오바마 정부는 2016년까지 자동차 평균 연비를 상향 조정했으며, 2025년까지 2011년 대비 신차 연비를 50% 개선시키도록 가이드라인을 제시했고, 전기차 등 친환경차 보급을 위한 정책을 실시하는 등 이산화탄소 배출 감축 정책을 추진했다. 2015년 12월 유엔기후변화협약 당사국 총회에서 교토의정서를 대체하는 신기후변화체제에 합의했는데, 2100년까지 산업화 이전에 비해 지구 평균기온이 2℃보다 훨씬 낮게 상승한 수준으로 유지하는 것을 장기목표로 하는 파리협정(Paris Agreement)에 대한 비준이 세계 온실가스 배출량의 38%를 점하는 미국과 중국에서 이루어졌다.

자연 환경에서 자연적, 반복적으로 발생하고 이산화탄소 배출이 적은 재생가능 에너지가 온난화 문제해결 방안으로 주목받고 있다. 수력을 제외한 재생가능 에너지의 발전량은 부시 대통령 행정부에서 상당히 증가되었으며, 오바마 대통령의 연방정부도 적극적인 보급정책을 추진했다. 1990년대를 통해 지열 발전, 태양광 발전, 풍력 발전의 순서로 소비량이 많았는데 풍력 발전이 빠르게 증가하여 2007년 이후 지열 발전을 능가했다.

석탄, 천연가스, 원자력, 재생가능 에너지에 이어서 에너지 절약을 '제5의 에너지'라고 부르기도 한다. 1977년부터 세탁기, 냉장고부터 컴퓨터 등 비교적 최신 전기제품에 대해서까지 설정된 최저효율 기준은 에너지 절약을 촉진했다. 2000년대 들어서 석유 가격이 상승하면서 에너지 안전보장 문제에 대한 의식이 증가했다. 온실가스 감축보다 에너지 효율성에 치중했는데, 민생부문의 온실가스 배출량이 미국 전체의 약 40%를 차지하기 때문에 에너지 절약이 온난화 대책으로 중요한 의의를 지녔다.

오바마 대통령은 2009년의 경기부양책에 금융위기 이후 당면한 위기를 극복할 수 있는 열쇠로 '그린 뉴딜(Green New Deal)'을 내세우며 에너지 비용 절약, 환경 보호, 일자리 창출 등의 효과를 낼 수 있는 신재생에너지 개발사업 등 환경산업을 전략적으로 활성화시켰다. 2013년에 건물의 에너지 소비 감축 등을 통한 이산화탄소 배출 감소 등 기후행동계획(Climate Action Plan)을 발표하고 2014년에는 환경보호청이 청정발전계획(Clean Power Plan)을 발표했다. 지방정부들도 재생에너지 개발에 적극적인데 연방정부의 지원을 받고 관련 기업과 투자를 유치로 일자리를 증가시킬 수 있기 때문이었다. 이러한 정책과 함께 석탄화력 발전소를 퇴출시키고, 셰일가스 생산 기준을 강화하고, 태양열과 풍력 사용에 대한 세액 공제 등을 통해 미국의 온실가스 배출량은 다소 감소했다. 그러나 이러한 오바마 대통령의 적극적 환경정책과 대조적으로, 트럼프 대통령은 지구온난화 때문에 기후가 변한다는 이론을 부정하면서 석유나 석탄, 가스 등 화석연료 채굴에 대한 제한을 폐지하고 청정발전계획을 폐기하며 파리협정에서 탈퇴했다.

15. 미국 자본주의의 특징

서로(Lester Thurow)는 "더 많은 것을 원하며 현재에 만족하지 못하는 인간의 현실이 사실상 자본주의 경제체제를 추진시키는 힘"이라고 했다. 자본주의는 기본적으로 수요와 공급에 따른 시장 거래에 기초해서 가격이 결정되고 생산수단의 사적 소유를 기초로 해서 형성되는 경제체제이다. 그러나 각국의 자본주의제도의 내용과 그 운용에 적지 않은 차이가 존재하고 있으며 최근에는 국가별로 자본주의 제도가 상당히 차별화되고 있다.

자본주의의 유형을 미국식 자본주의와 유럽식 자본주의로 간략하게 구분해서 비교하면, 먼저 미국식 자본주의는 개인주의적 가치에 기초하고 있으면서 정부 간섭을 최소화하고 경쟁을 촉진하는 신자유주의적 성향이 강한 반면, 유럽식 자본주의는 공동체적 가치에 기초하면서 사회복지와 사회정의를 강조한다. 따라서 미국 기업은 성장을 중시하고, 유럽 기업은 성장뿐 아니라 분배를 중시한다. 또 미국식 자본주의에서 기업은 소유주인 주주와 경영진 간의 계약을 연결하는 고리로서의 역할을 하고 기업 경영은 여러 제도적 장치에 의해 주주의 이익을 극대화하는 방향으로 통제되는데, 주주에 의해 구성된 이사회가 회사 경영을 감시하고 주주는 주식매도 등을 통해 경영진을 견제한다. 반면 유럽식 자본주의에서 기업은 주주와 기업관리자 간의 단순한 계약 연결체가 아닌 주주와 노동자 등으로 이루어진 조직으로 파악하며 주주들은 단기 경영실적에 기초한 주식 매매를 통한 이익보다는 적극적인 주주권 행사를 통해 경영 자체를 감시·규율함으로써 장기적 기업 발전에 따른 이익을 추구한다.

장점으로는 미국식 자본주의는 단기적 여건 변화에 탄력적·효율적으로 대응할 수 있고 경영 환경의 조성을 통하여 과감한 혁신을 유도할 수 있으며 노동시장이 신축적인 데 비해, 유럽식 자본주의는 장기 안정적인 투자와 노사관계를 유지할 수 있으며 특히 독일은 노사 공동의사결정으로 노동자의 경영 참여를 중시하고 안정적 사회보장제도가 확립되어 있다. 단점으로는 미국식 자본주의는 기업 경영이 단기 주주 이익 지향적으로 됨에 따라 장기 효율성이 뒤떨어지고 빈부 격차가 확대되는 경향이 강한 반면, 유럽식 자본주의는 단기적인 여건 변화에 탄력적으로 대응하기 어렵고 노동시장의 경직성이 두드러져서 높은 실업률로 나타난다.

미국식 앵글로-색슨(Anglo-Saxon) 자본주의라고 해도 미국과 달리 유럽식 사회복지제도가 정비되어 있는 영국은 미국과 상당한 제도적 차이가 있고, 유럽식 라인란트(Rheinland) 자본주의라고 해도 독일은 노사 공동의사결정제도와 같이 자본과 노동의 타협이 반영된 제도적 특징을 지니고 있으며, 이탈리아는 가족 중시의 특징이 반영되어 비공식부문과 중소기업의 비중이 높고, 프랑스는 국가 개입과 보호주의적 경향이 강한 제도적 차이를 가지고 있다.

제레미 리프킨(Jeremy Rifkin)은 유러피언 드림(*European Dream*)에서 유럽인들이 추구하는 이상을 미국의 경우와 대비시켰다. 첫째, 아메리칸 드림은 개인적인 부의 축적과 개인적인 성공에 초점을 맞추지만 유러피언 드림은 삶의 질에 초점을 맞추고 있다. 둘째, 아메리칸 드림은 성장을 강조하지만 유러피언 드림은 지속가능한 발전도 함께 강조하는데, 예를 들면 환경 문제나 생물다양성, 지구 온난화, 재생 에너지, 유기 농업 등의 문제를 중시한다. 셋째, 아메리칸 드림은 재산권과 시민권에 집중하지만 유러피언 드림은 사회권과 보편적인 인권에 훨씬 중요성을 둔다. 의료보험, 유급휴가, 퇴직소득 등이 유럽에서는 사회권에 속하지만 미국에서는 공공교육 정도만 사회권에 속한다. 넷째, 아메리칸 드림은 종교와 깊이 관련되어 있는데, 미국인의 90%가 성경을 보유하고 절반이 성경의 글을 그대로 믿으며 25%는 말세에 살고 있다고 믿는 반면, 유럽에서는 종교를 개인적인 영성의 추구로 이해하며 점차 종교적 성향이 약화되고 있다. 다섯째, 노동 윤리 면에서 미국에서는 프로테스탄트 윤리에 따라 한가하다고 하면 거의 비윤리적인 생활로 간주되지만, 유럽에서 한가하다(idle)고 하면 카페에 가서 포도주를 마시거나 장미 향기를 맡는 생활을 뜻한다. 유럽에서는 살기 위해 일하지만 미국에서는 일하기 위해 산다. 여섯째, 유럽연합은 권력을 공유하고 폭력이나 혁명에 의존하지 않겠다는 의도를 가지고 있으며 대부분의 유럽인들은 자유시장에서 누구도 포기되어서는 안 된다고 믿고, 취약층에 대한 집단적 책임과 다문화적 다양성을 받아들인다. 미국은 애국심을 강조하고 국제 문제에 군사적 개입을 피하지 않는다.

리프킨은 현재의 유럽이 위선, 편견, 이민자 문제, 권력투쟁 등에서 벗어나지 못하고 어려움을 겪고 있지만, 유럽이 다양한 이해를 지닌 거대한 집단이라는 점을 고려하면 처음부터 예상될 수 있던 수많은 어려움에도 불구하고 국가 간의 전쟁 재발을 의식적으로 배제했을 뿐만 아니라 세계화 시대의 이러한 세계화된 의식은 인류가 일찍이 경험하지 못했던 야심 찬 시도로서 성공적이라고 평가했다.

최근 미국의 신자유주의적 자본주의가 초래한 문제를 극복하기 위한 논의가 활발하게 진행되고 있다. 서머스(Lawrence H. Summers) 교수는 성장의 과실이 공유되지 않고 다수의 번영하는 중산층이 없다면 결코 성공적인 사회가 될 수 없는 역사적 사실을 지적하면서 포용적 번영(inclusive prosperity)을 위한 제도적 전환이 필요하다고 주장했다. 민주적 정부와 시장체제가 이러한 번영을 시민들에게 가져다줄 수 없다면 정치적 소외, 사회적 신뢰 상실, 인종이나 계급 간 갈등 첨예화를 초래할 수밖에 없기 때문에 경쟁력과 성장 중심의 패러다임에서 포용적 번영 중심의 패러다임으로 전환해야 한다고 주장했다. 포용적 번영은 관용, 조화, 낙관주의, 사회적 포용, 국제적 협력을 가져올 수 있는데, 이는 곧 민주주의를 의미한다. 또 경제행위보다 사회관계와 공동체적 생활의 향상을 통한 웰빙의 극대화가 더욱 중요하다면 경제성장 추구 일변도에서 벗어나 민주주의를 경제생활에 확장하기 위해 독일과 같이 소득격차를 줄이면서 더 높은 생산성을 추구할 수 있는 민주적 기업모형을 활성화할 필요성이 강조된다. 블린더(Alan Blinder) 교수와 타이슨(Laura D. Tyson) 교수는 이윤공유(profit sharing)를 친기업적이며 친노동자적이라고 평가하면서, 기업이 이윤의 일정 부분을 공유함으로써 노동자의 소득 증대뿐만 아니라 기업도 생산성과 혁신을 향상시킬 수 있고 노동환경을 개선할 수 있다고 주장했다. 기업과 조직의 성과와 노동자의 보수를 연관시키는 성과 배분이나 대기업과 중소기업 간의 성과 배분을 포함하는 제도를 공유자본주의(shared capitalism)라고 한다. 2016년 민주당 대통령 후보였던 클린턴은 노동자들에게 이익공유제로 배분한 이윤에 대해서 세액 공제를 공약하는 등 공유자본주의 정책을 제시했고, 샌더스는 삶의 질의 향상, 사회경제적 불평등 축소, 분배의 형평성 증진 등을 추구하는 포용적 성장(inclusive growth) 정책을 제안했다. 영국과 독일 등 유럽에서는 1990년대 말부터 신자유주의적 자본주의와 사회민주주의를 극복하기 위해 '제3의 길'에 대한 논의가 있었다.

제 3 장

미국 경제의
역사와 산업구조

1. 미국 독립 이후 경제 발전의 특징

미국은 17세기 초부터 약 170년간 영국의 식민지로서 영국의 중상주의체제에 편입되었지만, 1776년 독립선언 이후 단일국가로서 급속한 자립적 경제 발전을 이룩했고 19세기 말부터는 해외로 경제적 진출을 본격화했다.

현재 세계 최대의 생산력을 보유하고 있으며 세계 경제의 중추적 위치를 확고히 차지하고 있는 미국은 경제 발전 초기부터 다른 자본주의 선진국이나 개발도상국의 경제 발전과는 크게 다른 특징을 가졌는데, 이러한 특징은 지금까지 미국 자본주의의 독특한 근간을 형성하고 있다.

미국은 특히 19세기 말까지는 주로 대륙적 팽창을 기초로 하여 발전했는데, 끝없이 확대되는 광대한 프런티어의 존재는 생산활동에 유리한 조건을 형성했을 뿐만 아니라 각 부문의 성장과 상호 유기적 관계, 그리고 그것을 촉진시킨 수송수단의 발달이 국민경제 형성과정에 매우 중요한 요소가 되었다. 서부 프런티어로 이주가 진행되면서 서부의 발전이 이루어졌고, 농업 플랜테이션 경제인 남부와 함께 당초 북동부를 중심으로 성장한 산업자본에 대해 식량과 원료를 공급하고 상품시장과 투자 기회를 제공했다. 각 부문을 결합하는 철도가 19세기 중반 이래 중요한 경제적 의의를 가졌고 20세기에 들어서는 자동차와 관련 산업이 경제 발전의 중추적 역할을 했다.

미국은 식민과 이민에 의해 건설된 국가이기 때문에 봉건제도를 거의 경험하지 않았다. 따라서 다양한 인종과 문화를 받아들이면서도 자본주의적 경제제도에 적대적인 요소가 적었기 때문에 순수 배양된 자본주의적 특징이 강하게 나타난 경제 발전을 추진할 수 있었다. 건국 초기부터 유럽이나 아시아에서 찾기 어려운 자유시장경제에서 자유로운 경제활동이 중시되고 기업가 정신이 실현되기에 적절한 제도가 발달했다. 노예제 플랜테이션 경제도 유럽에서 받아들인 제도가 아니라 미국 자본주의의 특수작물 상품인 면화 생산을 목적으로 발달된 것인데, 세계적으로 비인도적인 노예제도가 철폐되던 시기에 미국에서는 오히려 노예제가 강화되었었다.

또 미국은 경제적 후진성으로부터 탈피하기 위해 필요한 노동력과 자본의 공급을 거의 유럽에 의존하면서 자립경제를 확립하기 위한 조건을 갖추어 나갔다. 미국에서는 노동력의 부족이 심각했는데, 특히 서부 프런티어의 존재는 한편으로는 경제 발전을 촉진하고 공업지역의 노동·자본 간의 계급적 대립을 완화하는 역할을 했지만 인구의 이동을 촉진함으로써 동부에서의 안정적 노동력 확보를 어렵게 했다. 그 결과 비교적 높은 임금구조가 유지되면서 해외로부터의 이민 유입을 촉진했으며 노동 절약적인 발명이나 개량이 촉진되어 미국 경제에서 차지하는 생산재의 비중이 일찍부터 상대적으로 높아졌다. 또 식민모국이었던 영국의 기술과 독립을 지원했던 프랑스의 기술을 함께 흡수할 수 있었다. 자본 공급 면에서는 내부축적 이윤에 의한 확대재생산도 이루어졌지만 철도 건설 등의 부문에서 거액의 자본 조달에는 유럽, 특히 영국으로부터의 유입에 의존했다. 그 결과 외국 자본을 조달하는 금융기관이 매우 유력한 존재가 되었고 금융자본의 형성에 있어서도 내부축적적 발전을 기초로 하는 금융자본과 자본 수입의 중개기관으로서 산업 지배를 강화한 금융자본이라는 두 가지 유형이 존재했다. 19세기 말 이후에는 자본 수출을 포함하는 해외 진출에 본격적으로 참여했고 제1차 세계대전을 통해 유럽에 대해서도 채권국으로 전환되었다.

미국 경제의 외국 자본에 대한 의존이 강했다고 하지만 해외로부터 도입된 자본은 대부분 증권투자였기 때문에 미국 기업이 외국 자본의 지배를 받지 않았다. 따라서 장기에 걸친 지속적인 자본 도입에도 불구하고 자립적 경제 발전을 방해하지 않았다. 또 대륙적 팽창에 따른 프런티어의 확대는 농업과 공업을 함께 발전시킬 수 있었고 공업국이면서도 세계적인 농업국으로 남을 수 있게 했으며, 국내시장을 중시하는 보호주의적 사고방식이 깊게 뿌리내리게 했다. 이러한 미개척 토지와 풍부한 자원의 존재는 자유로운 경제활동의 기회를 제공하고 사회적 유동성을 높이고 왕성한 기업정신을 고취했는데, 이러한 환경이 경제활동에 있어서 '보이지 않는 손'에 의한 경쟁원리를 강화했으며, 자유·평등의 건국이념과 결부되어 자유기업제도에 대한 국민의 신뢰를 공고히 했다.

2. 1970년대까지의 미국 경제

미국은 독립 이후 면공업을 중심으로 산업혁명이 일어났고 1861~1865년에 남북전쟁을 거쳤다. 1869년에 대륙횡단철도가 개통되면서 전국이 하나의 경제로 통합되었고 지역별 생산의 특화가 가능해졌으며 자본과 노동의 효율적인 배분이 가능해졌다. 19세기 후반에는 남부에서 면화 생산이 다시 증대되었고 서부 개척도 거의 완료되었는데, 서부 경제는 새로 건설된 철도망을 통해 동부 경제와 연결되었고 유럽으로부터의 저임금 이민 노동 유입과 결부되어 동부 경제가 빠르게 발전했으며 1887년에는 주간통상법이 제정되었다.

1876년에는 벨(Alexander Bell)이 전화 특허를 취득했고, 1877년에는 에디슨(Thomas Edison)이 축음기를 발명했으며, 1879년에는 에디슨이 전구를 발명하는 등 과학기술의 발전과 산업의 부흥이 일어났다. 철도망이 건설되고 전신이 보급되면서 철도회사와 전신회사 간의 합병이 급증하기도 했다. 이에 따라 1875~1900년의 실질국민소득 증가율이 4.2%에 달하는 등 경제력이 크게 증대되었다. 석유, 철강, 금융 등 산업의 독과점화가 진행되었는데, 1870년에 설립된 록펠러의 스탠더드 오일은 독점금지법에 따라 1911년에 33개 회사로 분할되었다. 그러나 남북전쟁 이후 미국이 공업국으로 빠르게 성장하는 과정의 호황 속에서 철도산업의 부패와 정치 비리, 독점자본 확대, 빈부 격차 급증 등이 함께 발생했는데, 이를 풍자하여 마크 트웨인(Mark Twain)은 1870년대부터 1890년대까지를 '도금시대(Gilded Age)'라고 불렀다.

20세기 전반에는 제1차, 제2차 세계대전을 통해 세계 경제가 큰 전환을 이루게 되면서 미국은 경제대국으로 등장했다. 제1차 세계대전은 유럽에서 일어났고 미국 국내에서는 산업혁명이 더욱 진전되어 정부의 간섭을 최소화한 시장자본주의가 황금

시대를 맞았다. 1908년에 T형 포드(Ford) 자동차가 양산되면서 자동차가 대중화되고 도로망이 구축되었으며, 전화가 대중화되고 전기가 보급됨에 따라 주택 건설과 소비재 산업이 크게 성장했다. 경제성장과 함께 자본가와 노동자 간의 소득 격차가 크게 증대되기 시작하면서 분배의 불평등과 열악한 노동환경이 사회 문제로 등장했는데, 1913년에 헌법 수정 제16조에 의해 소득세가 합법화된 뒤에도 최고세율이 7%에 그쳤다. 19세기부터 계속된 제조업의 기술진보와 경제성장은 뉴욕주식시장을 활성화시켰다. 1929년 가을에 뉴욕 증시의 대폭락과 이어진 은행 파산으로 시작된 대공황은 불황을 장기화시켰다. 대공황의 원인에 대한 설명은 다양한데, 경제정책의 실패

참고

▶ ▶ ▶ **뉴딜 정책**

1929년 10월 뉴욕 증시의 주가 대폭락으로 시작된 대공황을 극복하기 위해 루즈벨트 대통령이 1933년에 당시까지의 자유방임적 자본주의를 청산하고 정부의 적극적 시장 개입을 통해 소득과 고용을 증대시키려고 실행했던 정책을 말한다. 1917년 혁명 이후 실시했던 계획경제로 세계 대공황의 영향에서 벗어난 러시아의 경험도 고려되었으며 중앙정부와 상의하달식 계획을 시장의 미비점을 채워 줄 수단으로 인지한 케인스(John Maynard Keynes)가 고용·이자 및 화폐의 일반이론(*The General Theory of Employment, Interest and Money*)(1936)에서 주창한 유효수요이론의 뒷받침을 받았다.

뉴딜 정책의 내용을 보면, 극단적인 빈부 격차 확대와 장기 실업으로 구매력이 감소했기 때문에 정부의 적극적 재정지출을 통해 대규모 토목공사로 일자리를 창출함으로써 유효수요를 확대하고 공장 가동을 증대했으며, 산업별 수급을 조절함으로써 농업과 제조업의 과잉생산을 조절하여 가격 폭락을 억제했고, 노동자 권익보호 미흡에 대처하여 노동기본권, 최저임금, 최장근로시간을 규정해서 노동자의 권익을 보호했고, 극빈층과 장애인 등 사회적 약자에 대한 보조금제와 실업보험·노령자 부양보험 등의 사회보장제도를 도입했다. 이러한 정부의 적극적 개입과 사회복지의 도입으로 혼합경제 또는 수정자본주의로 불리는 자본주의 체제가 탄생하여 지금에 이르고 있다.

로 보는 설명에 따르면 금융정책이 은행 파산에 따라 화폐공급이 감소하는 것을 방관하면서 적극적인 대책을 강구하지 않았다는 것이다. 과소소비(underconsumption)설에 따르면 경제의 독점화와 빈부 격차의 급증에 따라 생산의 증가 속에서 1932년에 실업률이 27%에 달하면서 민간의 구매력이 크게 위축되었고 풍요 속의 빈곤 현상이 심화되었다는 것이다. 1933년부터 실시된 루즈벨트(Franklin Delano Roosevelt) 대통령의 뉴딜(New Deal) 정책으로도 불황으로부터 벗어나지 못했는데, 1940년대 들어서 제2차 세계대전을 대비하여 군수물자 생산이 본격화되면서 미국 경제가 불황으로부터 벗어났다.

미국의 주도에 따라 1944년 성립된 브레튼우즈(Bretton Woods) 협정과 1946년 설립된 국제통화기금(IMF), 그리고 1947년 발족한 관세 및 무역에 관한 일반협정(GATT)을 중심으로 제2차 세계대전 이후의 세계 경제 체제가 형성되었다. 제2차 세계대전 직후의 경기후퇴를 제외하면, 미국 경제는 1960년대 말까지 안정적으로 성장했다. 1960년대의 호황기에는 TV와 냉장고 등의 내구소비재와 가전제품에 대한 수요가 급증하고 대량생산으로 생산성이 향상되었다. 1960년대 말에 서유럽과 일본 등의 경제가 전쟁의 피해를 벗어나서 본격적인 경제성장이 이루어지면서 미국의 경쟁력이 약화되기 시작할 때까지 미국 경제는 세계 최고의 기술과 생산성으로 세계 경제를 이끌었다. 금융정책은 연방정부로부터 독립적으로 거시경제의 안정화, 즉 물가안정과 완전고용 달성을 추구했는데, 의회와 대통령의 압력을 받아 완화정책이 반복되면서 1960년대 후반부터 인플레이션율이 높아지기 시작했다.

서유럽과 일본의 경쟁력 증대에 따라 1970년대에 들어서 미국의 무역수지가 적자로 전환되었고, 베트남 전쟁 개입에 따른 달러의 과잉공급으로 인한 금 준비 부족으로 1971년에는 닉슨 대통령이 달러의 금 태환을 정지시켰다. 미국의 이스라엘 지원에 대한 아랍 국가들의 반발로 1973년과 1979년의 두 차례에 걸친 오일 쇼크를 겪으면서 1970년대 말에는 물가상승률이 10%를 초과하게 되었으며 심각한 불황이 함께하는 스태그플레이션(stagflation)에 빠지게 되었다. 만성적인 금융완화 등 경제정책이 오일 쇼크와 같은 외생적 충격에 적절하게 대응하지 못했으며 임금과 가격을 조정할 수 있는 메커니즘이 존재하지 않았다. 국제경쟁력이 약화되면서 보호무역주의가 강화되어 전기나 자동차산업 등에서 무역마찰이 증가되었다. 1974년에는 301조를 포

▶ ▶ ▶ 군산복합체

아이젠하워 대통령은 1961년 퇴임 연설에서 미국의 리더십이 물질적 번영이나 군사력에 의존하는 것이 아니라 세계평화와 인류공헌에 있다고 강조하면서 미국 민주주의가 군산복합체에 오염될 위험을 경고했다. 군산복합체(military-industrial complex)란 군사조직과 군수산업을 결합하는, 정부와 기업의 상호의존관계를 말한다. 1950년대 군산복합체는 국가안보를 내세워 국방비 지출을 증가시키기 위한 정치적 로비활동을 통해 군수산업과 군부와 정계 간의 유착관계를 형성했다. 불필요한 군사비 지출의 증가와 예산심의 과정과 정치자금에 대한 비판과 함께, 대학이 군사 관련 연구비에 의존하여 군수산업과 이해관계로 밀착되었고 언론이 군수산업으로부터 자유롭지 못했다고 비판받았다.

냉전 해체 이후에 군비지출이 크게 축소되었으나 2001년 9 · 11 테러 이후 테러와의 전쟁 등으로 군비지출이 대폭 확대되었다. 스톡홀름국제평화연구소(SIPRI)에 따르면, 2015년 군비지출액은 미국이 5,960억 달러로 세계 군비지출총액의 35.6%를 차지했고 이어서 중국이 2,148억 달러, 사우디아라비아가 872억 달러, 러시아가 664억 달러에 달했다. 월드 팩트북에 따르면, GDP 대비 군비지출의 비중은 2015년에 미국이 4.35%, 프랑스가 1.80%, 중국이 1.99%에 달했다. 2015년 매출액을 기준으로 한 세계 10대 무기제조기업 중 미국 기업이 1위 364억 달러의 록히드 마틴(Lockheed Martin, 총판매액 중 무기판매액 비중은 79%)을 비롯하여 2위 보잉(Boeing, 무기판매액 비중은 29%), 4위 레이시언(Raytheon, 무기판매액 비중은 94%), 5위 노스럽 그러먼(Northrop Grumman, 무기판매액 비중은 86%) 등 7개가 포함되었다. 미국은 세계 최대 무기수출국으로 2010~2014년 동안 세계 무기수출의 31%를 차지했고, 이어서 러시아가 27%, 중국이 5%를 차지했다.

함하는 통상법이 제정되었고, 1981년에는 일본의 미국에 대한 자동차 수출자율규제가 이루어졌지만 미국의 무역적자는 더욱 확대되었다.

고든(Robert Gordon)은 미국 성장의 성쇠(*The Rise and Fall of American Growth*)에서 미국 독립 이후 1870년에서 1970년에 이르는 장기간 동안 미국 경제가 유럽의 강대국들보다 높은 생산성 상승을 주도하며 고성장을 이룩했는데, 1870~1970년간의 성장은 독특한 것으로 앞으로는 이렇게 장기에 걸친 높은 경제성장이 반복되기 어려울 것이라고 분석했다. 경제성장에는 성쇠가 순환적으로 반복되기 마련이지만 1970년 이후의 성장세 둔화가 성장 동력이나 아이디어 부족에 따른 것은 아니며, 과거 1870~1970년에 걸쳐서 음식, 의복, 주택, 운송, 여가활동, 통신, 보건과 노동조건을 포함하는 수많은 분야에서 현대적인 삶의 질을 구성하는 요소들이 이미 성취되었기 때문이라고 주장했다.

3. 1980년대의 미국 경제

베트남 전쟁 패배와 이란 주재 미국 대사관 인질사건의 영향으로 '강한 미국(Strong America)'의 부활을 내세운 레이건(Ronald Reagan)이 대통령으로 당선되면서 레이거노믹스(Reaganomics)의 기치 아래 대폭적인 감세와 규제완화, 군비 증강이 이루어졌다. 레이거노믹스는 첫째, 투자·법인세의 감면에 의해 기업의 설비투자를 촉진하고 개인소득세의 인하로 노동 의욕을 자극하여 노동 공급을 증대시키고 소비를 자극하며, 둘째, 정부의 규제를 완화 또는 철폐함으로써 기업 활동을 활성화하고 산업을 재편하고 민영화를 추진하며, 셋째, 노동조합의 양보를 유도하는 교섭을 지원하는 내용이었다. 그러나 이러한 시도는 당시 인플레를 우려한 연방준비은행의 금융정책 전환으로 과잉 화폐 공급이 축소되면서 이자율을 대폭 상승시켰고 달러 가치 역시 큰 폭으로 상승했다. 달러 가치가 단기간에 약 30~40% 이상 높아짐에 따라 미국 기업의 국제경쟁력이 약화되어 무역수지 적자가 크게 증대되었으며 국내투자가 감소하고 산업의 해외 이전에 따른 산업공동화가 발생했다. 또 1970년대의 군사적 위신을 회복하고 소련에 대적하고자 군사비를 대규모로 증가시켜 재정수지 적자를 크게 확대시켰다. 규제완화에 따른 경쟁의 증가와 고소득자에게 유리한 감세의 영향으로 빈부의 격차가 더욱 확대되었다.

결과적으로 레이거노믹스는 대규모 재정적자와 무역적자라는 쌍둥이 적자(twin deficits)를 초래했고 미국은 세계 최대 채무국으로 전락했다. 미국의 엄청난 재정적자와 무역적자를 축소시키기 위하여 G7 국가들이 1985년 플라자(Plaza) 합의를 통해 달러의 가치를 하락시키는 데 협력하기로 합의했고 1987년에는 루브르(Louvre) 협정으로 재확인했다. 이에 따라 일본의 엔화 가치가 급상승하면서 일본 기업들의 채산성이 악화되자 일본은행은 저금리정책을 실시했는데 부동산 거품을 확대시키면서 장기불황의 원인이 되었다. 제조업을 중심으로 한 미국 기업의 경쟁력이 크게 악화되어 그 회복이 지체되면서 1980년대 후반에는 미국이 2류 국가로 전락할 것이라는 우려가 실감나게 전파되었다. 달러 가치의 대폭 하락에도 불구하고 무역적자 규모가 축소되지 않자 미국은 대외적으로 공세적인 무역정책을 채택하여 1988년 소위 '슈퍼 301조'를 포함하는 포괄통상법을 제정했다.

미국 경제의 침체가 계속되는 가운데 1987년 10월에는 블랙 먼데이(Black Monday)의 주가 대폭락으로 세계 증시가 동시 하락하는 현상이 나타났으며 미국 경제의 안정성에 대한 의문이 제기되었다. 주식시장은 빠르게 회복되었지만 금융업 전반에는 문제가 누적되어 1980년대 후반에는 저축대출조합(S&L)을 비롯한 많은 저축기관들이 파산하거나 부실화되었다. 국제적으로도 정보통신혁명의 진전에 따라 국제금융 거래가 급격하게 증가하여 활발하게 이동하면서 국제 경제 질서를 교란시키는 요인으로 작용하게 되었다.

4. 1990년대의 미국 경제

1970년대부터 1980년대에 걸친 침체에서 벗어난 미국 경제는 1990년대에 들어서는 기업과 경제의 구조조정과 정보통신산업의 발달로 빠르게 회복되었고 이후 2001년 3월까지 120개월에 걸친 장기적인 경기 확장을 지속했다. 기업이 경쟁력을 회복하기 위해서 기존의 대량생산·대량판매의 체제를 고객의 기호와 기술의 변화에 탄력적으로 대응시켜야 한다는 필요성을 인식하여 신축적 생산체제를 도입하고, 현장 노동자와 관리자 간의 벽을 허물어 노사협조를 강화했으며, 북미자유무역협정 등을 통한 국제 분업 체제의 강화와 쌍무적인 통상압력의 강화와 같은 요인도 중요한 역할을 했다. 또 1991년 소련이 붕괴하면서 냉전체제 해체에 따른 국방비 부담 감소와 민수산업의 활성화도 경제성장에 유리한 환경을 제공했다.

그러나 이러한 장기 성장을 가져온 가장 중요한 요인은 무엇보다도 첨단산업분야의 벤처기업이라 할 수 있다. 빌 게이츠가 단기간에 세계 최대의 자산가가 된 것과 같이 아메리칸 드림이 여전히 살아 있다는 사고방식이 미국 경제의 뿌리를 이루고 있다. 첨단산업 중에도 개인용 컴퓨터와 정보통신 분야는 미국이 압도적인 국제경쟁력을 가졌다. 특히 PC산업은 급속한 개발속도와 가격 인하로 세계를 선도했고, 마이크로소프트의 윈도우 운영체제와 인텔의 중앙처리장치(CPU)를 함께 일컫는 '윈텔(Wintel)'은 사실상 세계표준의 지위를 차지했다. 첨단기술 분야가 이렇게 급속하게 성장하게 된 것은 지적 재산권 보호가 국제적으로 확립된 사실에 크게 힘입었다. 우루과이라운드 등 국제 경제 협상에서 미국 정부가 지적 재산권 보호에 많은 노력을 기울인 것은 미국의 기술 우위를 부동의 사실로 확립하기 위한 전략에 따른 것이었다.

미국은 다른 나라에 비해 압도적으로 많은 정보화 투자를 계속했는데, 이러한 투자는 1992년 이후 생산성의 급속한 증가를 뒷받침함으로써 견실한 성장을 지속시킬 수 있었다. 서비스산업도 미국이 가장 앞선 경쟁력을 지니고 있는데, 사회의 변화에 따라 다양한 필요에 부응하여 급속히 성장했다. 특히 미국은 유통업, 금융·보험업 등에서는 절대적인 우위를 유지하면서 해외로도 활발하게 진출했다. 기업도 구조조정과 아웃소싱 등을 통해 핵심 사업 분야를 중심으로 기업 경영전략의 근본적인 혁신을 이룩함으로써 미국 경제의 부활을 가능하게 했다.

1990년대 말 미국이 경쟁에서 우위를 보여 준 것은 새로운 산업을 발전시키고 구조조정을 통해 자신의 약점을 수정하고 낡은 사업을 폐기할 수 있었던 데 따른 것이라고 할 수 있다. 그러나 미국이 세계에서 가장 비용이 적게 드는 경쟁적 우위를 되찾기 위해서 지불한 대가는, 노동력의 2/3가 실질임금이 크게 하락했다는 데서 잘 드러났다. 또 1998년 미국의 25대 기업 중 8개가 1960년에는 존재하지도 않았거나 아주 영세한 회사였다. 1960년에 존재하지 않았던 회사 중에 3개는 1998년 세계 10대 기업에 포함되었다. 1960년의 25대 기업 중 불과 4개만이 1998년의 명단에 남아 있었고 대부분은 다른 회사와 합병되었으며 2개는 완전히 폐업했다. 약진한 기술과 달라진 경제 환경에 적응하지 못했던 것이다. 20세기 초 미국의 12대 기업 중 11개가 21세기에는 사라졌는데 제너럴 일렉트릭만이 예외적으로 19세기 말에 12대 기업의 하나였고 20세기 말에도 제2의 기업으로 남아 있었다.

미국 경제는 1990년대 초부터 장기 호황을 지속했는데, 이에 대하여 1990년대 말에는 세계화와 함께 정보통신혁명이 진행되면서 미국 경제의 체질이 달라졌다는 신경제(new economy)론과 이를 부정하면서 경기조정을 위한 침체가 불가피하다는 거품경제(bubble economy)론이 팽팽하게 대립했다. 정보통신기술의 발달에 따라 생산성이 크게 향상되었고, 인플레이션 없이 완전고용과 경제성장이 양립될 수 있다고 믿었던 신경제에 대한 낙관론이 확산되었지만, 2000년 이후의 연도를 컴퓨터가 제대로 인식하지 못하는 결함인 Y2K 문제 등으로 호황을 누렸던 컴퓨터 장비와 소프트웨어에 대한 수요가 2000년에 들어서 급감했고 미국 경제가 침체를 겪게 되면서 1990년대의 호황에는 거품경제적 요소가 적지 않았던 것으로 확인되었다.

참고

▶ ▶ ▶ 정보기술혁명과 노동생산성

정보기술(IT)산업은 정보 재화 및 서비스를 중간재나 최종생산물로 생산하거나 취급하는 산업을 일컫는데, 하이테크산업, 소프트웨어와 서비스산업, 통신서비스산업, 통신기기산업 등으로 분류된다. 1990년대에 정보기술산업의 발달에 따라 정보산업에 대한 투자 증가로 전체 산업에 다양한 파급효과를 미치면서 노동생산성이 크게 향상하고 디지털 경제가 발달함에 따라 1990년대 후반에는 물가 안정과 지속적 성장의 공존이 실현되었다는 '신경제' 논쟁이 일어났다.

　미국의 노동생산성은 1973년의 1차 오일 쇼크 이후 에너지 가격 상승, 설비투자 둔화, 경제 서비스화의 진전에 따라 상승세가 둔화되면서 경기침체를 가져왔고, 1980년대 전반에는 달러 가치 상승과 함께 미국의 국제경쟁력 약화의 요인으로 지적되었다. 1990년대에 정보화 투자가 급증하면서 설비투자 신장률이 1980년대의 평균 3.2%에서 1990년대에는 5.9%로 대폭 증가했다. 설비투자, 특히 정보화투자에 의한 자본심화는 총요소생산성의 증가와 함께 1990년대의 장기 호황을 이끌었다. 1995~2001년의 경제성장률 3.55%를 분해하면 노동시간 증가가 1.53%, 노동생산성 상승률의 기여가 2.02%를 차지했는데, 노동생산성의 기여 2.02% 중에 정보기술 자본의 기여가 0.85%, 총요소생산성 증가에 대한 정보기술의 기여가 0.41%를 차지하면서 1973~1995년의 각각 0.37%, 0.21%에 비해 크게 높아졌다.

5. 2000년대의 미국 경제

2000년대에 접어들어 미국 경제는 정보기술 부문을 중심으로 하는 신경제의 거품이 꺼지면서 경기침체를 겪게 되었는데, 2001년 9월 11일에 발생한 뉴욕 무역센터 테러 사건이 발생하면서 경제에 큰 충격을 미쳤다. 기업 투자가 침체되고 주식 가격이 폭락했으며 엔론 등 주요 대기업들의 회계부정으로 인한 기업 경영의 투명성에 대한 신뢰의 위기가 가중되면서 디플레이션에 대한 우려와 함께 경기침체가 진행되었다. 2001년 중에 연방준비은행에 의한 금리 인하가 11차례나 이루어지는 등 적극적인 경기부양정책으로 2002년 이후 경기가 회복되기 시작했다.

대규모 무역적자의 지속에 따라 2006년 GDP 대비 6.5%에 해당하는 8,000억 달러의 무역적자를 기록했는데 이러한 미국의 채무 규모는 중국·일본·독일·석유수출국기구 등 대미 무역흑자국들의 저축총액의 2/3를 초과하는 수준으로 미국 국민들의 소득을 초과한 과소비 수준이 절정에 달했음을 보여 줬다. 이러한 소비지상주의는 '풍요로운(affluent)'과 '인플루엔자(influenza)'를 결합한 '어플루엔자(affluenza)'라는 신조어로 풍자되었다. 당시 미국 가구당 평균 부채가 11만 7,961달러로 총자산 대비 19%에 달했는데, 그 72%가 주택담보대출 채권이었고, 주택을 담보로 한 가계대출이 9%, 자동차·학자금이 12%, 신용카드가 7%를 차지했으며 가구당 평균 연간 저축액은 392달러에 불과했다.

2004년 말부터 금리 인상이 시작되었고 유동성이 축소되면서 초저금리와 파생상품의 급증에 따라 형성되었던 주택시장의 거품이 2007년에 들면서 꺼지기 시작했다. 주택시장의 거품이란 주택가격이 그 실질가치보다 크게 상승하면서 실물경제에 파급효과를 미치게 되는 현상을 말한다. 2007년 중반부터 미국의 서브프라임(subprime mortgage loans, 비우량 주택담보대출) 위기가 본격화하여 세계적인 금융위기로 전방위적으로 확산되었다.

서브프라임 위기의 내부적 요인으로는 금융자유화와 연방준비은행의 정책을 들 수 있고, 외부적 요인으로는 기축통화국인 미국과 다른 나라들의 정책을 들 수 있다. 먼저 내부적 요인으로서 1980년대 이래 지속된 금융자유화가 이루어져서 은행은 전통적인 예금대출 업무뿐 아니라 펀드와 특별목적회사의 증권거래로 이익을 얻을 수 있게 되었다. 또 금리를 자유화했고 은행도 주식거래에 참여할 수 있게 되면서 대규모 자금이 주식과 채권으로 향하게 되었다. 세계화와 정보통신혁명과 함께 진행된 금융혁신은 다양한 금융상품을 탄생시켰다. 차입을 지렛대로 투자수익률을 극대화하려는 레버리지(leverage)의 보급과 다양한 금융상품의 증대에 따라 세계 금융자산총액은 급속하게 증대되었다. 레버리지란 단기채권 발행으로 자금을 조달해서 장기증권을 매입하고 그 증권을 담보로 또 채권을 발행하여 조달한 자금으로 다시 증권을 매입하는 방식을 말한다. 증권회사는 자산평가가 상승하는 국면에서는 레버리지를 증가시키고, 하락하는 국면에서는 레버리지를 감소시키는 경향이 있으므로 거품을 형성하게 되고, 거품이 터지면 신용 수축이 일어난다. 정보통신 거품이 붕괴된 2000년 후반 연방준비은행은 연방기금금리를 6.5%에서 3.5%까지 인하했고, 다음 해에 9·11 테러 발생에 대한 비상 대응으로 2003년에는 1%까지 인하시켜 장기적으로 저금리정책을 지속하면서 신용확대를 통한 자산가격 상승을 촉진했다. 2004년 중반에 이르러서 금리를 인상시키면서 마이너스 실질금리를 탈피했지만 이미 주택시장 거품은 커졌다.

외부적 요인으로는 브레튼우즈 체제의 붕괴 이후에도 미국은 기축통화국의 지위를 유지했는데, 미국이 순채무국임에도 대규모로 달러를 발행하여 달러 가치의 하락을 초래해 외화표시 부채의 환차손을 유발했고 수출 증대, 수입 감소를 통해 미국 내 고용 증가와 경기 호전을 유도했다. 그러나 금리 인상에 따라 달러 가치가 상승하면서 반대로 미국 내 고용 감소와 경기후퇴를 초래했다. 또 미국 내의 여유 자금이 금리가 높은 외국으로 유출되었는데 거품 붕괴 이후 특히 신흥공업국들은 외국 자본이 빠르게 유출되고 환율이 큰 폭으로 변동하면서 큰 피해를 입었다.

2008년 9월 15일의 리먼 브라더스(Lehman Brothers)의 파산으로 금융시장이 갑자기 수축되고 생산과 고용이 급속히 감소했다. 자산 거품이 터지면 투자자는 자산가격의 하락을 예상하고 주식이나 채권을 판매할수록 공급과잉으로 가격은 더욱 하락하면서 위기가 발생한다. 주택가격 상승에 의한 자산효과로 과잉 소비와 과잉 채무를 지속하던 가계들은 갑작스런 채무조정이 불가피해졌는데, 소비의 억제와 저축률 상승으로 채무조정에 나서면서 경기침체는 더욱 심화되었다. 적극적인 경기부양정책에 힘입어 2010년이 되면 주가가 빠르게 회복하면서 고소득층의 소비는 증대되고 저소득층의 소비는 침체되는 양극화 경향이 나타났다.

6. 2010년대의 미국 경제

2008년과 2009년에 각각 −0.3%, −2.8%를 기록했던 실질 GDP 성장률은 2010년부터 2015년까지 각각 2.5%, 1.6%, 2.2%, 1.5%, 2.4%, 2.4%로 견실한 회복세를 지속하면서 2008년 이후의 대침체(the Great Recession)에서 벗어났다. 고용 면에서도 민간실업률은 2008년의 5.8%에서 2009년에는 9.3%, 2010년에는 9.6%에 달했지만 2014년에는 6.2%, 2015년에는 5.3%, 2016년에는 4.6%로 지속적으로 하락했다. 그러나 이러한 실업률 저하에는 장기 실직에 따라 노동참여율이 하락된 부분도 포함되어 있었다. 65세 이상의 노령층은 높은 의료비에 대한 보험을 제공하는 기업에 취업하고자 하는 의도와 연금 개시 연령 인상의 영향으로 노동참여율이 높았지만, 25~34세의 청년층은 취업을 체념하거나 경력을 높이기 위한 진학률 상승 등의 영향으로 노동참여율이 낮았다.

2009년 오바마 정부는 대규모 재정지출을 집행했고 의료보험 확충 등 소득재분배를 강화하여 적극적으로 경기부양정책을 실시했다. 2010년에는 부시 대통령의 감세 연장, 사회보장세 감면, 신규 설비투자 감세를 시행했다. 연방준비제도는 미증유의 위기가 발생하자 금융기관의 단기채무 변제를 위한 유동성의 부족에 따른 총수요 격감을 막기 위해 초유의 신용정책을 실시했다. 금융정책의 역할이 물가의 경직성에 따른 자원배분의 왜곡을 시정하는 전통적인 역할에서 금융시스템을 구제하기 위한 '최종 대부자(lender of last resort)'의 역할뿐만 아니라, 일시적이지만 '최종 투자자'의 역할까지 감수하며 적극적으로 긴급 유동성 공급에 나섰다. 연방준비은행은 2008년부터 시작된 금리 인하로 실질금리를 사실상 0%로 인하시켰으며 2008년, 2010년, 2012년 세 차례에 걸쳐 대규모 '양적 완화(Quantitative Easing, QE)'를 실시했다. 양적 완화는 연방준비은행이 금융위기에 대응하여 시중에 통화량을 증가시키기 위해 국채와 주택담보대출 채권을 대규모로 매입하는 정책이다. 이에 따라 주가 지수는 빠르게 상승하여 2012년 2월에는 금융위기 이전 수준을 회복했고, 2014년 10월 미국 경제의 개선 흐름이 확고하다는 판단에 따라 양적 완화를 종결하기로 결정했으며,

2015년 12월에는 9년 반 만에 처음으로 금리를 인상했다.

　금융위기 이후 각국의 중앙은행들은 금리를 인하하고 유동성을 대량으로 공급해서 금융시스템 붕괴의 악영향을 축소시키고자 했다. 자산가격의 급락으로 대규모 불량채권이 양산되었으며 세계는 신용거품 팽창의 시대로부터 부채 축소의 시대로 이행했다. 그러나 총수요가 충분히 회복되지 않아서 경기침체 국면을 탈피하지 못했다. 유로지역은 2010년 이래 그리스, 이탈리아 등의 재정위기로 장기적으로 경기침체를 겪었으며 중동 난민 문제 등으로 영국의 유럽연합 탈퇴 결정까지 발생함으로써 '통합'이라는 대의가 타격을 받았다. 또 세계적으로 과거 국민소득 성장률의 2배에 달했던 국제무역 증가율이 그 절반 수준으로 축소되는 대무역붕괴(Great Trade Collapse) 속에서 환율전쟁의 위험이 높아졌다. 경기 회복을 불안하게 만드는 요인으로는 금융정책의 한계, 디플레이션 우려와 같은 단기적인 요인들과 거품의 재발 가능성, 과도한 정책 의존적 체질 형성 등을 들 수 있다.

　금융위기 이후 미국 경제와 미국식 자본주의, 특히 자유방임적 신자유주의적 정책에 대한 비판이 심각하게 이루어졌지만 정치적 구호만큼 구체적인 개혁이 충분하게 이루어지지 못했고, 심각해진 경제적 양극화에 대한 반발로 1%에 대한 99%의 저항이 일어나는 등 대중적 불만이 정치사회적 불안을 야기했다.

　미국 경제는 20세기 이래 대공황, 오일 쇼크, 금융위기 등을 경험했지만 새로운 산업이나 패러다임을 제시하며 이를 극복해 왔다. 1970년대 경기침체 속에 물가가 상승하는 스태그플레이션이 심화되자 1980년대에는 '작은 정부'의 신자유주의 정책을 실시했으며, 1980년대 후반 경쟁력 악화는 벤처기업을 중심으로 한 새로운 정보통신산업의 등장으로 새로운 성장동력을 확보했고 세계 최고의 경쟁력을 회복했다. 2008년 금융위기 이후에는 규제완화와 시장중심적인 정책이 재규제로 전환되고 금융산업 등의 공공성을 강화하기 위한 감독을 중시하는 변화 속에서 패러다임의 전환이 이루어졌다.

　래크먼(Gideon Rachman)은 지난 반세기 동안 미국 등 서방세계의 장점으로 자신했던 시장, 민주주의, 미국의 힘에 대한 신뢰가 최근 무너지고 있다고 평가했다. 2008년의 금융위기와 뒤이은 대침체는 자유시장이 생활수준을 증대시키지 못하고 오히려 불평등을 심화시켰다는 비판을 받았고, 민주주의가 확산될 것이라는 믿음은 베를린

장벽의 붕괴에 비유되던 2011년 아랍의 봄 이후 심한 혼란에 빠졌고 서유럽에서도 정치적 민주주의가 안정적 개혁을 통해 뿌리내리지 못하고 극단적인 세력이 증대되고 있다. 또 세계를 안정시킬 수 있다고 믿었던 미국의 힘은 이라크나 아프가니스탄을 평정하지 못했으며 이슬람국가(IS)의 등장을 초래하는 등 중동에서 대혼란을 막지 못했고, 중국의 등장으로 과거와 같은 유일한 슈퍼파워가 되지 못한다는 것이다.

특히 중국 경제의 부상으로 범세계적인 패권을 위협받게 된 미국은 경제뿐만 아니라 아시아 주도권 재편을 둘러싸고 중국과 갈등을 빚고 있다. 중국은 낮은 1인당 소득에도 불구하고 2010년에는 일본의 경제규모를, 2020년에는 미국의 경제규모를 추월할 것으로 전망되고 있는데, 구매력평가 기준으로는 2014년에 이미 미국을 능가한 세계 최대의 경제규모를 가지고 있다. 중국은 저임금을 활용하는 세계의 공장에서 벗어나 세계의 시장으로 등장했으며 대규모의 외환보유고를 앞세워 세계 주요 기업들을 인수하는 등 경쟁력을 빠르게 증대시키고 있으며, 육상 및 해상 실크로드인 일대일로(一帶一路) 구상으로 전 세계적 경제고속도로를 추진하고 있기 때문에 미국은 이러한 중국과의 경쟁이 갈수록 더욱 치열해질 것이다.

미국 경제가 스스로 새롭게 재생되기 위해서 패러다임을 재설정해야 할 필요성이 제기되고 있다. 미국의 경제와 사회에서 시장원리의 과잉을 해소하고, 기술혁신에 의한 성장전략을 유지·발전시켜야 하며, 전 세계 GDP의 90%와 교역량의 80%를 차지하는 G20 등 확대되고 있는 경제들을 잘 활용하고 미국에 필요한 개혁을 본격적으로 진행할 수 있는 동력을 확보해야 할 필요성이 강조되고 있다.

7. 미국의 산업구조

미국 산업구조의 변화는 역사적으로 산업부문별 구성비에서 제조업과 농수산업의 현저한 저하와 서비스업의 상승으로 나타났다. 제조업이 국내총생산에서 차지하는 비중은 1960년의 25.4%에서 2000년에는 15.1%, 2015년에는 12.1%까지 빠르게 줄어들었다(표 3-1 참조). 1차금속, 금속제품, 기계류, 자동차 및 부품 등의 내구재와 음식료품, 섬유, 의복 등의 비내구재 산업에서 모두 그 비중이 크게 하락했다.

서비스업은 전문적·비즈니스 서비스, 교육·의료 서비스, 예능·오락·음식·숙

표 3-1	주요 산업별 국내총생산의 구성비(%)				
구분	1960년	1980년	2000년	2008년	2015년
농림수산업	3.7	2.2	1.0	1.0	1.1
광업	1.9	3.2	1.1	2.7	1.7
공익사업(수도, 전기, 가스)	2.2	2.1	1.8	1.6	1.6
건설업	4.3	4.6	4.5	4.4	4.0
제조업	25.4	20.5	15.1	12.3	12.1
내구재	15.0	12.5	9.0	6.8	6.5
1차금속	2.1	1.5	0.5	0.5	0.3
조립금속제품	1.9	1.9	1.2	0.9	0.8
기계류	2.1	2.3	1.1	0.9	0.9
컴퓨터 및 전자제품	1.5	1.8	2.2	1.6	1.6
전기제품 및 부품	1.1	0.9	0.4	0.4	0.3
자동차 및 부품	2.3	1.2	1.3	0.6	0.9
기타 수송장비	1.5	1.1	0.7	0.8	0.7
비내구재	10.4	7.9	6.1	5.6	5.5
음식료품	3.6	2.1	1.6	1.4	1.4
섬유	0.9	0.5	0.3	0.1	0.1
의복	1.1	0.7	0.2	0.1	0.1
석유 및 석탄제품	0.4	0.7	0.5	1.1	0.9
화학제품	2.1	1.9	1.8	1.9	2.1
도매업	6.4	6.5	6.1	6.0	6.0
소매업	7.6	7.0	6.8	5.8	5.8
운송 및 창고	4.3	3.6	3.0	2.9	2.9
정보(영화, 방송, 데이터처리)	3.5	4.2	4.6	5.0	4.8
방송	…	2.6	2.7	2.6	2.4
금융	3.6	4.8	7.3	6.2	7.1
부동산	10.2	10.9	12.1	12.9	13.2

(계속)

표 3-1 주요 산업별 국내총생산의 구성비(%) (계속)

구분	1960년	1980년	2000년	2008년	2015년
전문적 · 비즈니스 서비스	4.2	6.1	10.8	11.9	12.2
전문적 서비스	2.0	3.4	6.4	7.2	7.1
법률 서비스	…	0.8	1.3	1.6	1.3
컴퓨터 관련 서비스	…	0.3	1.1	1.2	1.5
기타 기술적 서비스	…	2.3	4.0	4.3	4.3
기업 관리	1.4	1.4	1.7	1.8	2.0
경영지원 서비스	0.8	1.3	2.7	3.0	3.1
교육 서비스	0.4	0.6	0.8	1.0	1.1
의료 및 사회 지원	2.2	4.1	5.8	6.8	7.2
예술, 숙박 및 음식 서비스	2.7	2.9	3.8	3.6	3.9
정부	14.6	14.3	12.9	13.6	12.9
연방정부	8.3	6.2	5.7	4.1	4.3
지방정부	6.3	8.1	8.8	8.8	9.3

박 서비스 등을 포함하는 업종이다. 넓은 의미의 서비스업이 국내총생산에서 차지하는 비중이 1960년 47.9%에서 2000년 53.8%, 2015년에는 66.4%로 높아졌다. 전문적 · 비즈니스 서비스업 중에서 전문성이 높은 업무는 법무, 회계, 세무, 건축, 설계, 정보통신 관련 서비스, 컨설팅, 연구개발, 광고, 마케팅 리서치 등을 포함하고, 그보다 일반적인 업무는 경리, 기록, 유통, 인재파견, 빌딩관리 등을 포함하는데 그 비중이 현저히 빠르게 높아졌다. 전문적 · 비즈니스 서비스업의 비중은 1960년 4.2%, 2000년 10.8%, 2015년에 12.2%로 상승하여 제조업 전체의 비중보다 높아졌다.

서비스업 중에 금융업의 비중도 높아졌는데, 1960년 3.6%에서 2000년 7.3%, 2015년에는 7.1%를 차지했다. 의료 및 사회 지원 서비스의 비중도 1960년의 2.2%에서 2000년에는 5.8%, 2015년에는 7.2%로 빠르게 상승했다. 도매업은 1960년, 2000년, 2015년에 각각 6.4%, 6.1%, 6.0%를 차지해서 거의 변화가 없었고, 소매업은 각각 7.6%, 6.8%, 5.8%로 비중이 하락했다.

정부부문에서는 장기적으로 연방정부의 비중은 1960년의 8.3%에서 2015년에는 4.3%로 하락했고, 지방정부의 비중은 1960년의 6.3%에서 2015년에는 9.3%로 상승했다. 농림수산업의 비중은 1960년의 3.7%에서 2015년에는 1.1%로 크게 하락했다.

미국의 산업구조가 금융업, 전문적·비즈니스 서비스 등의 서비스업 중심으로 변하면서 고용창출효과가 크고 중산층의 버팀목인 제조업이 경시되었다. 생산직과 사무직 일자리가 급감했는데 실직자나 비숙련노동자를 재교육시키는 데 소홀했다. 기업들이 외국으로 아웃소싱을 증대시켰고 경쟁력이 증대되도록 인재와 자본이 흘러들어 가게 하는 성장전략을 세우지 못하면서 기업이 원하는 인력과 구직자들이 보유한 기술 간의 불일치가 더욱 커졌다. 인터넷, 클라우드, 사물 인터넷, 인공지능과 같은 정보통신기술(ICT)을 제조업과 융합하는 제4차 산업혁명이 진행되면서 제조업을

표 3-2	미국의 10대 기업(시가총액 기준)				
순위	1925년	1950년	1975년	1999년	2015년
1	AT&T	AT&T	IBM	마이크로소프트	월마트 스토어스
2	스탠더드 오일 (N. J.)	제너럴 모터스 (GM)	AT&T	제너럴 일렉트릭 (GE)	엑슨 모빌
3	제너럴 일렉트릭 (GE)	제너럴 일렉트릭 (GE)	엑슨	시스코 시스템스	쉐브론
4	US 스틸	듀퐁	코닥	월마트 스토어스	버크셔 해서웨이
5	제너럴 모터스 (GM)	스탠더드 오일 (N. J)	제너럴 모터스 (GM)	엑슨 모빌	애플
6	스탠더드 오일 (Ca.)	유니언 카바이드	시어스로벅	인텔	제너럴 모터스 (GM)
7	F. W. 울워스	스탠더드 오일 (Ca.)	다우 케미컬	루슨트 테크놀로지스	필립스 66
8	펜실베이니아 R.R.	시어스로벅	제너럴 일렉트릭 (GE)	IBM	제너럴 일렉트릭 (GE)
9	뉴욕 센트럴 R.R.	텍사스 컴퍼니	프록터 앤 갬블	씨티그룹	포드 모터스
10	서던 퍼시픽	US 스틸	텍사코	SBC 커뮤니케이션스	CVS 헬스

근본적으로 변화시키게 될 전망이다.

　20세기 이래 미국의 10대 기업은 크게 변화해 왔는데, 경제와 기술의 변화에 따른 산업구조의 변화가 반영되어 있다. 시가 총액 기준으로 10대 기업의 변천을 비교하면, 1925년에는 통신회사인 AT&T가 최대 기업이었으며 제너럴 일렉트릭(GE), 스탠더드 오일, US 스틸, 제너럴 모터스(GM) 등의 순서였고, 철도회사들이 8~10위를 차지했다(표 3-2 참조). 1950년에는 AT&T가 계속 최대 기업의 위치를 지켰고 GM, GE, 스탠더드 오일 등이 계속 선두 집단에 속했으며 듀퐁, 유니언 카바이드(Union Carbide) 등의 화학 기업이 각각 4, 6위로 성장했다. 1975년에는 컴퓨터 회사인 IBM이 최대 기업이 되었고 AT&T, 엑슨(Exxon)이 뒤를 이었으며 코닥(Eastman Kodak)이 4위, 다우 케미컬(Dow Chemical)이 7위, 프록터 앤 갬블(Proctor & Gamble)이 새롭게 등장했다.

　1999년에는 미국 10대 기업의 구성이 크게 변했는데, 소프트웨어 회사인 마이크로소프트가 최대 기업으로 등장했으며 시스코(Cisco Systems)가 3위, 인텔(Intel)이 6위, 루슨트(Lucent Technologies)가 7위, IBM이 8위를 차지하는 등 정보통신 기업들이 절반을 차지했고, 월마트(Wal-Mart)는 4위, 씨티그룹(Citigroup)이 9위를 차지했다. 2015년에는 유통업체인 월마트가 최대 기업이 되었으며 엑슨 모빌(Exxon Mobil)과 쉐브론(Chevron) 등 석유 기업이 각각 2, 3위로 뒤를 이었고 버크셔 해서웨이(Berkshire Hathaway)가 4위, 애플이 5위, GM이 6위를 차지했다. GE는 1925년에 3위를 차지했고 2015년에는 8위를 차지하는 등 유일하게 미국 10대 기업에 빠지지 않고 계속 포함되었다.

참고

▶ ▶ ▶ 제4차 산업혁명

지식정보 분야의 빠른 기술혁신이 디지털 혁명을 기반으로 한 제4차 산업혁명을 이끌고 있는데, 가장 큰 특징은 과거의 산업혁명에 비해 훨씬 광범한 분야에서 급속하게 진행되고, 아직 그 속도와 깊이를 알기 어렵지만 국가, 기업, 산업, 사회 전체 시스템의 충격적인 변화를 수반한다는 것이다. 제1차 산업혁명이 증기기관의 발명에 의해 시작되었고, 제2차 산업혁명이 전기에 의한 대량생산체제를 보급했으며, 제3차 산업혁명이 디지털 혁명으로 컴퓨터 제어 자동화가 진행되었는데, 제4차 산업혁명은 인공지능, 사물인터넷(IoT), 자율주행자동차, 빅데이터, 로봇, 유비쿼터스(Ubiquitous), 3D 프린팅, 나노·바이오 기술 등의 분야의 선도로 디지털·바이오·오프라인의 융합을 가져올 것이다. 구글, 애플, 아마존(Amazon), 테슬라 모터스(Tesla Motors) 등과 같은 미국 기업들이 제4차 산업혁명을 선도하고 있다.

제4차 산업혁명의 특징은 어디서나 접근할 수 있는 모바일 인터넷, 더 저렴하면서 더 작고 더 강력해진 센서, 인공지능과 기계학습 등을 들 수 있다. 기업들은 파괴적 혁신과 기술혁신자의 부상 때문에 굉장한 압박을 받게 되고, 고용은 기술 진보에 따른 일자리 파괴와 자본으로의 대체에 따른 일자리 상실이나 재배치에 직면하거나 자본의 새로운 일자리 창출 효과의 혜택을 입을 수 있다. 2016년에 세계경제포럼(WEF)은 앞으로 5년간 전 세계에서 일자리 700만 개가 사라지고 새로운 일자리 210만 개가 생겨날 것으로 예측했고, 미래 세대의 65%가 지금은 없는 직업을 가지게 될 것으로 전망했다. 제4차 산업혁명에서는 기술혁신이 빠르게 진보되기 때문에 지속적으로 적응하면서 새로운 능력을 계발할 수 있는 능력이 중요하다. 비즈니스 모델도 산업의 디지털 전환에 따라 변화하는데, 대표적으로 디지털화에 따른 네트워크 효과로 실제 세상과 직접 연결된 글로벌 플랫폼 전략은 수익성이 높고 많은 산업의 중심을 상품 구매와 소유에서 디지털 플랫폼에서 서비스를 제공받으려는 추세로 전환시키고 있다. 제4차 산업혁명(The Fourth Industrial Revolution)의 저자인 슈밥(Klaus Schwab) 다보스 포럼 회장은 제4차 산업혁명에는 시스템에 의한 수평적 의사결정, 많은 창업자들의 조합으로서 인공지능·사물인터넷·빅데이터를 결합한 산업, 융합적인 지식 등이 필요하다고 지적했다.

디지털 시대에는 공권력으로 보호되던 장벽이 약화되고 더 많은 정보를 보유한 통치 대상에 대한 기대가 증가하면서 정부의 역할이 제약되고 효율성이 낮아졌다. 초국가적 단체와 지역 단체, 그리고 개인까지 정부의 경쟁세력으로 등장했다. 효율적인 통치를 위해서는 정부 규제기관이 대상을 정확하게 이해하고 스스로 개편하면서 환경 변화에 적응해야 하고, 시민사회와 긴밀하게 협력해야 하며 승자독식의 시장경제에서 발생할 수 있는 중산층 몰락과 불평등 증대 등 경제사회 문제에 적극 대처할 필요가 있다.

제 **4** 장

미국의 거시경제와
경제정책

1. 미국 경제의 경기순환

미국의 경기순환은 미국 국가경제연구소(National Bureau of Economic Research, NBER)에서 결정하는데, GDP 성장률이 2분기 연속적으로 감소하면 경기후퇴(recession)로 정의한다. 미국은 제2차 세계대전 이후 12번의 경기순환을 경험했는데, 수축(contraction)기간은 8~18개월에 그친 반면 확장(expansion)기간은 12~120개월에 달했다(표 4-1 참조). 1960년대에는 1969년 12월까지 106개월에 걸친 경기확장이 이루어졌고, 1990년대에는 1991년 3월에서 2001년 3월까지 120개월에 걸친 최장의 경기확장 국면이 지속되었다. 이러한 장기 확장과정에서 생산성 상승률이 높아졌고 재정수지가 대규모 적자에서 일시적으로 흑자로 전환되면서도 낮은 물가수준을 유지할 수 있었다. 그러나 장기에 걸친 성장과정에서 기업과 가계의 부채가 크게 증가되었으며, 경상수지도 대규모 적자를 누적시키는 부정적인 측면도 동반했다. 2000년대 들어 정보통신 거품이 꺼지면서 경기가 침체되고 1990년대 말에 일시적으로 흑자로 돌아섰던 재정수지가 다시 적자로 전환됨에 따라 1980년대와 같은 '쌍둥이 적자'가 나타났다. 하지만 미국은 2001년에 명목 GDP 기준으로 세계 경제규모의 21.4%를 차지했는데 2위인 일본의 7.3%, EU 15개국의 19.9%와 비교하면 그 크기를 짐작할 수 있다. 2010년에는 미국이 여전히 세계 경제규모 1위를 차지했고, 중국이 일본

표 4-1	미국의 경기순환		
정점	저점	수축기간(개월)	확장기간(개월)
1948년 11월	1949년 10월	11	37
1953년 7월	1954년 5월	10	45
1957년 8월	1958년 4월	8	39
1960년 4월	1961년 2월	10	24
1969년 12월	1970년 11월	11	106
1973년 11월	1975년 3월	16	36
1980년 1월	1980년 7월	6	58
1981년 7월	1982년 11월	16	12
1990년 7월	1991년 3월	8	92
2001년 3월	2001년 11월	8	120
2007년 12월	2009년 6월	18	73

단, 수축기간은 정점에서 저점까지의 기간을, 확장기간은 이전 순환의 저점에서 이번 순환의 정점까지의 기간을 말함.

을 추월하여 2위 국가가 되었다.

부시 대통령의 대규모 감세와 2001년 9·11 테러를 계기로 하여 국방비가 대폭 증가하면서 재정적자가 사상 최대 규모로 확대되고 경상수지 적자가 지속적으로 크게 확대되면서 달러 가치의 조정을 둘러싸고 각국의 이해관계가 대립되었다. 2001년 말부터 2007년 12월까지 73개월에 걸친 경기확장이 이루어졌는데 이러한 호경기는 초저금리에 따른 주택거품에 의해 가능했다. 주택거품의 붕괴는 금융위기를 유발했는데, 금융위기를 일으킨 직접 요인은 자산가격의 급락 과정에서 격심한 신용수축이 일어난 결과 대형 투자은행과 보험회사가 파산 지경에 빠졌던 것이다.

2007년 12월에 경기확장이 정점에 달한 뒤 2008년에 발생한 서브프라임 사태 이후 2009년 6월까지 경기후퇴가 지속되었다. 미국 제조업의 국제경쟁력 둔화와 금융위기 이후 경기침체의 지속으로 실업률 상승이 정치적인 문제로 대두되었다. 2009년에 오바마 정권은 획기적인 재정확대정책과 함께 제조업 부흥정책을 실시했고, 세

차례에 걸친 양적 완화를 통한 비전통적인 확장적 통화정책과 함께 미국 경제의 회복에 견인차 역할을 했다.

2010년 이후 미국 경제가 세계 경제의 전반적인 침체 속에 '나홀로 성장'을 지속해 왔는데, 이러한 미국 경제의 비교적 견실한 성장세로 수요가 증가되는 반면 기준금리 인상이 거듭되면 자본이 신흥공업국 등으로부터 미국으로 유출될 수 있기 때문에 세계 경제에 양날의 칼이 될 것이라는 우려도 제기되었다. 현재 미국의 경기순환은 2009년 6월의 저점을 통과한 새로운 경기확장 국면에 있다.

2. 주요 경제지표로 보는 미국 경제

(1) 실질국민소득

실질국내총생산(Real Gross Domestic Product)(2009년 가격)의 전년 대비 분기별 증가율은 경기후퇴 국면(회색 부분)과 경기확장 국면(흰색 부분)에 따라 그래프에서 상승세와 하락세가 분명하게 구분된다. 1980년대 초와 1990년대 초의 경기침체 중에 실질국내총생산이 감소했지만 1990년대의 경기확장 국면에서는 실질국내총생산이 장기간 지속적으로 확대되었다(그림 4-1 참조). 2007년 12월에서 2009년 6월까지의 경기후퇴 기간 중에는 실질국내총생산 증가율이 큰 폭으로 마이너스를 기록했고, 이후 확장 국면에서는 지속적인 경기부양정책에 힘입어 등락을 거듭했다. 1인당 실질국내총생산은 경기후퇴기에 조정을 받지만 전체적으로 지속적인 상승 추세를 보였다. 1인당 실질국내총생산도 최근의 경기후퇴기간 중에 크게 하락했음을 알 수 있다.

(2) 소비자 물가와 근원 개인소비지출 물가

소비자 물가지수(Consumer Price Index)(전 도시)의 전년 대비 상승률을 보면 1980년 전후의 높은 인플레가 1980년 전반에 빠르게 진정되었으며 이후 비교적 안정적인 변화를 보였다(그림 4-2 참조). 경기후퇴 국면에서는 물가 하락세가 나타났고 2000년대 후반의 후퇴 국면에서는 물가 상승률이 크게 하락했고 마이너스 상승률까지 기록했다. 2010년대 중반에도 변동성이 큰 음식료와 에너지를 제외한 근원개인소비지출(core PCE: Personal Consumption Expenditures) 물가지수 상승률이 수요 부진으로 낮은

그림 4-1 실질국민소득

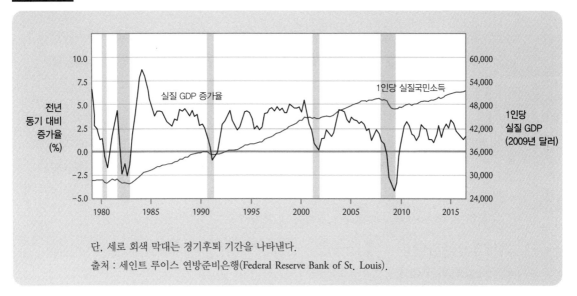

단, 세로 회색 막대는 경기후퇴 기간을 나타낸다.

출처 : 세인트 루이스 연방준비은행(Federal Reserve Bank of St. Louis).

그림 4-2 소비자 물가와 근원 개인소비지출 물가

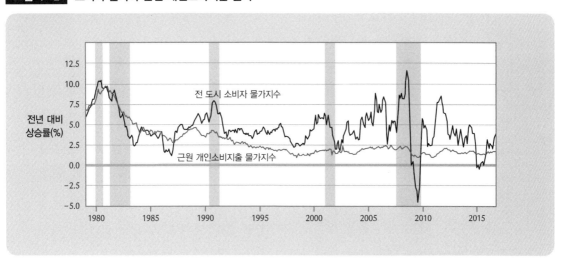

수준에 머물면서 금리인상이 지체되는 등 통화정책에 영향을 미쳤다.

(3) 민간실업률과 민간노동참여율

민간실업률(Civilian Unemployment Rate)은 1980년대 전반의 경기후퇴 국면에서 매우 높은 수준이었으나 취업 정보 활성화 등의 지원 정책 실시 이후 비교적 낮은 수준을 유지했고 장기 호황이 지속되었던 1990년대 후반에는 완전고용에 근접했다(그림 4-3 참조). 그러나 2008년 금융위기 이후 10% 이상의 실업률을 기록했는데, 최근에는 크게 하락해 5% 이하의 낮은 실업률을 기록하면서 경제정책 결정에 영향을 미쳤다. 그러나 추세적으로 상승하던 민간노동참여율(Civilian Labor Force Participation Rate)은 2000년대 들어 하락세로 전환했고 최근에는 매우 낮은 수준으로 하락해 노동시장의 질적 회복이 미흡함을 나타냈다.

(4) 국민소득의 구성요소

국민소득의 구성요소의 비중(Selected Component Shares of National Income)을 보면, 국민소득 중 가장 큰 비중을 차지하는 피고용자 보수가 국민소득에서 차지하는 비중이 등락했지만 추세적으로 하락했음을 보여 준다(그림 4-4 참조). 2000년대 후반의 경기후퇴 국면에서 큰 폭으로 하락했으며 최근까지 회복되지 못했다. 반면 기업 이윤은 대체로 경기확장기의 후반에서 선행적으로 하락세를 보였지만 전체적으로는 상승 추세를 나타냈다. 최근 금융위기 중에 기업 이윤의 비중이 빠른 상승세를 보이면서 피고용자 보수의 하락과 현저하게 대조적이었다.

(5) 실질 중위 개인소득과 소득 지니계수

실질 중위 개인소득(Real Median Personal Income)은 경기후퇴 국면에서는 다소 하락했지만 전반적으로 상승세를 보였는데, 서브프라임 위기 이후 하락을 면치 못했다(그림 4-5 참조). 최근 상승세로 돌아섰지만 이전의 수준에는 상당히 못 미쳤다. 전체 인종의 소득 지니(Gini)계수가 지속적으로 상승세를 나타낸 것은 미국의 소득 불평등이 갈수록 악화되어 왔음을 알 수 있게 한다. 특히 백인의 지니계수는 다른 인종의 지니계수에 비해 매우 낮은 수준이었고 흑인의 경우는 매우 높았다.

그림 4-3 민간실업률과 민간노동참여율

그림 4-4 국민소득의 구성요소

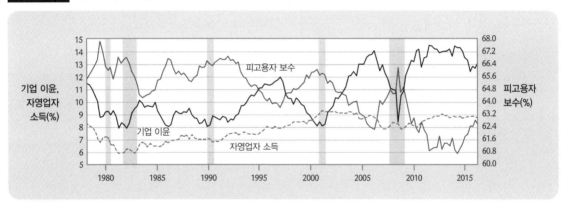

그림 4-5 실질 중위 개인소득과 소득 지니계수

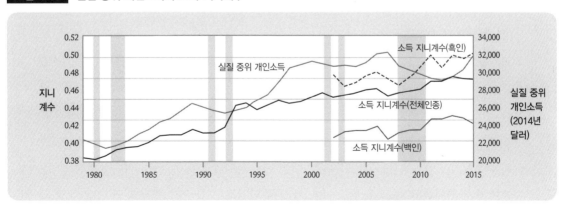

(6) 개인저축률과 실질 총민간국내투자

개인저축률(Personal Savings Rate)은 1980년대 전반 이후 금융위기에 이르기까지 지속적으로 하락하는 추세를 나타냈는데, 미래 소득에 대한 긍정적인 전망이 장기간 계속되었음을 보여 준다(그림 4-6 참조). 그러나 2008년의 금융위기 발생에 따라 개인저축률이 2005년 3분기의 1.9%에서 2012년 4분기에는 11.0%까지 큰 폭으로 상승했는데 그만큼 미래 소득에 대한 불안이 급증했음을 반영했다. 실질 총민간국내투자(Real Gross Private Domestic Investment)는 경기침체기에 선행하여 감소했다. 최근에는 2007년 이후의 급감에서 어느 정도 회복되었지만 아직 저조한 수준을 나타냈다.

(7) 연방정부 재정적자

미국 연방정부의 재정적자(Federal Government Budget Deficit)는 1980년대 중에 레이건 대통령의 감세정책과 군사비 지출 증가 등에 따라 지속적으로 증가했다(그림 4-7 참조). 1990년대 전반부터 장기 호황에 따른 조세수입 증가와 소련 붕괴에 따른 군비 지출 감소, 클린턴 행정부의 노력 등으로 적자가 감소세로 돌아섰고 1998년부터 흑자를 기록하기에 이르렀다. 그러나 곧 2001년 부시 대통령의 대폭적인 감세와 9·11 테러 이후 군사비 증강에 따라 적자가 큰 폭으로 증가하면서 GDP 대비 재정적자 규모가 상당히 높아졌다. 2008년의 금융위기 극복을 위한 적극적 경기부양정책에 따라 재정적자 규모가 GDP의 10% 수준에 가깝게 극적으로 확대되었다가 이후에는 적자 폭이 빠르게 감소하고 있다. 미국은 투자에 비해 민간저축과 정부저축이 크게 부족하기 때문에 무역수지 적자를 면하지 못하고 있다.

(8) 경상수지와 무역수지

경상수지(Current Account)는 1980년대 전반 이래 거의 적자를 면치 못했는데 적자 규모는 1990년대 이래 크게 늘어났다(그림 4-8 참조). 1990년대 후반에는 국내총생산 대비 적자 규모가 더욱 빠르게 증가했고, 부유한 선진국인 미국의 과소비에 따른 경상수지 적자가 중국 등 신흥공업국들의 자금이 미국의 금융시장으로 유입되면서 지탱되는 '글로벌 불균형' 문제를 야기하면서 국제금융의 불안정을 초래했다. 금융위기와 뒤이은 대침체에 따라 수요가 위축되면서 경상수지 적자와 무역수지(Trade

그림 4-6 개인저축률과 실질 총민간국내투자

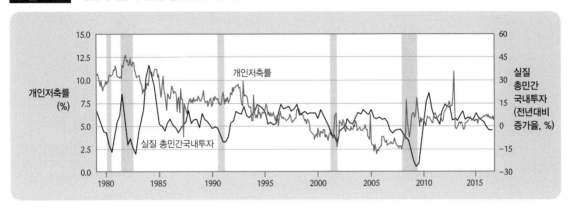

그림 4-7 연방정부 재정적자

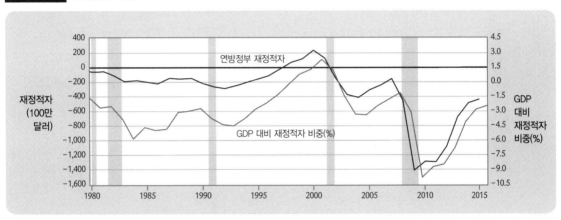

그림 4-8 경상수지와 무역수지

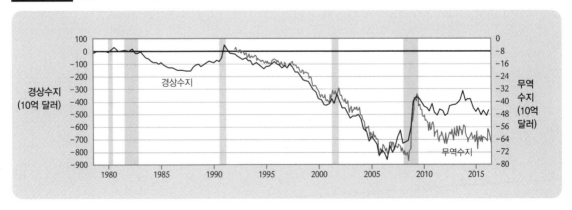

Balance) 적자가 큰 폭으로 빠르게 감소했지만 2010년 이후 경제가 회복되면서 무역수지 적자의 규모가 다시 증가했다.

3. 미국 경제의 부문별 국내총생산

미국 경제를 거시적으로 살펴보면 국내총생산(GDP)에서 차지하는 개인소비지출의 비중이 매우 높은 소비경제라는 것을 알 수 있다. 2014년에 개인소비지출이 GDP의 68.2%를 차지했고 국내민간투자는 GDP의 16.8%, 정부지출은 18.0%를 차지했다. 수출과 수입은 각각 GDP의 13.0%와 15.8%를 차지했는데, 세계의 경제대국이지만 수출과 수입의 비중은 의외로 크지 않은 국내지향적 소비대국이라고 할 수 있다.

미국 경제의 성장을 미국 노동통계국(Bureau of Labor Statistics)의 자료를 통해 살펴보면 국내총생산(GDP, 10억 2009년 달러)의 연평균 성장률은 1994~2004년간의 3.4%에서 2004~2014년간에는 거의 절반인 1.6%로 크게 낮아졌는데, 2014~2024년간에는 2.2%로 다소 성장률을 회복할 것으로 전망했다(표 4-2 참조). 개인소비지출은

표 4-2 국내총생산 부문별 성장률과 GDP 변화 기여

구분	GDP(10억 2009년 달러)			연평균 성장률			실질GDP 변화 기여	
	1994년	2004년	2014년	1994 ~2004년	2004 ~2014년	2014 ~2024년 (예상)	1994 ~2004년	2004 ~2014년
GDP	9,905	13,774	16,086	3.4	1.6	2.2	3.4	1.6
개인소비지출	6,338	9,208	10,969	3.8	1.8	2.4	2.5	1.3
총민간국내투자	1,502	2,511	2,705	5.3	0.7	2.9	1.0	0.2
수출	827	1,301	2,085	4.6	4.8	4.0	0.5	0.6
수입	938	2,035	2,537	8.1	2.2	3.9	-1.0	-0.5
정부지출	2,246	2,808	2,890	2.3	0.3	0.8	0.4	0.1
1인당 국민소득 (2009년 달러)	37,589	46,985	50,413	2.3	0.7	1.4	-	-

2014년에 GDP의 68.2%를 차지한 중요한 항목인데, 높은 주가와 부동산 가격 상승에 따른 1994~2004년간 성장률 3.8%에 비하여 2004~2014년간에는 1.8%로 대폭 하락했고 2014~2024년간에는 2.4%로 성장세를 상당히 회복할 것으로 전망되었다. 실질GDP 변화율에 대한 기여 역시 1994~2004년의 2.5%에서 2004~2014년에는 1.3%로 낮아졌다. 총민간국내투자는 1994~2004년간 5.3%의 높은 증가세에서 2004~2014년간에는 0.7%로 격감했다. 특히 고정 주거 건축물의 성장률이 1994~2004년의 4.8%에서 2004~2014년에는 −4.9%로 급격하게 감소했으며, 고정 비주거 투자는 1994~2004년의 5.5%에서 2004~2014년에는 2.8%로 낮아졌다. 수출의 증가율은 크게 변하지 않았지만 수입의 증가율은 상당히 하락했다.

4. 2016년 미국 경제 동향

2008년의 금융위기 이후 8년이 지난 2016년의 미국 경제는 과거의 확장기 기준으로는 완만하지만 선진국 중에서는 가장 빠르게 성장했다. OECD의 미국경제조사에 따르면, 2008년 1분기에 비해 2015년 4분기에는 미국의 GDP 성장률이 10.6%에 달했는데, 같은 기간 유로지역의 −0.06%, 일본의 −0.37%와 대조적으로 높았다. 실업이 과거의 확장기에 비해 빠르게 감소하여 고용도 순조롭게 증가해서 금융위기 이전 수준을 회복했고 소비자들의 소득 또한 증가되었다. 특히 실업률은 2009년 4분기의 9.91%에서 2016년 1분기에는 4.95%로 하락해 2008년 1분기의 4.98%보다 낮아졌다. 노동참여율도 베이비붐 세대의 은퇴 때문에 장기 하락 추세에 있지만 최근 다소 높아졌다. 재정상태나 기업 이익도 호조를 보이고 있고 단기 성장 전망도 사회간접자본에 대한 투자, 기술, 녹색성장이 적절하게 추진된다면 밝은 편이다.

경제활동이 대체로 위기 이전 수준을 능가했고 소프트웨어, 통신, 의료품 등의 부문의 성장은 현저했으나 아직 회복되지 못한 부문도 있었다. 경제성장의 회복은 적극적인 통화정책과 조기 확장적 재정정책에 크게 힘입었으며 고용, 소득, 소비지출도 서로 상승작용을 했다. 또 에너지 가격의 하락으로 소비자 구매력이 증가하여 소비를 증가시키는 요인으로 작용했다. 기업 생산량의 증가에 따라 고정투자도 다른 국가들에 비해서 꾸준히 큰 폭으로 늘어났다. 그러나 세계적 경기침체 지속과 달러 가치 상승으로 미국 기업들의 국제경쟁력에 불리하게 작용했다. OECD는 미국의 경제성장률이 2016년과 2017년에 대체로 2% 수준을 유지할 것으로 전망했다.

경기가 다시 침체될 가능성은 낮지만 2000년대 중반 이래 지속되고 있는 생산성 증가의 침체가 정보통신과 의료 부문과 같은 첨단 분야를 포함하여 대부분의 산업에서 계속되었다. 연간 생산성 증가율을 보면 상위 10%의 산업에서 1996~2005년간에 12.1%에서 2005~2014년 사이에 7.6%로 하락했고, 나머지 90%의 산업에서도 같은 기간 동안 각각 2.5%에서 0.8%로 낮아졌다. 생산성 증가율의 구성을 보면 신경제가 한창이던 1998년에는 생산성 증가율이 3.08%에 달했는데, 생산성 증가를 요인별로 나누면 자본심화가 1.26%, 노동구성이 0.64%, 총요소생산성이 1.17%였다(그림 4-9 참조). 2002년에는 생산성 증가율이 4.22%로 상승했는데 생산성 증가의 요인별 구성을 보면 자본심화가 1.77%, 노동구성이 0.35%, 총요소생산성이 2.09%였다. 그러나 2011년부터 생산성이 크게 하락했는데, 2014년에는 생산성 증가율이 0.65%로 매우 낮은 수준을 기록했으며, 그중 자본심화가 −0.13%, 노동구성이 0.06%, 총요소생산성이 0.72%로 최근 총요소생산성이 매우 정체되었다.

2007~2014년간의 총요소생산성 증가율은 0.5%에 그쳤는데 1995~2007년간의 1.4%에 비해 매우 낮은 수준이었다. 생산성 증가의 하락은 부분적으로 경기순환에

그림 4-9 생산성 증가율과 총요소생산성 증가율

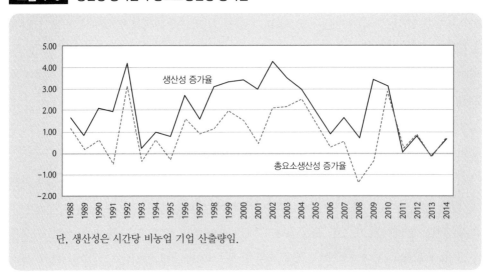

단, 생산성은 시간당 비농업 기업 산출량임.

따른 것이지만 자본심화와 총요소생산성 둔화와 어느 정도는 노동의 질적 개선 부진의 영향을 받은 것이었다. 풍부하고 새로운 정보기술의 발달과 자동화 증가에도 불구하고 이렇게 저조한 추세가 지속되고 있는 점은 다소 설명하기 어렵지만, 규모의 경제가 크게 작용하는 대기업에서 승자독식이 이루어지면서 경쟁 압력이 감소했고, 인구 고령화에 따라 생산성이 낮은 노인 간호 등의 부문이 늘어났고, 인구 변화로 노동력의 인구 구성에서 전통적으로 혁신을 담당하는 청년층의 비중이 낮아졌으며, 생산성 증가가 높은 산업의 가격이 상대적으로 하락하면서 자원의 재배분 등과 같은 경제 구성의 변화도 영향을 미쳤다. 1990년대 후반의 신경제를 고려하더라도 생산성 증가가 이와 같이 계속 낮게 되면 소득 불평등, 인구 고령화, 복지 향상, 생활수준 상승과 투자 전망 등에 부정적인 영향을 미치게 된다.

주택시장은 회복세를 보였다. 주택가격은 상승세를 보였고 명목상으로 위기 이전 수준보다 높아진 지역이 일부 나타났다. 그러나 자가주택거주자 환산임차료(owner-equivalent rent)지수 대비 케이스-쉴러 주택가격지수(Case-Shiller US National House Price Index)의 비율(2000년 1분기＝100)은 1996년 4분기의 91.2를 저점으로 상승하여 2000년 1분기에 100.5에 달했으며 계속 높은 상승세를 지속해서 2006년 1분기에는 152.6을 기록하여 정점에 달했는데, 이후 하락세로 반전되어 금융위기를 거치면서 2012년 1분기의 101.7까지 낮아졌다. 이후 2016년 1분기에는 119.7에 이르기까지 완만하게 상승했지만 여전히 위기 직전 수준에 크게 밑돌았다. 정부 관련 주택담보대출 보증기관들과 연방주택금융국의 신중한 정책에도 어느 정도 영향을 받아서 주택담보대출 부채는 하락했다.

미국 가계의 웰빙 수준을 OECD의 '더 나은 삶 지수(Better Life Index)'로 보면, 다른 OECD 국가들에 비해 평균적으로 높은 수준을 나타냈다. 소득과 부 항목에서 특히 더 높았지만, 일과 생활의 균형 지표를 제외하고는 주관적 웰빙, 주택, 건강, 일자리와 소득, 시민적 참여 등 대부분의 지표에서 더 높은 수준을 보였다. 그러나 평균적으로 높은 수준은 국내적으로 상위층과 하위층 간에 심각한 격차를 반영하지 못하는데, 특히 소득과 부의 지표에서 최상위 20% 계층과 최하위 20% 계층의 차이는 매우 높았다. 이는 성장의 과실이 지속적으로 불균등하게 배분되었고 금융위기 이후의 경기침체로 더욱 현저해졌는데, 이러한 소득 불평등 문제의 악화는 사회정치적 갈등을 유발하기에 이르렀다. 미국 통계국(Bureau of Census) 기준에 따른 지니계수는 시계열상의 단절이 있지만 1970년 0.394, 1990년 0.428, 2000년 0.462, 2014년에는 0.48로 지속적으로 악화되었다. 노동시장에서 격리되어 있는 일부 집단이나 교육 기회를 박탈당한 빈곤가정 어린이 문제는 더욱 심각했다. 미숙련노동 공급과 기술노동 수요 간의 불일치 문제를 직업훈련과 평생교육으로 해결하기 어려웠다.

실업률이 낮아졌음에도 불구하고 달러 가치 상승, 에너지 가격 하락, 낮은 명목 임금 수준 지속 등에 따라 물가 상승률은 여전히 낮게 유지되었으며 2016년 9월 기준으로 전 도시 소비자물가 상승률은 전년 대비 3.48%였지만 연방준비제도가 물가 목표의 기준으로 삼는, 변동성이 큰 음식료와 에너지를 제외한 근원개인소비지출(core PCE) 물가지수는 1.69% 상승에 그쳐 여전히 2%의 물가 목표에 미치지 못했다. 연방준비제도의 연방공개시장조작위원회(FOMC)에서는 물가 상승률이 목표 수준에 점진적으로 접근할 것으로 예상하고 2015년 12월의 금융위기 이후 첫 금리 인상 이래 경기 회복을 위태롭게 하지 않으면서 금리를 추가로 인상할 경우 유럽연합, 중국, 신흥공업국들과 같은 지역의 경제 상황도 함께 고려해야 하기 때문에 정책 결정이 쉽지 않았다. 비전통적 통화정책으로부터 벗어나기 위해서는 적절하게 목표를 설정한 공공투자를 통해 국내수요를 증가시키고 생산성과 노동력 규모를 증가시킬 수 있는 구조 정책을 함께 실시할 필요가 있다.

2009년에 GDP의 10.5%로 정점에 달했던 일반정부 재정적자 수준은 경기 회복에 따라 2015년에는 4.4% 수준까지 낮아졌으며 연방정부의 재정적자는 9.75%의 정점에서 2015년의 2.5%까지 하락했다. 그러나 현재의 성장 전망과 불평등 악화를 고려하면 적절한 재정 지원이 필요하다. 기업 설립, 기술, 혁신과 사회간접자본을 지원하는 정책들은 생산성 상승에 필요하고 국제적인 재정정책의 조정도 도움이 될 것이다. 2013년과 2015년 사이에는 오바마 행정부와 공화당이 주도한 의회의 정치적 대립으로 연방 폐쇄에까지 이르렀지만 2015년의 초당적 예산법(Bipartisan Budget Act of 2015)과 같은 타협으로 재정 안정성이 높아졌다.

5. 미국의 통화·금융정책

(1) 연방준비제도와 통화정책

미국의 중앙은행인 연방준비제도(the Federal Reserve System)는 1913년 연방준비법에 기초해서 1914년에 설립되었다. 본래 통화를 창출하고 그 가치를 조정하는 권한은 미국 헌법에서 의회에 부여하고 있지만 이 법률에 따라서 연방준비제도에 위임되었다. 미국의 연방준비제도는 일반에게는 독립된 중앙은행으로 보이지만 의회가 감독권을 가지고 있고 대통령에 의해 임명된 의장과 6명의 이사의 승인권을 가지고 있으며, 행정부가 설정한 경제정책의 틀 속에서 업무를 행하고 있으므로 '정부내 독립기관'으로 보는 것이 타당하다.

연방준비제도의 주요 기능은 물가안정과 완전고용을 목표로 하는 금융정책의 수행, 금융기관의 감독과 규제, 금융제도의 안정과 금융체제의 위험 방지, 결제제도의 운영 등 정부, 은행, 국민, 외국 정부로의 금융 서비스를 들 수 있다. 2008년 금융위기 이후에는 감독관리기능이 강화되었다.

연방준비제도는 연방준비제도 이사회(Board of Governors of The Federal Reserve System), 12개의 지역 연방준비은행(Federal Reserve Banks), 연방공개시장조작위원회(Federal Open Market Committee, FOMC), 연방준비제도 가맹은행(Member Banks)으로 구성된다.

이사회는 지역 연방준비은행을 총괄하고 연방공개시장 위원회를 개최한다. 금융정책의 결정은 연방준비제도 이사회의 이사 7명(의장과 부의장을 포함)과 지역 연방준비은행 총재 5명(뉴욕 연방준비은행 총재는 상임으로 포함) 등 12명으로 구성되는 연방공개시장조작위원회(FOMC)에서 이루어지는데, 금융정책의 수단은 공개시장조작, 지불준비율 조정, 재할인율 조정 등을 포함한다. 연방준비제도는 매일 공개시장조작, 즉 증권 매매를 통해 단기금융시장의 움직임이 영향을 미치고 또 통화공급량의 조정과 환율시장에의 개입을 통하여 거시경제의 안정을 도모한다. 통화정책으로 FOMC 회의에서 이자율을 조정하는데, 은행 간 자금거래에 적용되는 단기시장금리인 연방기금금리(federal fund rate)를 정책적으로 결정한다. 지역 연방준비은행은 12개로 나뉜 각 지역의 중앙은행으로서 지역 금융을 관할한다.

연방준비제도는 1년에 8번 개최되는 FOMC 회의 1~2주 전에 베이지북(Beige Book) 이라 불리는 미국 경제동향 보고서를 발행한다. 베이지색 표지의 이 보고서는 12개 연방준비은행 관할지역의 제조업, 소비, 서비스업, 부동산, 금융, 노동시장 등 경제 전반에 대한 현황과 전망을 분석한 내용을 담고 있는데, FOMC의 금리정책의 변화를 미리 추측할 수 있는 참고자료로서 중요성을 지닌다.

연방준비제도는 선거라는 대중적 민주주의 메커니즘 속에서 정치에서 독립된 전문가집단이 자본주의적 효율성의 원리를 추구하도록 절묘하게 타협한 기구이다. 1980년대에는 선출되지 않고 견제받지 않는 권력인 연방준비제도 이사회 의장을 의회에서 선출해야 한다는 주장이 제기되기도 했다. 대통령과 행정부는 때로 선거에서 승리하기 위해 통화공급 증대를 은근히 강요하는 경우도 있었지만, 연방준비제도 이사회 의장은 물가 억제를 통한 경제 안정이 연방준비은행의 최우선 과제임을 내세우며 독립성을 지키기 위해 노력해 왔는데 대통령과 재무부에 협조하기도 하고 때로는 긴장관계를 형성하기도 했다.

1990년대 들어서면서 연방준비은행은 전통적인 물가안정 목표뿐만이 아니라 경제성장과 실업률과 같은 거시경제 목표를 동시에 고려하게 되었는데, 경제 현실의 변화를 적극적으로 반영한 정책 변화였다. 또 정책결정 과정에 대한 비밀주의를 버리고 FOMC에서 진단한 경제 상황 및 전망과 관련 정책을 공개함으로써 투명성을 강조하고 이해관계자들과의 소통을 위해 노력하고 시장의 신뢰를 유도했다. 세계 경제에 큰 영향력을 미치고 있는 연방준비제도에 대한 신뢰는 이러한 전문가집단의 프로의식, 윤리의식, 사회적 감시체제, 그리고 권력 분점에 대한 상호존중이 함께 조화롭게 어우러진 전통 속에서 형성된 것이다.

대공황 직후 성립된 1933년 은행법에 의해 연방준비은행의 권한 강화로 금융정책에 대한 민간부문의 영향력은 감소시켰지만 연방준비제도가 정부로부터의 독립성은 이루어지지 못했고 제2차 세계대전의 전비조달을 위해 재무부로부터의 독립성을 상실했는데, 종전 뒤 1951년이 되어서야 금융정책의 독립성을 회복하게 되었다. 경제성장과 완전고용을 우선시하는 케인스주의는 금융정책과 재정정책을 활용하여 수요를 관리하는 데 주안점을 두었다. 그러나 베트남전쟁의 확대와 '위대한 사회' 계획에 따라 재정지출이 확대되고 인플레가 높아지면서 물가안정에 대한 금융정책의 역할이 중시되었다. 1970년대 초의 브레튼우즈 체제의 붕괴와 오일 쇼크의 영향도 가세하여 격심한 인플레와 불황을 겪었던 때에도 연방준비은행은 이자율 인상으로 인플레를 통제하려고 시도했지만 효과를 거두지 못했다.

(2) 1980년대 이후의 통화정책

1979년 10월 폴 볼커(Paul Volcker, 1979~1987년 재임)가 연방준비제도 의장에 취임하면서 통화금융정책 수단을 종전의 이자율로부터 통화공급으로 전환시키는 '신금융조절방식'을 채택했다. 통화주의(monetarism)로 불리는 이러한 정책 수단은 1981년에 취임한 레이건 행정부의 지지를 받았다. 그러나 높은 인플레가 진행되는데 통화공급을 억제하면서 1980년대 전반에 인플레는 진정되었지만 통화 긴축과 재정 팽창에 따른 이자율 상승과 달러 가치 상승으로 심각한 경기후퇴를 초래했다. 1982년 10월에는 통화공급을 완화시키는 정책으로 전환했고, 이자율이 다시 주요 정책 수단으로 복귀되었다.

1980년대 전반의 달러 고평가에 따른 수출경쟁력 하락과 제조업 공동화(de-industrialization) 문제를 해결하기 위하여 미국은 1985년에 G7에 의한 플라자(Plaza) 합의를 통한 국제적 협조를 받았다. 당시 미국은 선진 G7 회원국에 의한 달러 매입과 이자율 인하를 위한 협조 개입을 요청했는데, 특히 일본, 서독, 대만 등 미국에 대한 무역수지 흑자국들에 대해 국내수요 확대를 강하게 요구했다.

1970~1980년대에 걸친 높은 이자율은 미국 경제는 물론 세계 경제에도 큰 영향을 미쳤으며, 가장 중요한 것은 금융산업에서 규제완화가 촉진되었다는 점이었다. '1980년 예금금융기관 규제완화 및 통화관리법(Depository Institutions Deregulation and Monetary Control Act of 1980)'은 1930년대 이래의 뉴딜 체제의 전환이라고 할 수 있다. 예금금리 상한이 규제되던 은행은 증권회사의 단기금융자산투자신탁(MMF)에 대항하기 위하여 이자율의 자유화를 요구했고 1983년에 금리 자유화가 사실상 완료되었다.

1990년대의 장기 호황이 가능했던 중요한 요인의 하나로 1987년 이래 연방준비제도 이사회 의장을 맡았던 앨런 그린스펀(Alan Greenspan, 1987~2006년 재임)의 선제적 통화정책을 드는데, 그린스펀은 '거장(Maestro)'이라는 찬사를 듣기도 했다. 국제금융시장의 통합에 따라 연방준비은행의 통화정책이나 정책 변화 예상에 따라 세계 경제와 각국 증시가 등락을 거듭하는 등 미국 연방준비은행이 세계의 중앙은행과 같은 영향력을 행사했다. 증권화가 진전되고 은행과 증권 간의 경쟁이 치열해졌고, 은행업무의 규제 중 대표적인 증권업무의 규제완화도 이루어져 글래스-스티걸법이 1999년에 폐지되었다.

2000년에는 장기 호황 속의 미국 경제에서 인플레이션이 나타날 우려가 높았지만 2001년 들어서 경기침체와 9·11 테러가 발생하자 11번에 걸친 이자율 인하를 단행했다. 경기가 빠르게 회복되지 않자 초저금리정책을 2004년 후반까지 장기간 지속하면서 유동성 공급과잉을 초래했고 주택거품을 발생시켰다.

(3) 금융위기와 비전통적 통화정책

주택거품의 붕괴와 서브프라임 위기라는 미증유의 사태로 전통적인 금융정책의 한계를 노출시켰다. 2006년 3월부터 벤 버냉키(Ben Bernanke, 2006~2014년 재임)가 새로운 연방준비제도 이사회의 의장으로 취임했다. 2006년 중반부터 드러나기 시작한 서브프라임 위기로 2008년 9월 리먼 브라더스가 파산하자 연방준비은행은 10월에 1%였던 기준금리를 0~0.25%로 인하시켰는데, 기준금리를 1% 이하로 인하한 것은 역사상 처음이었으며, 중앙은행이 나서서 주택 금융 업체가 발행하고 보증한 담보증권이나 개별 기업의 회사채를 사들이는 것도 전례가 없었다.

서브프라임 관련 증권에 수반된 손실이 금융기관 전반으로 확대되고 불안이 높아지면서 자본시장이 전체적으로 기능이 마비되었기 때문에 금융위기를 타개하기 위해 '양적 완화(QE)'라고 불리는, 연방준비은행의 전례 없는 대규모 개입으로 단기금융시장에 대량의 자금을 공급함으로써 금융기관 전반의 자금조달을 지원했으며, 또 기업 발행의 상업어음(commercial paper : 단기자금 조달을 위한 단기·무담보 약속어음)을 연방준비은행이 직접 매입하고 자산담보부증권(Asset Backed Securities, ABS)을 담보로 융자를 하는 등 각종 채권 보유자에게 연방준비은행이 직접 자금을 공급했다. 또 연방준비은행이 장기국채, 주택대출담보증권, 정부 관련 기관채권 등 장기채권을 매입하여 자금을 공급했다. 연방준비은행이 이러한 '비전통적 통화정책(unconventional monetary policy)'으로 전통적인 '최종 대부자'로서의 역할을 벗어나

'최종 투자자'의 역할까지 맡았다는 비판도 적지 않았지만 대체로 1930년대 대공황 이래 가장 심각한 세계적 동시 불황을 극복하기 위한 정책적 노력에 기존의 정책적 잣대를 적용할 수 없다는 공감대가 형성되었다.

양적 완화 정책은 1차로 2009년 3월에 1조 4,500억 달러 채권 매입, 2차로 2010년 11월에 6,000억 달러 채권 매입, 3차로 2012년 9월에 월 850억 달러씩 국채와 채권 매입 등 3차례에 걸쳐 실시되었는데, 장기금리 하락으로 소비지출을 확대하고 달러 가치 하락에 따른 경쟁력 강화로 경제성장률을 높이고 실업률을 하락시키는 데 기여했다. 국내적으로도 양적 완화를 위한 채권 매입이 기존의 국채뿐만 아니라 자산담보부채권도 포함했기 때문에 채권과 주식 등 자산가격을 상승시키면서 금융자산을 많이 보유한 부유층에게 큰 이익을 가져다주면서 불평등을 심화시켰다는 비판을 받았다. 2014년 재닛 옐런(Janet Yellen)이 연방준비제도 이사회 의장으로 취임하면서 통화정책의 방향에 대한 논의가 활발하게 이루어졌고 미국 경제의 회복세에 따라 2014년 10월에 양적 완화의 종결이 선언되었다. 2015년 12월에는 양적 완화 이후에도 유지되던 초저금리 정책에서 벗어나 9년 6개월 만에 처음으로 연방기금금리(federal fund rate)를 0~0.25%에서 0.25~0.50%로 0.25%포인트 인상시켰는데, 당시 경기침체에서 벗어나지 못하고 있던 신흥공업국 등 세계 경제에 미치는 부정적 영향에 대한 논란을 불러일으켰다(그림 4-10 참조).

그림 4-10 연방기금금리

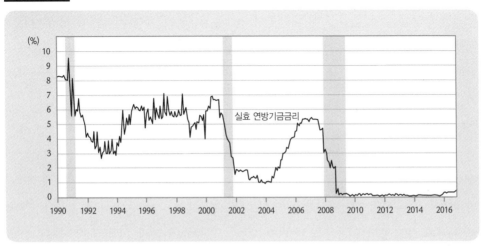

금융위기를 경험하면서 연방준비은행의 금융정책의 기조에 대한 논쟁이 전개되었다. 특히 양적 완화와 같은 비전통적 통화정책에 대해서 금융시스템의 붕괴와 같은 위기를 벗어나기 위해서는 정부와의 협력이 필수이고 이 경우 이유와 목표를 분명히 제시해야 된다는 긍정론과 비전통적인 수단까지 동원한 통화정책은 재량권의 남용이고 통화정책의 독립성을 저해한다는 비판론이 제기되었다. 전통적으로 자산가격 상승으로 거품이 발생할 경우 금융정책이 대처해서는 안 되고 효과도 제한적이라는 견해와 자산가격 급등을 포함하는 금융 불균형을 관찰하여 거품에 선제적으로 대처해야 한다는 견해가 대립했다. 금융위기 이후 각국의 중앙은행이 수요 확충을 위해 비전통적인 통화정책을 실시했지만 점차 통화정책의 효과에 대한 의구심이 커지고 있고 재정정책이 경기 진작과 사회보장을 위해 더 큰 역할을 해야 한다는 주장이 힘을 얻고 있다.

(4) 금융규제의 강화

2010년 오바마 행정부는 미국의 서브프라임 모기지 사태의 원인이 금융당국의 부실 감독 때문이라는 판단 아래 연방준비은행이 은행지주회사뿐만 아니라 증권회사나 보험회사 등의 비은행금융회사를 감독할 수 있게 하는 등 금융규제를 강화하고 금융감독기구를 개편하며 부실 금융회사 정리 절차를 개선하는 내용을 담은 금융제도개혁법(Dodd-Frank Wall Street Reform and Consumer Protection Act, 일명 도드-프랭크법)을 제정했다. 특히 리먼 브라더스 파산 이후 대형 금융기관을 공적 자금 투입으로 구제하지 않을 수 없었던 소위 대마불사(too big to fail) 문제를 피하기 위해 연방준비은행 감독하에 있는 금융기관이 파산하는 경우 비은행금융회사에 대해서도 예금보험기구의 관리하에 두고 공적 자금을 투입하지 않고 처리하게 되었다.

(5) 통화정책의 영향

세계 경제에 대한 연방준비제도의 영향력은 세계 경제의 기축통화인 미국 달러를 발행하기 때문이고 달러의 가치 변화에 따라 각국 통화 등 자산 가치가 변하게 된다. 대부분의 국가들은 안전자산으로 외환보유고를 미국 국채로 많이 보유하고 있다. 또 미국의 통화정책에 영향을 받아 이자율이 변동됨에 따라 미국 국내투자는 물론 국제금융자본의 흐름이 민감하게 반응한다. 이에 따라 미국 통화정책의 변화는 세계 경제 곳곳에 큰 영향을 미치게 되므로 미국 국내는 물론, 때로는 다른 나라로부터 환영을 받기도 하고 때로는 격한 비난을 받기도 한다.

미국의 통화정책은 양적 완화와 같이 다른 나라들의 화폐가치를 상승시켜서 다른 나라의 수출과 경제 회복에 피해를 입히는 '근린궁핍화정책(beggar-my-neighbor policy)'이라는 비난도 받았다. 미국의 통화정책이 다른 나라의 경제위기 발발에 영향을 미치기도 했다. 1994년의 3%에서 1995년 2월까지 6%로 미국 금리가 빠르게 큰 폭으로 인상되었는데, 1990년대 전반 신흥공업국들로 대규모로 유입되었던 외국자본이 유출되면서 멕시코 등 중남미에서 외환위기가 발생했다. 국내적으로도 2000년 정보통신 거품이 꺼진 뒤에 경기부양을 위해 2001년에 금리를 대폭 인하했다가 2004년의 1%에서 2006년까지 5.25%로 빠르게 인상하자 저금리하에서 지나치게 팽창된 유동성에 따른 과도한 주택담보대출 증가에 제동이 걸리면서 서브프라임 사태가 유발되었다.

미국 경제의 성장세 회복에 따라 연방준비제도는 2014년 10월에 양적 완화의 종결을 선언했고 2015년 12월에는 금융위기 이후 처음으로 기준 금리를 인상했는데, 미국 통화정책이 세계 경제에 미칠 수 있는 부정적 영향에 대해 IMF가 미국의 추가적 금리 인상에 대해 우려를 표명했고, 고용지표의 질적 개선이 부족했으며, 재정위기를 해결하지 못한 유럽 국가들이나 경기회복 부진을 겪고 있는 신흥공업국에 미치는 영향이 다시 미국 경제에 되돌아오게 될 가능성과 같은 요인들이 겹치면서 추가적인 금리 인상을 둘러싼 논란이 FOMC 회의가 열릴 때마다 계속되었다. 2016년 7월의 FOMC 회의에서 금리 인상을 둘러싼 의견이 대립되었는데, 경제가 완만하게 확대되고 경기의 단기적 위험도 감소하고 있다고 평가했지만 해외 경제와 금융시장의 동향에 주목하면서 시장의 예상대로 기존의 금리 수준을 유지했다.

트럼프의 대통령 당선 이후 개최된 2016년 12월 FOMC에서는 실업률이 4.6%까지 하락하는 고용시장의 견조세가 지속되고 있으며 인플레이션도 2% 목표치에 비교적 근접하는 등의 경제성장 기조 지속에 근거하여 1년 만에 정책금리를 0.50~0.75%로 0.25%포인트 인상했다. 옐런 의장은 금리 인상이 미국 경제에 대한 자신감의 표현이라고 했지만 미국의 금리인상으로 글로벌 자금이 신흥공업국 등으로부터 미국으로 이전하게 되면 신흥공업국 경제가 자본이탈과 채무부담 증가로 불안정하게 영향받을 수 있다. 또 인플레이션을 예방하기 위한 금리 인상이 일자리 증가를 축소시키고 노동시장의 약자들인 저학력 노동자와 흑인 등에 불리한 영향을 미친다는 비판도 제기되었다. 옐런 의장은 금리 인상 속도는 완만할 것이고 2019년 말까지 몇 차례 금리가 인상되면서 기준금리가 3%에 가까워질 것이라고 예상했다.

연방준비제도에 대한 비판은 적지 않다. 연방준비제도가 대통령에 의해 위원이 지명되지만 민간은행 자본으로 운영되기 때문에 금융산업으로부터 자유롭지 못하다는 점에서 지배구조의 개혁이 필요하다는 주장이 있다. 공화당이 다수당인 하원에서는 자유재량적 통화정책을 추구하는 연방준비제도의 투명성을 제고하고 대출권한을 제한하고 의회의 감시를 강화하여 통화정책이 경제에 미치는 불안정성을 축소하기 위한 목적으로 2015년 12월에 '연방준비제도 감시 및 현대화법(The Fed Oversight Reform and Modernization Act of 2015)'을 통과시켰는데, 옐런 의장은 의회가 연방준비제도의 중립적인 통화정책 결정에 영향력을 행사하려는 움직임에 대하여 강하게 반대 입장을 밝혔다. 트럼프는 공화당과 같이 연방준비제도에 대한 회계감사가 필요하다는 의견을 밝혔던 적이 있고 옐런 의장의 임기가 2018년 2월 만료되는 등 공석이 되는 연방준비제도 위원의 임명을 통하여 영향을 미칠 수 있다.

트럼프 당선자는 2016년 선거 과정에서 연방준비은행의 초저금리 정책 때문에 저축생활자들이 희생되었다고 통화정책을 비판했고 은행의 영업을 제한하는 금융제도 개혁법의 폐지를 공약했는데, 금융위기 이후 강화되었던 금융규제가 상당히 완화될 것으로 전망된다. 트럼프의 사회간접자본 투자 확대 등의 재정지출 증가와 감세, 그리고 규제완화 정책이 단기적으로 경제성장률과 소득을 증대시키고 일자리를 확대할 것이라는 전망을 낳았고 사회간접자본 투자를 위해서 대규모 국채 발행이 이루어지면 이자율이 상승할 것으로 예상되었다. 이러한 전망에 따라 예상 물가 상승률이 증가하게 되면 연방준비제도의 금리 인상 추세가 높아질 수 있으며 성장과 일자리 증가에 부정적인 영향을 미칠 우려도 있다.

6. 미국의 재정정책

(1) 연방정부의 재정정책

입법부인 의회가 연방정부의 예산결정 권한을 보유하고 있으며 징세, 차입, 국고의 지출에 대한 결정도 의회에서 한다. 그러나 예산의 집행이나 징세를 실제로 수행하는 기관은 행정부이다. 대통령은 예산교서(Budget Message)의 형식으로 정부의 예산안을 제시하고 의회가 상정한 예산법안에 거부권을 행사하는 등 예산 책정에서 중요한 역할을 한다. 미국의 회계연도는 전년 10월에서 당년 9월까지, 예를 들면 2017 회계연도의 경우에는 2016년 10월부터 2017년 9월까지로 설정되어 있다.

대통령의 예산교서 발표와 12~1월의 예산안 제출이 이루어지면 의회예산법에 따라 의회 예산위원회에서 예산 심의가 이루어진다. 상하 양원 세출위원회(Appropriations Committee)가 대분류 예산안을 상임위원회 아래의 소위원회에 제출하고, 여기서 심의가 이루어진 뒤에 예산은 세출예산법으로 정리해서 하원에서 먼저 의결하고 상원으로 이송되어 표결된다.

2015년 연방정부의 재정을 보면 세입 총액은 3조 2,499억 달러로 전년에 비해 7.6% 증가했고, 세출 총액은 3조 6,883억 달러로 전년대비 5.2% 증가했으며, 재정수지는 4,384억 달러 적자로 전년대비 462억 달러 감소했고 연방부채 잔액은 18조 1,201억 달러에 달했다(표 4-3 참조). 세입 구성을 보면 개인소득세가 47.4%로 가장 높았고, 법인세가 10.6%, 사회보장세와 은퇴기여분 32.8%, 기타 9.2%를 차지했다. 개인소득세의 비중은 총세입액의 절반에 조금 못 미치는 수준에서 비교적 안정적이었지만, 1960년에 22.8%를 차지했던 법인세의 비중이 10.6%로 크게 하락한 반면 사회보험 운영을 위해 노동자의 임금에 부과되는 급여세(payroll tax)의 비중이 높아졌다.

세출의 구성을 보면 사회보장비가 37.9%로 가장 높았고, 국방비가 16.0%, 보건·의료비가 27.9%, 교육·사회 서비스가 3.3%, 순이자가 6.0%, 기타 8.9%였다. 1960년에 49.5%를 차지했던 국방비의 비중은 크게 하락한 반면, 은퇴자들에게 소득을 지원하는 사회보장비와 고령자, 빈곤층, 장애인 등을 지원하는 보건·의료비의 비중이 크게 높아졌다.

표 4-3	연방정부의 세입과 세출				

구 분	2012년		2015년	
	금액 (100만 달러)	구성비 (%)	금액 (100만 달러)	구성비 (%)
세입 총액	2,449,988	100.0	3,249,886	100.0
개인소득세	1,132,206	46.2	1,540,802	47.4
법인세	242,289	9.9	343,797	10.6
사회보장세	845,314	34.5	1,065,257	32.8
기타	230,179	9.4	3,000.0	9.2
세출 총액	3,536,951	100.0	3,688,292	100.0
국방비	677,852	19.2	598,564	16.0
보건·의료비	818,535	23.1	1,028,425	27.9
사회보장비	1,314,634	37.2	1,396,596	37.9
교육·사회 서비스	90,823	2.6	122,061	3.3
순이자	220,408	6.2	223,181	6.0
기타	414,672	11.7	328,465	8.9
재정수지	-1,086,963		-438,406	
연방부채 잔액	16,050,921		18,120,106	

　　세출에 관한 예산 작성에서 매년 입법조치가 필요한 재량적(discretionary) 경비는 국방비, 국제관계비, 국내비 등으로 구성되고, 한 번 수권법이 정해지면 각 정부기관별 세출예산법으로 별개로 편성되어 입법화된다. 개별적이고 분산적인 성격이 강한 제도인데, 의회 입법과정에서 의원의 개별적 행동의 재량이 크기 때문에 자기의 지역적·계층적 이해를 관철시키려는 동기가 부여된다. 세출예산법의 대상이 되는 재량적 경비는 재정지출 총액의 30~40%를 차지한다. 실정법에 의해 매년 자동적으로 지출액이 결정되는 의무적(mandatory) 경비는 공적 연금인 사회보장비, 메디케어, 메디케이드 등의 의료 프로그램 등으로 구성되는데 세출예산 편성 대상에서 제외된다.

(2) 재정지출에 대한 정책 대립

미국에서는 재정지출정책에 대해 뚜렷하게 대립되는 주장이 존재한다. 40년 이내에 재원이 고갈될 것으로 전망되는 사회보장연금에 대해서 보수주의자들은 개인이 저축을 통해 노후를 스스로 책임지는 방식으로 변경해야 한다고 주장하는 데 반해, 진보주의자들은 사회권으로서 사회보장은 서유럽 수준에 비해 낮은 수준이며 다른 수단을 통해 재원을 확보할 수 있다고 주장했다. 의료보장에 대해서도 진보주의자들은 미국을 제외한 모든 OECD 국가들이 갖추고 있는 공공의료보장제도의 도입과 의료보장 확대를 위해 정부가 개입해야 한다고 주장하는 반면, 보수주의자들은 공공의료보장제도는 과다한 비용 지출이 수반되므로 보험 구입을 위한 조세보조금을 통해 기존의 민간시장 기능을 강화하는 방식이 더 효율적이라고 주장한다.

재정개혁을 둘러싼 정책 대립의 중심은 정부 규모에 관한 대립에 있다고 할 수 있다. 대체로 공화당의 정책 기조는 재정불균형의 원인을 비대화된 정부에서 찾고 정부지출의 근본적 삭감을 통한 '작은 정부'의 실현을 주장하는 것으로 시카고학파의 입장을 받아들이고 있고, 민주당의 정책 기조는 뉴딜 정책 이래 구축된 현재의 정부지출 프로그램의 유지를 통한 '큰 정부'를 주장하고 이를 위해서는 증세를 피하지 않는다는 점에서 케인스학파의 입장을 받아들이고 있다고 할 수 있다. 즉 케인스학파는 시장이 불안정하기 때문에 정부가 적극적으로 개입해서 보완해야 한다는 주장으로 시장실패와 '큰 정부'를 강조하고, 시카고학파는 시장에 의한 자원 배분이 효율적이기 때문에 정부의 개입이 적을수록 좋다는 주장으로 정부실패와 '작은 정부'를 강조한다. 케인스학파는 1930년대의 뉴딜 정책과 2008년 금융위기 이후와 같은 시장 불안정기에 중요한 역할을 했으며, 시카고학파는 1980년대 이후 금융위기 발생까지 규제완화와 감세를 내세운 신자유주의적 정책의 이론적 토대를 제공했다.

(3) 레이거노믹스(Reaganomics)와 재정적자

1960년대까지 건전했던 미국의 국가 재정은 베트남전쟁 개입으로 군사비 지출이 증가했고 1960년대에 성립된 메디케어와 메디케이드 등의 의료보험과 사회보장 관련 정부지출도 점차 증대되었다. 반면 오일 쇼크에 따른 경기침체와 인플레로 기업 성과가 약화되었기 때문에 법인세, 개인소득세 등 조세수입이 감소했다. 이에 따라

1970년대에는 미국의 재정이 적자 체질로 전환되었다.

1980년대에 들어서 레이건 대통령이 재정적자를 타개하고자 했는데, 이론적 측면에서는 래퍼(Arthur Laffer) 교수가 제창했던 공급 측면의 경제학(supply-side economics)을 받아들였다. 래퍼 교수는 소득세 감세에 의해 노동자의 근로의욕을 고취하는 동시에 개인의 저축의욕을 증대시키고, 기업세의 감면에 의해 기업의 투자의욕을 자극함으로써 세율을 인하시키면서도 재정 수입을 증대시킬 수 있다고 주장했다. 세금을 인하하더라도 경제성장은 높아지고 재정적자는 감소될 수 있다는 주장에 기초한 감세정책은 이후 미국 대통령 선거에서 빠지지 않는 공화당의 공약이 되었다.

레이건 행정부는 1981년 경제재건조세법으로 개인소득세를 3년간 거의 일률적으로 23% 인하했고, 최저세율을 14%에서 11%로, 최고세율을 70%에서 50%로 인하했으며, 법인세 최고세율을 70%에서 50%로 인하했다. 또 1986년 세제개정법을 통해 종래 14단계(11~50%)의 개인소득세를 2단계(15와 28%)로 간소화함으로써 최고세율을 50%에서 28%로 인하했다. 법인세는 5단계에서 3단계로 간소화했는데 최고세율을 46%에서 34%로 인하했다.

그러나 이론적으로는 조세 부담이 노동의 근로의욕과 기업의 투자의욕을 저해하므로 감세정책을 통해 투자와 노동의 공급 증가를 유발할 수 있다고 추론할 수 있지만, 1980년대 미국에서는 감세에 따른 개인의 가처분소득 증가는 노동보다 여가에 대한 선호를 증가시켰고, 기업의 세후소득의 증가는 실물투자보다는 부동산과 증권에 대한 투자 증가로 많이 이어졌다. 1980~1990년간 잠재성장률은 3.4%에서 2.7%로, 민간저축률은 7.8%에서 6.4%로, 노동시간 증가율은 2.2%에서 1.7%로 낮아졌다는 것은 1980년대의 감세정책이 노동공급을 증가시키지 못했고 투자와 경제성장률을 높이는 효과를 가져오지 못했다는 사실을 확인해 준다.

반면 소련의 군사력을 압도하기 위한 소위 '별들의 전쟁(Star Wars)' 계획을 실행하기 위해 국방비를 1980년의 1,340억 달러에서 1989년에는 3,036억 달러로 급증시켜서 재정지출이 크게 증가되었다. 사회보장의 축소에도 불구하고 급격한 군비지출 증가에 따라 재정적자는 1979년 407억 달러에서 1983년에는 2,078억 달러로 크게 증가했으며, 1980년대에 걸쳐서 재정적자는 빠르게 확대되어 GDP 대비 재정적자 비율은 1980년 2.7%에서 1986년 5.2%, 1992년에는 4.9%로 크게 높아졌다.

1985년에 재정적자 삭감법이 성립되었지만 구체적으로 실천 가능한 방법이 마련되어 있지 않았고 무엇보다도 국방비 삭감이 이루어지지 않았기 때문에 재정적자 축소에 실패했다. 대규모 재정 지출 증가는 이자율의 급상승과 달러 가치의 급격한 상승을 초래하여 무역수지 적자가 크게 증가되면서 재정적자와 무역적자가 동시에 나타나는 '쌍둥이 적자'를 초래했는데, 쌍둥이 적자 문제는 레이건 행정부의 최대 경제 문제로 대두되었을 뿐만 아니라 지금까지 미국 경제의 중요한 과제로 남아 있다. 1989년에 레이건 정권으로부터 거액의 재정적자를 물려받은 조지 부시(George H.W. Bush, 아버지 부시 대통령) 행정부는 민생지출의 삭감을 통한 재정적자의 축소를, 민주당이 다수인 의회는 군사비 삭감과 증세에 의한 재정적자 축소를 주장하면서 대립했다. 1990년에 부시 대통령이 증세를 받아들이고 의회는 민생지출 삭감 확대를 용인하면서 포괄예산조정법을 입법화했지만 부시 대통령은 증세에 대한 보수층의 반발로 재선에 실패했는데, 이후 공화당 내에서 증세는 금기시되었다.

(4) 클린터노믹스(Clintonomics)와 부시노믹스(Bushnomics)

1993년에 출범한 클린턴(Bill Clinton) 행정부는 초기에는 사회정책을 중시하는 경향이 강했지만 1995년 9월 연방정부 예산안이 통과되지 못하면서 연방정부의 일부 기능이 정지되기도 하는 등 의회 다수당인 공화당의 압력이 가중되면서 재정적자 축소를 당면한 최우선 과제로 받아들였다.

1997년에는 재정적자 규모가 220억 달러로 격감했고, 1998년에는 1969년 이후 29년 만에 692억 달러의 재정흑자를 시현하기에 이르렀으며, 1999년에는 흑자폭이 1,227억 달러로, 2000년에는 흑자 규모가 2,364억 달러로 확대되었다. 그 요인으로는 첫째, 클린턴 행정부에 의한 1993년 포괄예산조정법의 개정을 들 수 있다. 이 법으로 레이건 대통령이 개인소득세의 최고세율을 50%에서 28%로 인하한 것을 36%로 다시 인상시켰고 법인세율도 35%로 인상시켰다. 1997년에는 2002년에 균형예산을 달성하기 위해서 균형예산법을 조정하여 재량적 지출 동결, 불요불급 사업 폐지 등을 통한 예산 절감 노력을 강화했다. 둘째, 정부지출의 축소 노력을 들 수 있다. 예를 들면 종래에 공공서비스라 불리던 분야를 민영화하거나 민간에 위탁함으로써 비용 삭감에 노력하고 있다. 셋째, 1990년대에 걸친 경기 호황의 지속에 따른 자연적인 세수 증대가 가장 큰 요인이 되었다. 넷째, 소련의 해체에 따른 국방비 지출이 크게 감소한 것을 들 수 있다. 그 밖에도 미국 기업의 스톡옵션이 증대됨에 따라 높은 주가 상승으로 옵션의 행사가 늘어났고 개인의 자산 매각이익이 크게 증대된 것도 영향을 미쳤다.

2001년 취임한 부시(George G.W. Bush, 아들 부시 대통령) 대통령은 재정흑자를 국민에게 환원한다는 선거 공약에 따라 11년간 3,500억 달러에 달하는 대규모의 조세 감면안을 관철시켜 레이건 대통령의 감세 규모를 크게 상회했고 이후 매년 공화당이 다수인 의회와 함께 감세를 입법화해서 조세수입을 대폭 축소했다. '작은 정부'의 실현이라는 보수의 논리를 내세워 민주당의 계층적 지지기반을 크게 약화시켰지만, 부시의 감세안은 부유층의 세금부담을 더욱 경감시켜 주는 반면 중산층에게는 도움이 되지 못했고 불평등을 심화했다. 부시 대통령의 조세 삭감 정책이 2010년까지 전체 가계에 대한 실제 조세 부담률을 2.1%포인트 하락시킨 것으로 추정되었는데, 소득에 따라 세분하면 가계소득 31.9만 달러 이상의 최상위 1% 가계의 경우 조세인하율이 5.0%포인트로 감세 혜택이 집중되었고, 그다음 4% 가계의 조세 부담률 하락은 1.2%포인트, 다음 15% 가계가 1.7%포인트였던 반면, 최하위 20% 가계의 조세 부담률 하락은 0.5%포인트, 차상위 20% 가계의 경우는 1.0%포인트에 그쳤다.

2001년의 9·11 테러 이후 국방비 지출 격증과 추가적인 대규모 감세 추진, 경기 침체로 2002년에는 다시 적자로 전환되었으며 적자 규모는 대폭 증대되었다. 2007년 이래 서브프라임 위기와 이에 따른 불황 대책으로서 전례 없는 엄청난 규모의 재정지출이 시행됨에 따라 초유의 재정적자 규모를 감수할 수밖에 없었다.

(5) 금융위기와 오바마노믹스(Obamanomics)

2009년 취임 이후 오바마(Barack Hussein Obama) 대통령의 예산안은 대침체에서 벗어나기 위한 대규모 재정지출 등 '큰 정부'를 지향했고 과거 부시 대통령의 정책 기조를 뒤엎는 획기적인 내용을 담고 있어서 공화당 등 보수파의 반발을 불러일으켰다. 재정정책의 방향에 대한 논란은 경제는 물론 정치적으로도 민감한 문제이다. 금융위기 이후 연방 재정적자와 정부부채가 역사적인 수준으로 증대되면서 달러의 국제통화로서의 지위를 위축시키고 세계 경제를 불안정하게 만드는 요인으로 지적되기도 했지만 경기와 고용이 심각하게 침체되면서 재정지출의 확대가 불가피하다는 주장이 강했다. 오바마 행정부는 재정개혁과 경기대책에서 증세냐 지출삭감이냐를 두고 의회와 격하게 대립했다. 오바마 정권이 2010년 중간선거 패배 이후 공화당과 재정 정책을 둘러싼 갈등이 계속되었으며, 2012년 재선에 성공한 뒤에도 계속 갈등이 증폭되어 2013년 3월에는 재정적자 감축에 대한 합의가 이루어지지 못하자 연방정부의 지출을 자동 삭감하는 조치인 시퀘스터(sequester)가 발동되기도 했다.

오늘날의 재정적자와 연방정부 부채의 거대화를 초래한 메커니즘은 과거 30년에 걸친 재정 개혁의 실패라는 구조적 요인의 바탕 위에 2008년의 금융위기 발발에 의한 재정 악화와 대규모 경기부양정책 실시라는 요인이 추가된 것이다. 세수 기반의 약화를 초래하는 구조적 요인으로는 첫째, 부시 행정부에 의해 수차례 입법화된 감세 조치의 영향이 크다. 부시 행정부 기간의 평균 조세 수입은 GDP 대비 17.0%로, 클린턴 정권 기간의 19.3%나 제2차 세계대전 이후 평균 18.1%를 하회했다. 둘째, 9·11 테러 이래의 군사비 확대가 2003년 이라크 침공으로 이어지면서 크게 팽창했는데, 오바마 행정부는 이라크로부터의 철수 등과 같은 전비 삭감으로 추진했지만 중동 전세의 혼미와 퇴역군인에 대한 지출 등에 따라 상당한 전비 지출이 계속되었다. 셋째, 연방재정지출의 가장 큰 항목인 사회보장연금과 의료비가 고령화 진전과 의료비 상승에 따라 재정 압박 요인이 되었다.

세계 금융위기와 그에 따른 심각한 장기 침체에 대처하기 위해 오바마 정부는 2008년 부실자산 구제프로그램(Trouble Asset Relief Program, TARP)에 의한 금융위기 대책과 2009년 2월 미국 경기회복·재투자법(American Recovery and Reinvestment Act of 2009, ARRA)에 의한 경기자극책 등의 적극적인 재정지출을 집행했다. ARRA는 일자리 창출과 장기 투자 촉진 등의 목적을 달성하기 위해 연방보조금을 지급하는 ARRA 사업의 투명성을 확보하기 위해 모든 연방기관은 지원금을 어떻게 사용했는지 정기적으로 보고하도록 했다.

오바마 행정부는 금융위기를 극복하기 위하여 적극적인 재정확장정책과 함께, 오바마노믹스의 핵심인 양질의 일자리 공급과 중산층 회복을 위해서 제조업을 부흥시키기 위한 정책을 실시했다. "리메이킹 아메리카(Remaking America)"라는 슬로건을 내걸고 제조업 진흥을 통해 국내 산업기반을 재생시키고 경상수지 적자를 해소하기 위해 수출 확대와 일자리 창출을 도모하는 국가 수출전략을 추진했다. 사회간접자본 투자를 증가시키고, 차세대 유망업종에 대해 세금을 공제하며, 연구개발 투자와 중소기업 고용을 지원하고, 해외 공장의 국내 이전을 지원하는 정책을 실시했다.

의회에서 다수를 차지한 공화당은 의료보험을 국가가 해결하고자 하는 오바마케어뿐만 아니라 사회보장지출의 확대는 비효율적이라고 비판하면서 정부지출 축소를 위해 적극적으로 끊임없이 압력을 행사했다. 재정적자를 축소하기 위해서는 세금을 대폭 인상시키거나 정부지출을 축소해야 하지만 부자들에게 더 많은 세금을 부과하거나 서민들의 복지 프로그램을 줄이기가 쉽지 않기 때문에 중산층에게 그 부담이 가중되었으므로 불평등을 더욱 악화시키게 되었다.

대규모 재정적자와 정부 채무에 대처하려면 먼저 경기회복이 본격화되지 않는 상황에서 건전재정으로의 전환은 시기상조이고 당면한 확장정책을 지속해야 한다는 크루그먼(Paul Krugman)의 주장과 연방정부는 경기대책으로부터 건전재정으로 전환해야 한다는 굴스비(Austan Goolsbee)의 주장이 대립했다. 오바마 행정부는 단기적 경기 자극과 중기적 건전재정의 양립을 추구했는데, 국채 이자비용의 증가에 따른 재정 경직화의 진전과 재정적자 프로그램의 대외의존 증대와 달러화의 신인도 문제가 제기됨에 따라 공화당이 의회를 장악한 상황에서 건전재정정책을 피할 수 없었다. 결국 레이건 대통령 이후 35년이 지난 지금도 작은 정부인가, 아니면 뉴딜 이래의 복지국가 프로그램의 보존인가라는 정책 선택의 문제에 대한 해답을 찾지 못하고 있다.

(6) 트럼프노믹스(Trumponomics)

트럼프의 경제정책은 불확실하고 예측하기 어렵다. 2016년 선거과정에서 트럼프(Donald John Trump) 대통령 당선자는 '미국 인프라 우선(America's Infrastructure First)' 정책에 따른 1조 달러 규모의 인프라 투자와 함께 국방 지출 증대를 통해 재정정책을 강화하며 법인세·소득세·자본이득세·상속세 등 모든 소득계층에 대해 감세를 실시하겠다고 공약했다. 노후 인프라 재정비와 도로·고속도로·철도·공항 등신규 인프라 확충을 위한 투자와 석유·석탄·셰일가스 등 화석연료산업에 대한 지원을 포함하는 트럼프의 정책이 그대로 실시될 경우 2017년에는 경제성장률이 3%까지

▶ ▶ ▶ '작은 정부' 대 '큰 정부'

미국은 18세기 말에 영국의 관세 강화에 대한 격렬한 반발이 독립의 계기가 되었던 경험을 지닌 나라이기 때문에 전통적으로 강력한 중앙정부에 의한 규제나 과세에 대한 저항감이 크다. 건국했을 때부터 연방정부의 권력은 외교·국방·둘 이상의 주에 걸친 문제 등으로 제한되었으며, 서부 개척으로 농업, 철도 등을 정비하고 경제 문제도 조정하도록 정부의 역할이 확장되었지만 연방 권력과 주 권력의 대립이 남북전쟁으로 이어지기도 했다. 19세기 이래 경제 자유주의의 전통에 따라 자유시장과 규제완화에 따른 활발한 기업 활동을 통해 경제 발전을 이룩했지만 20세기에 들어서 대공황 발생으로 뉴딜 정책이 실시된 이후 연방정부 재정에 의한 경제정책과 사회복지정책이 확대되면서 '큰 정부'로서 역할 증대가 진행되었다. 그러나 1970년대 두 차례의 석유 위기를 겪고 불황 속에 높은 인플레가 진행되면서 재정적자가 확대되자 경제적 고통이 가중되었고 '큰 정부'의 부작용에 대한 반발이 높아졌다.

1981년 취임한 레이건 대통령의 신자유주의 정책 이후 감세, 규제완화, 민영화 등 '작은 정부'가 적극적으로 추진되면서 연방정부에 의한 각종 규제나 보호, 재분배 정책이 위축되었고 부시(George H.W. Bush), 클린턴, 부시(George G.W. Bush) 대통령의 경제정책도 '작은 정부'를 표방했다. 그러나 '작은 정부'의 감세 정책은 부유층에 절대적으로 유리했고, 소득 불평등이 빠르게 증대되면서 중산층의 몰락을 가져왔으며, 규제되지 않은 이익 추구는 거듭된 금융위기를 초래했고, 재정적자를 해결하지도 못했다. 2008년의 금융위기 극복 과정에서 오바마 대통령은 정부의 적극적 개입과 재규제, 정부주도의 의료보험 개혁을 추진했지만 미국에서는 '큰 정부'에 대한 저항이 여전히 강하다.

총조세수입이 GDP에서 차지하는 비율을 비교하면 미국은 2014년에 26.0%였는데 덴마크 50.7%, 프랑스 45.2%, 독일 36.1%, 영국 32.6% 등 다른 선진국에 비해 낮은 수준이었다. 총노동비용에 대한 개인소득세와 사회보장비용의 합계의 비율인 실질 세금부담(tax wedge)은 2000년의 30.8%에서 2015년에는 31.7%로 약간 높아졌지만, 2015년 벨기에 55.3%, 독일 49.4%, 프랑스 48.5%나 OECD EU 21개

(계속)

국 평균 41.8%보다 상당히 낮은 수준이었는데 일본은 32.2%, 한국은 21.9%였다.

미국 정부의 부채규모는 제2차 세계대전 이래 꾸준히 감소하여 미국의 GDP에 대한 국가부채 비율(%)이 1950년의 94.1에서 1980년의 32.2로 하락했지만, 레이거노믹스가 실행되었던 1980년대에 상승세로 돌아서서 1988년에는 51.1에 이르렀다. 클린턴 대통령의 임기 중에 1993년 66.6에서 2000년 55.9로 하락세를 보이다가 부시 대통령 행정부 들어서 다시 상승세를 보여 2008년에는 76에 달했다. 서브프라임 사태에 따른 금융위기를 수습하는 과정에서 2010년에는 95.2, 2016년에 104.2를 기록하는 등 국가부채가 크게 증대되었다. 2016년 미국의 GDP에 대한 국가부채 비율(%)은 일본의 229.2와 재정위기를 겪고 있는 그리스의 176.9, 이탈리아의 132.7보다는 낮았지만, 스페인의 99.2, 프랑스의 96.1, 독일의 71.2, 스웨덴의 43.4 등 대부분의 국가들보다 상당히 높은 수준이었다.

상승할 수 있겠지만, 연방조세수입이 감소하면서 재정적자가 큰 폭으로 확대되고 국가부채가 증대되면 이자율 상승을 초래하여 장기적으로는 주식시장과 경제에 악영향을 미치게 될 것으로 예상된다. 만약 트럼프의 주장대로 보호무역정책이 강화되어 무역량이 감소한다면 내수 감소와 함께 성장률에 상당한 타격을 주게 되어 실업률이 증가하고 경기가 타격받을 가능성을 배제할 수 없다.

초저금리를 통한 중앙은행 중심의 경기부양정책에 대한 피로감이 누적되었고 트럼프의 적극적 재정확대정책에 따라 경기부양정책의 중심이 재정정책으로 상당히 이동하게 될 가능성이 높다. 트럼프의 재정지출 계획과 감세 계획은 20조 달러에 달하는 국가부채와 정부지출에 대해 민감한 공화당이 다수당인 의회에서 견제를 받기 쉽다. 조세 개혁은 정부 수입에 중립적이어야 하며 사회간접자본 투자도 중요하지만 국가 부채를 증대시켜서는 안 된다는 것이다.

트럼프 대통령 당선자는 일자리를 늘리고 국내 산업을 보호하고 제조업을 강화하는 정책을 강조하지만 아직 체계적인 제조업 육성 계획이나 합리적인 지원 방안을 제시하지 못했고 국내산업 보호와 일자리 증가를 내세워 즉흥적인 리쇼어링(reshoring) 사례 등을 통한 단편적인 성과를 과시했고 보호무역정책을 내세워 미국과 외국의 기업이 미국 내 생산을 증가하도록 강하게 압박했다. 트럼프의 경제정책이 불확실하고 일관성이 낮지만 기업과 일자리를 위한다는 정책 기조가 분명하다. 트럼프는 앞으로 10년간 2,500만 개 일자리와 4% 경제성장률을 달성하기 위해 감세와 규제완화 정책과 함께 보호무역, 환율 등 외교적 압박 등으로 미국의 힘을 사용하겠다는 의지를 보여 줬다.

크루그먼은 트럼프노믹스에 대해 지난 80년간 세계무역 확대를 추구한 미국의 전통적 정책에서 벗어나서 무역을 우월해지기 위한 투쟁으로 간주하는 정책은 일부 공장과 지역에게는 이익을 가져다주겠지만 제조업도 이미 글로벌화되었기 때문에 다른 산업과 지역에는 더 큰 손실을 초래할 것이며 감세정책을 통해 불평등을 더욱 증대시키게 될 것이라고 비판하면서 '스테로이드를 섭취한 레이거노믹스(Reaganomics on Steroid)'라고 비유했다. 감세와 군사비 증대를 통해 재정적자를 급증시켰고 이자율 상승에 따른 달러 강세로 무역적자를 증가시켰던 레이거노믹스와 감세, 규제완화, 군비 증강 등의 기조는 답습했지만, 자국중심적 요소가 지나치게 강하며 국내산업보호와 일자리 우선을 위해 극단적인 보호무역과 재정확대를 추구한다는 것이다.

제 **5** 장

미국의 기업

1. 미국 기업의 경영 시스템

(1) 미국 기업의 지배구조

경영주체로서의 기업은 투입 원재료에 기술적 변환을 가져와서 산출물을 생산함으로써 부가가치를 창출한다. 이러한 변환 작업을 계획하고 수행하기 위해서는 경영활동의 효율적인 관리가 불가결하다. 경영관리 시스템은 생산, 재무, 연구개발, 인사, 마케팅 등의 여러 직능으로 구성되는데, 이러한 각 직능 영역에서 미국적 특징을 발견할 수 있다.

미국의 근대 기업의 구조는 19세기 후반부터 20세기에 걸쳐 생성되었는데, 기본적으로 다수의 서로 다른 직능과 사업단위로 구성되고 소유와 경영의 분리에 따라 계층적으로 조직된 전문경영인에 의해 관리되었다는 특징이 있다. 20세기 초반까지는 유능한 창업자에 의해 경영이 지배되었지만 미국의 기업이 거대화되면서 1932년에 이미 미국 대기업의 44%가 주주(shareholder)가 아닌 전문경영인에 의해 기업의 지배권이 장악되었다. 전문경영인의 영향력이 강화되고 자본시장에 있어서 주주의 영향력이 약화되는 현상을 '경영자혁명(managerial revolution)'이라고 불렀다. 그러나 주주의 입장에서 전문경영인을 통제할 필요성이 증대되었고 주식의 지나친 분산으로 자본시장에서 적대적 매수를 유발하기 쉬운 문제에 대처하기 위해 주주의 지배력이 다시 강화되었다. 전문경영자들이 주주의 이익을 대변하지 않고 자신들의 이익을 추구하는 경향이 강해지면서 1970년대에 주주들이 사외이사나 스톡옵션 등과 같은 제도를 통하여 경영자가 주주의 이익에 봉사할 수 있도록 감독하고 혜택을 제공함으로써 주주가 기업의 주인이라는 지배구조를 강화시켰다.

주주를 중시하는 전통은 이후 지금까지 계속 이어지고 있는데, 미국뿐만 아니라 미국의 영향을 받은 대부분의 교과서에서도 주주가 기업의 주인이라고 한다. 주주를 기업의 주인으로 간주하는 미국식 제도는 미국 기업의 국제경쟁력이 뛰어났기 때문에 세계 표준처럼 받아들여졌지만, 독일이나 프랑스 등 유럽에서는 주주뿐만 아니라 노동자, 소비자, 하청기업, 지역사회 등 기업과 이해관계를 가지고 있는 사람이나 집단을 포함하는 이해관계자(stakeholder)가 기업의 주인이라고 본다. 특히 독일은 대기업에서 이사회의 이사의 절반은 주주를 대표하고 다른 절반은 노동자를 대표하는 노사 공동의사결정제도를 시행하고 있으며, 다수의 유럽 국가에서는 노동자가 선출하는 대의원이 이사로 참여하는 산업민주주의가 확립되어 있다. 한국에서는 소위 '오너(owner)'라고도 불리는 경영권을 보유한 지배주주가 매우 적은 지분으로 실질적으로 기업의 주인과 같은 영향력을 행사하고 있다. 가장 뛰어난 지배구조가 정해져 있는 것이 아니라 나라마다 역사와 환경에 따라 기업 경영자에 대한 감독과 동기부여를 통해 기업의 경쟁력을 강화시킬 수 있는 가장 적절한 지배구조를 모색하고 있다.

외환위기 이후 한국에서도 재벌개혁과 관련하여 기업의 지배구조에 대한 논의가 이루어졌다. 기업의 지배구조(corporate governance)란 기업의 주주, 경영자, 노동자, 납품업자 등의 이해관계자 간의 책임과 권한, 이익과 손실의 분담과 배분 방식으로 정의될 수 있다. 기업의 활동에 관계되는 이해관계자들 ─ 주주, 경영자, 노동자, 채권자 및 공급자 등 ─ 모두는 기업의 성공을 위해 각자 다양한 자산을 제공하며, 그에 상응하는 보상을 받을 권리를 갖는 것으로 간주된다. 기업의 이해관계자 모두가 개별 이해의 화폐적 구현을 목표로 하지만 동시에 기업의 부의 축적과 배분이 적절하게 관리되고 통제된다면 기업의 사회적 책무는 이해관계자 모두의 사적 이익 추구 행위와 병존할 수 있다는 것이다. 이러한 통제된 기업관리와 사회적 책무의 이행, 그리고 개별 이해의 실현을 위해 필요한 것이 효율적인 기업지배구조이다. 기업지배구조는 기업 목적의 결정에 관한 제도를 말하므로 기업 목적의 달성을 위한 전략과 조직, 자원 동원에 관한 문제를 주로 다루는 좁은 의미의 경영관리보다 상위의 개념이다.

미국에서는 기업 경영에도 국가의 행정부, 입법부, 사법부의 역할과 유사한 삼권분립체제가 갖추어져 있는데, 이사회, 주주총회, 감사의 권한이 주식회사 경영의 중추를 이루고 있다. 미국식 기업지배구조는 집행과 감독을 분리시키고 있는데, 사외이사가 다수를 차지하는 이사회가 최고경영자(CEO) 등 경영진의 업무수행을 주주의 입장에서 감독하는 구조로 되어 있어서 이사회와 경영자의 중복이 적다. 미국 대기업의 주요 주주는 대부분 기업연금과 공무원연금, 뮤추얼펀드 등의 기관투자자들이다. 1980년대 이후 기업 경영은 주주의 이익을 극대화해야 한다는 미국식 주주중심적인 사고방식이 전 세계로 확산되었다.

(2) 주주와 경영자

주주중심의 미국식 지배구조에서는 경영자가 주주의 이익인 주가 상승을 고려해서 경영을 하게 되고 이사회가 경영자를 평가하고 그 보수를 결정하는 권한을 가지고 있다. 그래서 경영자의 보수를 결정하는 보수위원회, 이사회 후보자를 결정하는 지명위원회, 경영진의 업무 집행을 감독하는 감사위원회가 배치되어 이사회를 보좌하고 있다. 따라서 주주의 입장에서는 미국식 지배구조는 출자자인 주주의 의향을 반영하여 기업 경영이 이루어진다는 장점이 있고, 또 사업 운영에 있어서 기업 내부에서 실제로 일하는 경영자와 노동자의 지지가 반드시 필요한 것은 아니기 때문에 기업 혁신을 행할 수 있다는 장점이 있었다. 그러나 주주의 의사가 중시되기 때문에 기업 내부의 경영자와 노동자의 이해관계가 경시되고 주주의 이익만 강조하는 재분배로 노동자의 사기를 저하시키고 노동조합과의 관계 악화를 초래하기 쉬운 단점이 있다. 또 이해당사자보다 주주의 이익만 중시하면 주가는 당연히 상승하겠지만 기업의 효율을 증가시킨 것이 아니며, 기업의 장기적 내재가치를 반영하지 못하고 시장에서 주식매매에 의해 결정되는 주가의 단기적 변동에 민감하게 반응하여 단기지향적 경영이 이루어진다는 문제가 나타났다.

1980년대 초반에 대주주인 기관투자자나 금융중개기관들이 자본시장에서 주도적인 역할을 하게 되었고 분산된 주주의 이익을 관리해 주는 포트폴리오 매니저의 역할이 증대되었다. 1990년대에 걸쳐서 많은 대기업에서 최고경영자(CEO)가 차례로 경질되었는데, 1992년 미국 증권거래위원회(SEC)가 주주에게 보다 강한 발언권을 부여한 데 힘입어 대부분 사외이사와 기관투자자 등 대주주들의 강한 압력에 굴복한 것이었다. 전국교직원보험연금연합회·대학퇴직주식연금(TIAA·CREF)과 캘리포니아 주 퇴직연금(Cal PERS)과 같은 거대 연금기금의 발언권이 점점 증가했고, 경영부진에도 불구하고 경영혁신이나 구조조정이 제대로 추진되지 않는 기업에 대해서는 기관투자자들이 주주의 이익을 대표할 책임이 있는 사외이사를 동원하여 최고위 경영진을 인책 사퇴시키기도 했다.

미국의 경영자는 경영 목표를 주로 투자수익률과 주가 상승에 두는데, 한국의 경영자가 시장점유율을 중시하는 것과는 대조적이다. 한국의 대기업은 소위 '오너'의 절대적인 영향력 속에서 업적이나 배당에 대한 관심이 낮았다. 일본은 '법인자본주의'로 불릴 정도로 대기업의 대주주는 같은 기업집단 내의 법인들이기 때문에 주주로부터 최고경영진의 사퇴 압력을 받는 경우는 거의 없었다. 이런 의미에서 미국 기업의 최고경영자들은 항상 업적 향상에 대한 주주들의 압력을 받게 되어 기능 자본가로 순화되어 갔다.

대주주로서 기관투자자, 특히 거대한 연금기금의 역할이 중요했는데, 연금기금은 당초 투자기업의 업적이 악화되면 배당이 하락되기 때문에 주식 매각으로 대응했고 결과적으로 경영자들이 단기 업적을 중시해서 주가와 배당을 인상시키는 것을 목표로 하는 경영이 이루어졌다. 이러한 기관투자자의 업적 평가의 척도는 미국 기업의 장기적 발전에 좋지 않다는 비판을 받았다. 1990년대에 들어서 기관투자자의 점유율이 개인투자자를 상회하게 되어 기관투자자들이 주식을 대량으로 매각하려고 하면 가격이 급변하여 매각하기 어려운 상황이 되면서, 기업 실적이 악화될 때 주식 매각보다 기업 경영에 개입하게 되었다.

1980년대까지 독자적인 모형으로 평가받던 일본식 지배구조는 1990년대 들어서 거품 붕괴와 저성장으로 실효성을 잃게 된 반면, 1990년대 미국 경제의 번영과 기업 경쟁력 강화에 따라 미국식 지배구조가 세계 표준으로 힘을 얻었다. 그러나 2001년 미국식 모형의 전형으로 평가되던 엔론을 비롯한 다수의 대기업에서 나타난 회계

부정은 대기업 최고경영자들 사이에 도덕적 해이가 만연해 있었으며 이사회의 감독을 제대로 받지 못했다는 사실에서 미국식 지배구조 역시 한계를 지니고 있는 것으로 드러나면서 신뢰의 위기를 불러일으켰다. 사외이사에 의한 사전감시기능이 제대로 작동하지 못했고 사외이사가 경영진의 복잡한 회계부정을 적발하지 못했으며 기업과 경영자 간에 이익 충돌이 존재할 경우 조정하는 장치가 제대로 없었다는 점 등이 지적되면서 기업 구조 개혁을 위해 2002년에 사베인스-옥슬리법(SOX법)이 제정되었다.

미국식 기업지배구조는 주주의 이익을 강조한 나머지 안이한 구조조정이 시행되었다는 지적을 받기도 했고, 기업을 사회적인 조직으로 보지 않고 시장에서 자원을 배분하는 시스템의 일부로 보는 경제성과 효율성만 중시하는 시장지상주의라는 비판도 받았다. 마틴(Roger Martin) 교수는 주주 자본주의를 폐기하고 주주가 적절한 수익에 만족하고 미래 장기 실적 가치를 중시하고 고객과의 소통에 힘쓴다면 미래의 주주 가치 증대를 가져올 것이므로 그 대안으로 고객중심 자본주의가 들어설 때라고 주장했다. 노동자, 소비자, 협력업체, 지역사회 등의 이해관계자는 물론 환경 문제와 같은 사회적 책임도 다하는 것이 기업 가치를 증대시킬 수 있다는 인식이 확산되고 있다.

참고

▶ ▶ ▶ 사베인스-옥슬리법

2000년대 초 엔론, 월드컴의 파산과 미국의 대표적인 대기업들의 회계부정으로 미국 금융시장은 큰 충격을 받았다. 엔론은 분식회계를 통해 재무상태를 허위로 보고했고 2001년 파산 수개월 전까지 최상위권 신용등급을 받았다. 이에 따라 기업지배구조 개선을 위한 회계제도 개혁이 이루어졌는데, 일반적으로 사베인스-옥슬리법(Sarbanes-Oxley Act of 2002, SOX법 : 상원에서는 Public Company Accounting Reform and Investor Protection Act, 하원에서는 Corporate and Auditing Accountability and Responsibility Act)으로 불리는 기업개혁법이 제정되었다. 이 법에서 정확하고 신속하게 정보를 공시하고 유효한 감시장치를 갖추기 위해 증권거래위원회(SEC)가 회계감사위원회를 감시하고 기업의 재무보고 책임과 경영자의 책임을 중시하며 감사법인에 대한 규제감독을 강화하고, 특히 감사 등 이해상반행위를 엄격하게 제한하고 경영진과 주요 주주의 거래를 공개하도록 규정하고 있다.

SOX법은 기업 회계의 투명성을 크게 증가시켰는데, 기업이 회계의 정확성을 위해 법률자문을 받아야 하고 상장하기 위한 기준이 높아지면서 기업의 부담이 높아졌으며 기업 활동의 투명성 증가는 기업 활동이 노출되는 문제를 유발했다는 비판도 있다. 그러나 2007년 이후 금융위기를 겪으면서 파생상품에 대한 과도한 투자를 이사회가 감독할 수 없었다는 사실에서 SOX법을 통한 법적 규제가 한계를 드러냈다.

2. 미국 기업의 경영관리조직

(1) 미국 기업의 경영관리조직의 특징

미국 기업의 경영관리조직의 특징을 살펴보면 미국 기업의 이사회가 조직 중에서 경영진으로부터 독립되어 있다는 점이 두드러진다. 이사회는 경영진의 업무 집행을 감독하고 경영진의 의사결정을 추인하는 역할을 하며, 때로 경영 위기 시에 최고경영자를 교체하는 역할도 한다. 이사는 주주총회에서 선출되고, 그 기본 임무는 주주를 대표하여 주주의 이익을 지키는 데 있으며 경영진에 의한 경영 활동이 기업의 사회적 · 경제적 여건 속에서 적절하게 이루어지는가를 감시한다. 이러한 이사회의 임무 때문에 미국 기업의 이사회에는 다수의 사외이사가 포함되어 있다. 독립성이 강한 사외 출신 전문가들을 영입하여 대주주의 독단과 경영자의 위기관리능력을 적절히 통제할 필요가 있기 때문이다.

1960년대 중반부터 1970년대에 걸친 주식시장의 장기 불황, 뇌물 공여, 철강 · 자동차 산업 침체 등의 정치 · 경제적 변화에 따라 뉴욕증권거래소는 1978년 사외이사로 구성된 감사위원회를 의무화했다. 1989년 조사에 의하면 이사회에서 사외이사의 수가 다수를 차지하는 기업의 비율이 제조업 회사는 86%, 비제조업 회사는 91%에 달했다. 1992년 제너럴 모터스의 이사회에서 사외이사들이 중심이 되어 시장점유율 하락과 적자 지속을 이유로 스템플(Robert Stemple) 회장을 전격 경질했고, 1997년에는 애플의 이사회가 스티브 잡스(Steve Jobs)를 다시 CEO로 영입했다. 이사회는 연평균 6회 개최되고 각종 위원회를 합치면 연간 13회 정도의 회의에 출석해야 하므로 시간적으로도 상당히 구속되고 사외이사의 권한도 크고 책임도 크기 때문에 사외인사에게 이사 자리를 부탁해서 거절당하는 경우가 있다. 이사가 주주와 회사의 이익을 증가시키기 위해서 충분하게 책임을 이행하지 않았다는 이유로 주주로부터 고소당하는 경우도 있는데, 월드컴의 이사 10명은 경영진의 회계부정을 감독하지 못했다는 이유로 2005년에 1,800만 달러를 투자자들에게 지불해야 했다. 최근에는 여성과 소수인종 이사들의 비율이 높아지는 경향이 있다.

미국 기업의 최상위 경영층이 경영전략 결정에 대한 강력한 권한을 지니고 있고 경영전략 결정에 중심적 역할을 하며 중간관리자는 최고경영자의 지시를 충실하게 따르는 상의하달형의 특징을 가지고 있었기 때문에 관리조직도 이에 적합한 계층적 조직구조를 갖추었다. 정보통신혁명과 세계화가 진행되면서 새로운 환경과 고객의 수요에 신속하게 대응하기 위해서 계층조직을 축소하고 의사결정권을 하부로 이양하는 플랫형 조직으로 많이 개편되었다.

(2) 경영관리조직의 구성

이사회는 각종 문제별로 위원회를 설치하는데, 대부분의 기업에서는 경영위원회(execu-tive committee)와 회계감사위원회(audit committee)가 있다. 그 밖에 임원보수위원회(compensation committee), 재무위원회(finance committee), 임원임명위원회(committee on director nomination), 직원퇴직연금위원회(employee pension committee) 등이 설치된 기업이 많다. 경영위원회는 가장 중요한 위원회로서 이사회를 대신하여 기업 목표, 기본 경영방침, 장기적 과제 등 경영에 관한 의사결정을 내린다. 회계감사위원회는 외부감사인(공인회계사), 내부감사부서, 경영진과 회의를 하고 회계처리·감사·재무보고 등의 문제를 검토한다. 이 때문에 감사위원회는 사외이사로 구성한다.

다양하고 큰 권한을 지닌 이사회 아래 사업을 집행하는 경영간부인 간부직원(officer)은 사장(president), 부사장(vice president), 비서실장(secretary), 재무담당임원(treasurer) 등으로 구성되는데, 이들은 이사회에서 선임된다. 대부분의 대기업에서는 사장보다 상급 임원으로 최고경영자(CEO)가 있는데, 이사회 회장이 동시에 CEO를 겸하는 경우가 많다. 또 기업에 따라 임원으로 감사(controller)직을 설치하기도 하는데 감사는 연간 예산의 작성과 회계보고 · 내부관리를 담당한다.

미국 500대 기업 최고경영자의 평균 재임기간이 2013년에 9.7년이었는데 지난 10년간 CEO의 평균 재임기간이 줄어드는 추세였다. 경쟁이 치열해지고 사모펀드와 행동주의 투자자로 불리는 헤지펀드의 적극적인 주주 권한 행사가 가중되면서 실적 개선과 주가 부양 압력이 커졌기 때문에 최고경영자의 재임기간이 짧아지는 추세를 보였다. 2013년 한국의 30대 그룹 상장사의 CEO 평균 재임기간은 2.6년이었다.

3. 미국식 기업 경영의 특징

삼성경제연구소의 미국식 경영의 도입과 극복(1998)에서는 한국식 기업 경영과 미국식 기업 경영을 사회적으로 구축된 관리체계, 개별 회사의 경영구조, 그리고 경영 행태의 세 측면에서 체계적으로 비교 분석했다.

미국식 기업 경영에 대한 분석 내용을 정리하면, 먼저 사회적 관리체계에서는 첫째, 미국 기업은 주주의 이익이 우선하기 때문에 경영 투명성이 높아서 기업 정보에 대한 신뢰성이 있고 외부감사나 사외이사제와 같은 경영감시기능이 발달했다. 배당, 절세, 시세차익 등 주주가 누릴 수 있는 금전적 혜택을 포괄하는 주주 가치(shareholder value)가 미국 기업 경영자에게 가장 중요한 지표이다. 둘째, 적자생존원칙에 따른 인수 · 합병이 활발하게 이루어져서 시장효율성을 증대시켰다. 셋째, 미국의 자금시장은 수요자 중심으로 신용을 중시하기 때문에 금융기관은 정확한 신용분석을 통해 신용대출을 제공하기 위해 기업 재무 자료에 대한 효과적인 대출심사 기법을 사용한다. 넷째, 미국 기업은 신뢰성과 합리성을 바탕으로 이해당사자 간의 계약을 중시하고, 계약에는 이행 조건과 책임이 명시된다.

경영구조 면에서는 첫째, 미국 기업은 소유와 경영이 분리되고 이사회 · 주주총회 · 감사의 삼권 분립이 확립되어 있다. 이사회에서는 사외이사가 대주주나 경영자를 견제하고, 주주총회에서는 경영자의 책임을 묻고, 외부감사는 회계감사뿐만 아니라 업무감사도 할 수 있다. 둘째, 미국 기업의 조직구조는 20세기 초반에 형성된 피라미드형 구조가 1980년대 초반까지 유지되었지만 정보통신혁명과 세계화가 빠르게 진행되면서 신속하고 효율적으로 대응하기 위해서 계층을 축소하고 권한을 대폭 이양하고 철저하게 실적 위주로 평가하는 플랫형 조직으로 개편되어 유연성을 높였다.

경영 행태 면에서는 첫째, 미국 기업은 재무구조가 건전하고 이익률이 높아야 차입이 쉽고 M&A 대상이 되지 않을 수 있으므로 내부유보를 이용한 자금조달 방식이 우선적으로 활용된다. 둘째, 미국에서는 외부 노동시장이 발달되어 있고 임금은 직무에 따라 결정되므로 평생직장이 아니라 평생직업이 중요하다. 개인 능력과 업적에 따라 상당한 차이가 발생하므로 노동자는 경력 개발을 통해 자신의 가치를 높여야 하고 기업의 급여체계도 동기부여에 큰 비중을 둔다. 셋째는, 미국 기업의 경영 상태는 투자자의 권익 보호와 기업 투자 활성화를 위해 투명하게 공개되지만 2001년 발생한 엔론의 회계부정 사건을 막지 못했다. 기업 회계제도 개혁을 위해 2002년 사베인스-옥슬리법(SOX법)이 제정되었다.

4. 미국 기업의 고용 시스템

미국 기업에는 노동자의 조직통합을 위해 경영전략에 합치하는 통제 시스템이 정비되어 있는데, 기업조직 내부의 가치관이나 정보의 공유는 크게 중시되지 않고 규칙과 절차, 계층, 계획 등 소위 관료제와 유사한 통제 시스템이 갖춰져 있다. 고용 시스템에서 조직단위의 학습보다 노동자가 관리계층에 부응해서 전문 직능을 개인적으로 학습하는 경향이 강하다. 직무에 있어서도 노하우가 표준화되어 있어서 분명한 매뉴얼이 정비되어 있다. 노동자의 교육훈련에 있어서는 직장 내 교육의 중요도는 낮은데, 조직 내부에서 습득되는 조직특수지식보다는 객관적인 관리능력 자격을 보유하는 것이 중요시된다.

고용 시스템에서 미국 기업은 종신제와 같은 고용보장은 없고 고용되어 있는 노동자의 고용확보보다도 적재적소의 기준에 따라 직무에 부적격이라고 판단되고 성과가 낮은 노동자에 대해서는 쉽게 해고하는 특징이 있다. 이러한 특징은 불황기와 같이 노동력이 남게 되기 시작하는 시점에서 기업에게 효율적인 고용 조정 기회를 제공하는데, 빈번하게 해고해서 외부노동시장으로 방출시키는 경우가 많다. 이 경우 대체로 노사협약에 따라 근무기간이 짧은 순서대로 노동자를 퇴직시키는 선임권 규칙이 있고 신규고용의 경우도 퇴직한 노동자를 우선적으로 고용했다.

미국 기업에서는 직무가 직무기술서에 명확하게 정의되어 있고 그만큼 쉽고 정확하게 노동력을 노동시장에서 확보할 수 있다. 노동자의 입장에서도 아시아적인 종신고용이나 연공서열 중시 관행은 없지만 외부노동시장이 발달해서 보다 많은 고용 선택의 기회를 가질 수 있다. 승진에서도 근속연수는 중시되지 않고 직무에 대한 실력과 성과를 가장 중요시한다. 아시아와는 달리 연령에 의한 사회질서가 없는 미국에서 기업의 인사 시스템은 실력주의와 성과주의에 따른다. 연공서열을 중시하는 아시아의 경우에는 최고경영층과 일반 노동자 간의 임금 격차가 크지 않지만, 실력과 실적을 중시하는 미국 기업에서는 최고경영층과 노동자 간의 임금 격차가 매우 큰 경우가 일반적이다.

5. 미국 기업의 구조조정

(1) 기업 구조조정

1970~1980년대에 미국 기업들이 본격적으로 세계화를 이행하면서 겪은 실패에 대한 반성을 통해 경쟁력을 회복하면서 미국식 기업 경영이 세계 표준으로 자리 잡았다. 당시만 해도 미국 기업들은 정부가 만들어 준 규제의 장벽 속에서 사업을 할 수 있었다. 항공ㆍ전자ㆍ기계와 같은 거대 산업에서도 정부납품계약은 경쟁이 아닌 수의계약으로 이루어졌었다. 일본과 유럽계의 경쟁력을 갖춘 기업들이 시장을 잠식해오자 미국 기업의 수익이 급속히 하락했다. 미국 투자자들도 경쟁력이 높은 외국계 기업의 주식에 대한 투자를 증가시켰다. 위기의식을 느낀 미국 기업들은 투자자들의 발길을 돌리기 위해서라도 구조조정과 함께 경영 투명화에 나서지 않을 수 없었다. 실적은 좋지 않지만 경영 상태를 공개하고 장래성을 호소하는 요구가 받아들여졌다.

1990년대 미국 경제의 부활의 열쇠는 구조조정과 벤처기업에 있었다고 할 수 있다. 구조조정(restructuring)은 경영전략과 조직의 근본적인 구조개혁작업으로 정의된다. 1980년대 이래 미국 기업들이 경쟁을 위해 보다 나은 위치에 서기 위해서 구조조정이 활발하게 이루어졌다. 국내외 경쟁자들을 포함하는 시장 환경의 변화에 대응하고 성장을 위해서 관련성이 낮은 생산라인을 없애거나 경쟁 상대를 인수ㆍ합병하거나 합작기업 · 기업분할 · 제휴 등의 다양한 방법을 사용했다.

　미국 기업 구조조정의 내용은 대개 감량경영, 핵심역량, 외부조달 등으로 구분될 수 있다. 감량경영(downsizing)은 채산성이 낮은 부문이나 사업을 매각하거나 통합하고 남는 인원은 삭감하고, 인건비 절약을 위해서 임시직 노동자와 인재파견회사의 파견사원 등을 사용하는 것을 말한다. 핵심역량(core competence)은 강한 경쟁력이 있는 분야나 사업에 인원, 자금, 재화 등의 자원을 집중 투자하는 것을 말한다. 외부조달(outsourcing)은 사업부문이나 관리부문을 외부에 위탁함으로써 비용 절감을 도모하는 것을 말하는데, 공장의 생산라인이나 상급 관리직까지 외부에 위탁하는 사례가 증가했다. 과거에는 불황기에 구조조정이 이루어졌던 것과는 달리 호황기에도 구조조정이 이루어졌다.

　구조조정과 함께 사용되는 조직재충전(reengineering)은 사업방식을 근본적으로 전환하는 것을 말한다. 예를 들면, 어떤 부문의 영업실적이 악화될 경우 그 부문을 제거하고자 하는 사고방식이 구조조정인 데 비해 조직재충전은 그 부분은 물론 회사 전체로서 사업 과정에 문제가 존재하지는 않는가라고 질문하는 사고방식이다. 부문별 독립성이 강해서 협력과 연계가 좋지 않아서 개발에 시간이 걸리고 불량률이 높다거나, 각 종업원의 직무분담이 명확해서 급격한 환경 변화에 대응하기 어렵다거나, 회사와 부문의 목표가 매출이익에 집중되어 고객에 대한 고려가 부족하다거나 하는 경우의 문제점을 영업 · 개발 · 제조를 일체화하거나 결정권한을 가능한 한 하위직으로 이양하거나 고객만족도를 가장 중요한 목표로 삼음으로써 해결하고, 결과적으로 생산효율의 상승과 서비스의 개선을 도모할 수 있다는 것이다.

　미국에서 구조조정이 비교적 용이하게 이루어지는 것은 노동시장의 유동성이 높기 때문으로 유럽이나 아시아와 시장 조건이 크게 다르다. 특히 한계사업의 정리와 감량경영과정에서 대규모의 인력 구조조정을 무리 없이 소화한 것이 미국 경쟁력의 회복에 크게 기여했다. 1980년대 초까지만 해도 종업원이 무려 95만 명에 달했던 AT&T는 기업 분할과 일부 사업 정리 등으로 인원을 30만 명으로 줄였다. 1979~1995년 사이에 직장으로부터 조정당한 미국인이 4,300만 명에 이른다. 대대적인 인원 감축을 통해 한계사업을 정리함으로써 기반을 다진 미국 기업들은 경쟁력을 회복하고 완전고용수준으로 고용을 증가시킬 수 있었다.

(2) 기업 구조조정의 성과

미국에서는 위기를 최고경영자가 전략적으로 극복하는 상의하달(top-down)형 구조개혁이 IBM, 제너럴 일렉트릭, 제너럴 모터스(GM) 등 많은 경우에서 성과를 확인했다. 구조조정과 조직재충전의 결과 인건비 등 비용 삭감에 성공하고 품질과 고객서비스·생산효율 면에서 큰 성과를 거두었다. 철강업 등과 같이 장래성이 없다고 여겨지던 업종에서도 구조조정과 조직재충전에 성공하는 기업이 늘어났고, 실패할 경우에는 매수되거나 청산되어 소멸되었다.

미국에서는 경영악화로 파산에 직면한 기업의 구조조정에 대한 법원의 개입 여부에 따라 법적 구조조정과 사적 구조조정으로 구분된다. 법적 구조조정은 연방파산법(U.S. Code : Title 11-Bankruptcy) 제7장에 따라 기업의 회생 가능성이 없다고 판단될 경우 채무자의 재산을 청산하여 채권자에게 배분하는 청산(liquidation) 절차나 제11장에 따라 기업을 정상화시키기 위해 채무자가 기업의 채무이행을 일시 중지시키고 자산매각 등에 대한 이해관계자의 동의와 법원의 인가를 받은 계획에 따른 재건(reorganization) 절차를 밟게 된다. 사적 구조조정은 채권자와 채무자의 사전 합의에 의한 개별 약정을 통해 구조조정이 진행되는데, 기업별로 구조조정 진행 주체가 다르게 된다.

자동차산업의 빅3인 제너럴 모터스·포드·크라이슬러는 글로벌 경제위기와 신차 수요 감소, 경쟁 심화로 위기를 겪으면서 2009년에 제너럴 모터스와 크라이슬러는 파산보호를 신청했고 완성차와 부품업체는 직원들을 대규모 감원했다. 이러한 구조조정과 더불어 오바마 정부가 2009년에 GM과 크라이슬러 등 자동차산업에 800억 달러의 구제금융 자금을 투입한 결과 빠르게 회생했다.

세계 최대의 자동차회사였던 GM의 구조조정을 살펴보면, 금융위기 이후 시장 축소와 경쟁력 하락에 따른 유동성 위기를 맞아 2008년 부시 행정부로부터 부실자산구제 프로그램(TARP) 기금의 지원을 받았지만 경영난을 극복하지 못했고, 2009년에 이해관계자 간의 사전 합의를 통한 회생재건 절차와 동시에 법원의 인가를 받는 사전조정제도를 통한 파산을 신청했다. 오바마 행정부는 외부 구조조정 전문가로 구성된 자동차전담팀에 전권을 부여하여 강도 높은 자구책을 이끌어 내어 '새로운 GM'으로 출발하도록 협상을 이끌었고 GM 자동차에 대한 정부 보증을 통해 고객의 신뢰를 유지시켰다. GM은 구조조정 과정에서 캐딜락, 뷰익, 쉐보레, GMC 등 4개 핵심 브랜드에 집중하고 나머지 브랜드는 매각하거나 정리했으며, 10여 개의 공장을 폐쇄하고 노동자 2만여 명을 감원했으며 임금을 최대 10% 삭감하기도 했다. 이러한 신속하고 적극적인 구조조정의 결과로 2010년부터 흑자로 전환했고 2011년에는 다시 세계 최대 자동차회사의 자리를 회복했다.

국가적 차원에서도 1980년대 저축대출조합(S&L)의 대규모 부실을 맞아 금융감독당국은 수백 개에 달하는 부실금융기관을 과감히 퇴출시켰다. 미국 정부도 비효율적인 규제의 완화를 경제 구조조정의 최우선과제로 추진했다. 기업의 생산원가를 하락시키고 생산성 향상 의욕을 고취시키기 위해 각종 규제를 무더기로 정리했으며 건강관리법과 안전점검법까지 완화시켰다. 클린턴 행정부는 무역적자를 명분으로 기업의 경쟁력 회복을 간접적으로 지원하기 위해 외국 시장을 개방하도록 압력을 행사했으며, 정부주도의 수출 진흥은 하지 않던 전통을 버리고 상무부 장관을 위원장으로 하는 무역진흥위원회를 발족시키는 등 정부가 적극적으로 앞장섰다. 정부가 이렇게 앞장서고 기업이 감량경영과 아웃소싱 등 뼈를 깎는 구조조정을 실시함으로써 '주식회사 미국'의 부활을 가능케 했다.

그러나 기업 경쟁력 회복을 위한 구조조정이 회사의 대외 이미지를 손상시키고 직원들의 사기를 하락시켜서 실제 목표 달성에 실패하는 부정적 영향도 적지 않았다. 미국 기업의 인사담당 임원을 대상으로 한 조사에서 구조조정을 통해 이익이 증가한 회사가 약 50%, 생산성이 향상된 회사가 1/3 정도로 나타났다. 보다 심각한 문제는 종업원의 사기가 저하되었다는 회답이 80%를 상회했다는 사실이다. 미국이 노동자의 유동성이 높은 사회이기는 하지만 구조조정에 의해 직장을 잃은 사람이나 직장에 남아 있는 사람이나 모두 상처를 받았던 것이다. 이에 비해 최고경영자들은 거액의 보너스나 주식 옵션 지급에 따라 크게 증가했다. 비즈니스위크에 따르면 1999년 4월 미국 내 365개 상장 대기업 최고위 임원의 평균보수는 1,060만 달러로 1년 전보다 36%가 증가되었지만 그들 기업의 주식배당은 오히려 1.4% 감소했다. 또 1980년 CEO와 평직원 간 연봉 차이는 42배에 불과했지만 2000년에 525배로 크게 확대되면서 빈익빈 부익부 현상이 더욱 심해졌는데, 2011년에는 380배로 격차가 축소되었지만 여전히 엄청난 차이를 보였다. 2004년의 경우 531배에 이르렀다는 조사 결과는 영국의 25배, 프랑스의 16배, 독일의 11배, 일본의 10배 등에 비해 과도하게 높은 수준임을 보여 줬다. 개인의 역량과 노력에 따라 적당하게 보는 임금 격차는 나라마다 문화적 차이에 따라 다른데, 평균적인 미국인이 생각하는 하위 직종과 고위 직종 간 적절한 임금 격차는 4.2배였고, 호주인은 3.7배, 독일인은 3.0배였다. 또 5배 이상의 격차가 있어야 된다고 보는 미국인의 비율은 36%였는데, 호주인은 12%, 독일인은 27%로 조사되었다.

6. 미국의 중소기업

미국 경제의 중심은 거대기업들이지만 중소기업의 활력도 매우 높다. 중소기업법(Small Business of Act)에서는 중소기업을 "독립적으로 소유·운영하며, 해당 사업 분야에서 지배적인 위치에 있지 않는 기업"으로 정의하고 있다. 구체적인 규모는 업종별로 다른데, 제조업의 경우 업종별로 500명 미만, 750명 미만, 1,000명 미만으로 달리 규정하고 있고 도매업은 100명 미만, 소매업은 연간 판매액으로 기준을 삼고 있다. 중소기업은 대기업의 자회사나 관련 회사가 아니라 시장에서 차지하는 지배력의 몫은 작지만 독자적 경영을 하는 기업을 말한다. 사기업을 기초로 하는 미국 경제체제의 본질은 자유경쟁이다. 미국 경제제도는 자유경쟁을 통해서 자유로운 시장, 자유로운 진입, 창의력을 보장함으로써 효율성을 추구하는데, 중소기업의 현실적 및 잠재적인 능력을 개발하지 않고서는 실현될 수 없다.

미국의 의회와 정부는 자유경쟁을 보전하고 정부의 총구매액의 적정한 비율을 중소기업에게 보장하고 국가경제의 경쟁력을 유지하기 위해서는 중소기업을 가능한 범위 내에서 최대한으로 지원, 보조, 보호, 자문한다. 중소기업 정책 면에서는 정부의 개입을 최소화하고 주로 민간 주도의 간접지원방식이며, 각종 프로그램을 운영하며 민간전문가에 의한 경영 지도를 활성화하고 소수인종이나 여성에 대한 지원이 이루어지고 있다.

중소기업은 미국 사회에서 중요한 가치관의 하나인 '아메리칸 드림'이라는 경제적 평등권의 상징으로서도 중요성을 지닌다. 기존의 경제체제로부터 배제된 소수자나 여성 등이 중소기업을 설립하는 것은 경제적 지위의 개선에 중요하다는 사회적 가치관에 따라 1980년대 이후 여성기업, 특히 자택개업자가 증가했는데, 여성기업은 미국에서 경제의 서비스화와 인터넷 등 정보기술의 발달에 의해 자택개업의 주류를 형성했다.

중소기업은 지역사회에의 공헌과 기술혁신에서 중요한 역할을 수행한다. 지역사회에의 공헌은 구체적으로 지역경제에서 고용 유지와 창출을 가져온다. 거대기업은 세계적인 리더십으로 기술혁신을 선도하고 세계 표준을 설정하지만, 중소기업은 고용 창출 면에서 매우 중요한 역할을 한다. 2006년에는 기업 종류별 사업소 수에서 대기업은 0.1%, 중소기업은 22.4%, 개인사업주는 77.5%를 차지했으며, 1990년 이래 10년간 증가된 고용자의 3/4은 중소기업에서 이루어졌다. 2010년에는 중소기업이 전체 사업소 수의 85.7%, 노동자 수의 49.9%를 차지했다.

기술혁신에 대해서는 새롭게 급성장하는 벤처기업들이 대표적이다. 대규모 조직의 기업체는 기존 사업 분야와 기존 기술 분야에서 시장점유율 확대를 추구하지만 신흥 기술·사업 분야에는 소극적인 경우도 적지 않은데, 벤처기업이 이 간극을 성공적으로 보완했다. 기술혁신 중소기업은 특히 컴퓨터 관련 분야와 의료 분야 등에서 중요한 역할을 했다. 이러한 미국 벤처기업의 역할은 미국 경제에서 매우 크고 핵심적이다. 마이크로소프트, 구글, 애플 등도 중소 벤처기업에서 출발했다는 것은 잘 알려져 있다.

그러나 미국에서 혁신적인 소기업의 가치를 높게 평가하지만 대기업들이 지적 재산권, 네트워크 효과, 변호사 등을 통해 정치적·경제적 영향력을 행사하면서 시장에 대한 거대기업의 통제력이 높아지는 만큼 소기업의 신규 진입 비율은 지속적으로 하락했다.

중소기업은 자금조달 면에서 내부자금 축적이 부족하고 직접금융시장에서 주식이나 회사채를 발행할 수 있는 요건을 충족시키기가 어려우며 간접금융시장에서도 상대적으로 높은 신용위험과 담보 부족 등의 이유로 대기업에 비해 차별적 취급을 받는 점은 중소기업의 효율적 생산과 성장에 장애요인이 되고 있다. 따라서 중소기업에 대한 금융정책 면에서 한국의 경우는 산업육성정책 차원의 색채가 짙으나 미국의 경우는 지역 진흥과 사회적 약자 지원이라는 사회정책적인 의미가 강하다. 미국에는 상당히 다양하고 전문화된 금융기관이 존재하는데 파이낸스회사(finance company)라는 여신전문금융기관이 은행에 필적할 정도로 중소기업금융에 있어 중요한 역할을 하고 있다.

7. 미국의 벤처기업

(1) 벤처기업의 역할

한 나라의 산업이 쇠퇴하고 재생되는 것은 구조조정만으로는 충분하지 않고 새로운 발상과 활력이 필요하다. 1980년대부터 1990년대에 걸쳐 공업시대에서 정보시대로 이행하게 됨에 따라 미국 경제는 대변혁을 맞았다. 벤처기업(venture business)이라고 불리는 기술집약적 중소기업이 새로운 산업과 서비스 분야에서 고용을 창출하고 기술혁신의 중요한 역할을 담당하는 중소기업 역할을 성공적으로 수행했다.

미국은 기업가 정신을 가진 창조적인 인재가 많고 대학에서도 가장 우수한 학생들이 독립기업을 추구하고 있다. 스스로의 힘으로 미지의 대지를 개척하던 프런티어 정신의 전통이 흐르고 있고 아메리칸 드림의 상징적 존재가 되었다. 시장의 필요를 충족하거나 창출하는 독창적인 아이디어가 있으면 어느 정도의 자금을 벤처캐피털(venture capital)과 나스닥(NASDAQ)을 통해 조달하고 대학과 연구기관에서 개발한 전문기술과 노하우를 사업화하는 벤처기업이 성공하면 부와 명성을 차지하게 되므로 많은 인재들이 벤처기업을 창설하는 꿈을 지니게 된다.

(2) 벤처기업의 성공 기반

첫 번째 성공 사례이자 전형적인 벤처기업으로서 인터넷 검색 프로그램을 개발한 야후(Yahoo!)를 들 수 있다. 1994년 스탠퍼드대학 박사과정에 있던 학생들에 의해 트레일러에서 창업되었고, 1995년에는 벤처캐피털로부터 자금을 동원했으며, 외부에서 전문경영자를 영입했고, 다음 해에는 주식 공개로 거액을 벌게 되었다.

미국은 벤처기업가를 육성할 수 있는 체제를 잘 갖추고 있다. 대학과 민간기업과 정부의 협력관계가 원활하게 기능하고 있다. 미국 대학은 독창적인 기술을 개발하는 동시에 그것을 비즈니스에 결합시키는 체제가 갖추어져 있다. 예를 들면 스탠퍼드대학과 MIT 등은 기술개발자인 교수와 연구자가 독립적으로 비즈니스 활동을 할 수 있도록 허락하고 벤처기업을 설립하는 데 필요한 자금 제공자를 알선하고 특허취득을 지원한다. 또 연방정부와 지방공공단체도 연구를 지원하기 위한 자금 지원과 세금 우대에 적극적이었고 그 성과를 대학에 유보시킬 수 있는 제도를 만들었다. 제리 양(Jerry Yang)의 야후 신화도, 인터넷혁명을 앞당긴 마크 안드레센(Marc Andreessen)의 넷스케이프 네비게이터(Netscape Navigator)도 캠퍼스 연구 결과가 토대가 되었다. 스탠퍼드대학에는 교수와 학생이 개발한 기술을 기업에 판매하는 기술이전센터가 별도 조직으로 만들어져 있었다. 실리콘밸리 지역 대학들이 기업에 기술을 빌려 주고 얻는 로열티 수입이 적지 않았다.

(3) 벤처캐피털

미국에는 아이디어와 기술이 유망하다면 자금이 크게 문제되지 않는 좋은 환경이 갖추어져 있다. 벤처기업에 투자하는 '엔젤(angel)'이라 불리는 부유한 개인투자자와 투자조합인 벤처캐피털의 존재가 중요한 역할을 한다. 벤처캐피털은 파트너십 조직으로 출자자를 모집하여 대개 10년 기간의 자금을 마련하여 벤처기업에 출자형식으로 투자한다. 넷스케이프를 나스닥에 상장시킨 클라이너 퍼킨스(Kleiner Perkins)와 야후를 상장시킨 세쿼이어(Sequoia)가 대표적인 벤처캐피털이었다.

 벤처기업들이 대거 주식 공개를 했던 1995년의 경우에는 벤처캐피털의 평균 수익률이 53.5%에 달했다. 1997년의 벤처기업에 대한 투자액은 122억 달러에 달해 과거 최고치였던 1996년의 실적보다 20% 이상 상회했는데, 첨단기술산업을 중심으로 자금이 계속 유입되었음을 알 수 있다. 1990년대 중반 인터넷기업에 집중 투자한 클라이너 퍼킨스는 생명공학 벤처기업인 제넨테크(Genentech)를 비롯해 선마이크로시스템스(Sun Microsystems), 컴팩(Compaq), 로터스(Lotus) 등의 투자 성공으로 명성이 높았다. 최고의 벤처캐피털은 그만큼 성공 확률이 높은 벤처기업에 먼저 투자할 기회를 가진다.

 미국 벤처캐피털의 약 절반은 캘리포니아에 집중되어 있고, 보스턴과 뉴욕이 그 뒤를 잇고 있다. 미국 서부의 벤처자본가는 엔지니어 출신이 많고 동부의 벤처자본가는 금융권 출신이 비교적 많다. 동부의 벤처캐피털은 서부에 비해 보수적으로 위험이 낮은 공개 직전의 기업에 투자하는 경우가 많고, 서부의 벤처캐피털은 더 다양한 분야에 투자하고 위험을 감수하기도 한다. 기술이 강한 서부와 금융이 강한 동부의 벤처캐피털이 신디케이트를 이뤄 투자하기도 하고 서로 교차 투자하기도 한다. 벤처캐피털은 기업을 함께 성장시킬 수 있다는 신뢰를 중시하고, 규모가 큰 벤처캐피털일수록 테크놀로지를 가장 중요하게 고려하며 벤처의 창업과 보육까지 담당한다.

미국 벤처캐피털의 특징 중 하나는 연금기금과 대학기금이 출자하고 있다는 사실이다. 일견 보수적인 연금기금을 위험이 높은 기업에 투자한다는 것은 역시 미국적이라고 할 수 있다. 벤처캐피털은 투자한 기업의 경영에 대해 조언하거나 직접 참여하고 임원을 파견하기도 한다. 그 밖에 미국에서는 세제 면에서도 미상장주식을 5년 이상 보유하면 자본이익의 50%를 비과세하는 등 벤처기업에 대한 투자를 지원하는 체제를 갖추고 있다. 미국 정부는 규제완화를 통해 기업 활동에 대한 장애를 없애고 컴퓨터, 정보통신, 생명공학뿐만 아니라 기계, 가전, 패션, 금융업 등에서도 벤처사업을 활성화함으로써 경제 전반에 혁신의 바람을 불러일으켰다.

(4) 스톡옵션

벤처기업이 어느 정도 성장하게 되면 우수한 연구인력, 기술자와 상당한 자금이 필요하다. 미국은 노동시장의 유연성이 높기 때문에 인재를 유인하기가 쉬운 편이지만 특히 스톡옵션(stock option : 주식매입선택권)의 방법이 중요한 역할을 했다. 스톡옵션은 기업이 임원이나 직원에 대해 현금으로 급여나 보너스를 지불하는 것과는 별도로 일정 수량의 자사 주식을 일정 기간 후 사전에 약정된 가격으로 매입할 수 있는 권리로서 기업의 최고경영자 등 임직원에게 보수의 한 형태로 부여되는 제도이다.

일단 성공하게 되면 기업의 업적과 주가가 상승하게 될 때 옵션을 행사해서 부자가 되는 것이 벤처기업에서 일하는 사람들에게 가장 큰 인센티브가 되고 있다. 첨단산업의 벤처기업의 직원들은 하루 평균 15시간의 격무 속에서도 높아지는 연봉에 대한 기대를 잃지 않고 있다. 미국의 전형적인 최고경영자는 대개 기본급, 보너스, 스톡옵션의 세 가지 보수체계를 가지고 있는데, 최고경영자들의 연봉이 지나치게 높다는 비판에 따른 1993년의 세법 개정 이후 기본급보다는 성과급의 비중이 크게 상승하면서 스톡옵션의 중요성이 더욱 증가되었다.

스톡옵션 자체는 경영자가 기업 가치의 제고라는 주주들의 목표를 추구하도록 유도함으로써 '주인-대리인 문제'를 해결할 수 있는 방안이지만, 미국 기업이 주가를 크게 의식해서 경영이 이루어지기 때문에 장기적인 시각에서 투자가 필요하더라도 자사주를 매입해서 주가를 상승시키거나 기업 매수 등 무리한 사업 확장을 추진하는 경향도 나타났다. 또 기업 임원과 일반 노동자 간의 소득 격차 확대에 따른 위화감이 심화되고 기업 수익을 과대 계상함으로써 주식시장의 거품 발생을 조장하기도 한다. 이러한 문제점들은 2001년 엔론 사건 이후 나타난 기업 경영과 회계의 객관성과 공정성에 대한 신뢰의 붕괴로 나타났다.

(5) 나스닥

창업에 성공한 벤처기업이 주식을 공개하여 자금을 공급받을 수 있는 곳이 나스닥 (National Association of Securities Dealers Automated Quotation, NASDAQ)이다. 나스닥은 1971년 미국증권업협회의 관리하에 발족되어 거래소를 거치지 않고 컴퓨터 시스템에 의해 거래되는 주식의 장외시장이다. 나스닥에는 적자라도 등록이 가능할 수 있을 정도로 주식의 공개기준이 유연하기 때문에 미국 경제성장을 이끈 벤처기업에게 중요한 자금조달원이 되고 있는데, 첨단기술 기업이 성장세를 주도하고 있다. 나스닥은 매년 400~800개 회사의 등록이 이루어지는 반면 비슷한 수의 등록 말소도 이루어지는 생존경쟁이 치열한 세계이다. 그러나 인텔이나 마이크로소프트, 애플과 같은 대기업이 나스닥에 의해 성장했다는 사실을 고려하면 아메리칸 드림을 실현시킬 수 있는 새로운 프런티어라고 할 수 있다. 미국 벤처기업들은 자산의 90% 이상을 주식으로 조달하고 있다. 나스닥은 기업공개시장에서는 이미 1995년에 뉴욕증권거래소(NYSE)를 능가했고 1997년에는 연간 거래액에서도 NYSE를 앞질렀다.

그러나 미국 경제의 10년 장기 호황과 신경제에 힘입어 끝없이 치솟던 나스닥시장이 2000년 3월에 나스닥지수가 5,132로 사상 최고치를 기록한 뒤 폭락하면서 벤처기업의 저조한 수익성과 과도한 투자에 대한 우려가 높아졌다. 신경제도 이윤 실현을 중시하는 시장 조정 메커니즘에서 예외가 될 수 없다는 사실을 재확인시켰다. 1년 후에 나스닥지수가 2,000 이하로 급락했는데, 15년이 경과된 2015년 3월에 다시 5,000

을 넘었고, 2014년에는 벤처투자가 약 483억 달러로 최대 규모를 기록했다. 소프트웨어 기업에 대한 투자가 41%를 차지해 가장 많았고 바이오테크와 미디어·엔터테인먼트를 비롯해 컴퓨터·금융·유통·전자기기 분야 투자가 크게 증가했는데, 골드만 삭스(Goldman Sachs)나 블랙록(Blackrock) 등 글로벌 투자은행뿐 아니라 사모투자 등도 투자 대열에 합류했다.

(6) 벤처생태계

투자라는 측면과 벤처기업의 성장이라는 측면에서 실리콘밸리가 벤처생태계의 중심 역할을 하고 있는데, 세계 벤처투자의 60~70%가 이루어지는 미국에서 그 절반 이상이 실리콘밸리의 기업에 투자되고 있다.

실리콘밸리는 1938년 스탠퍼드대 졸업생인 빌 휴렛과 데이비드 팩커드가 휴렛-팩커드(Hewlett-Packard)를 설립하면서 시작했는데, 맑고 온난한 기후는 반도체기업에게 적절한 입지를 제공했다. 이후 인텔, 애플, 구글, 페이스북 등의 정보기술기업들이 성공하고 벤처투자가 활발하게 이루어지면서 자본과 기술과 인재가 결합하는 벤처생태계가 선순환을 이루었다. 또 정보통신기업들의 연구개발과 인근의 스탠퍼드 대학과 UC 버클리 등의 기술 이전과 인재 공급으로 활력을 유지하고, 인수·합병도 활발하게 이루어지면서 창업-투자-성장-이익 실현의 연결고리를 완성했다.

2010년대 들어 호황을 누리던 벤처투자가 2015년 후반에는 벤처기업들의 경영 상태가 악화되면서 기업 가치가 하락하고 투자자금 유입이 저조해졌다. 벤처기업도 경기침체에 따른 구조조정을 피할 수 없고 구조조정을 통해 새로운 기회를 모색했다. 창업자들의 손을 벗어난 마이크로소프트는 사티야 나델라(Satya Nadella)가 제3대 CEO로, 애플의 팀 쿡(Tim Cook)과 구글의 선다 피차이(Sundar Pichai)는 제2세대 CEO 체제로 혁신 경쟁을 하고 있다. 중국, 일본 등 아시아 정보통신 대기업들이 미국 시장과 본국으로의 기술 유입 등의 글로벌 전략의 일환으로 미국 벤처기업에 대한 투자를 증대시켰다.

8. 미국의 다국적기업

(1) 다국적기업의 발전

다국적기업의 출현에 처음 주목한 것은 언론계로 1963년 4월 비즈니스위크에서 '다국적기업(multinational companies)' 특집에서 국제 활동을 하는 국내지향적 기업과 진정한 세계지향적 기업을 구별하는 개념으로 사용했다. 다국적기업에 대한 정의는 다양하지만, 2개국 이상에 걸쳐 생산·판매거점을 가지고 세계적인 규모로 생산·판매·연구개발·재무 등의 기업 활동을 하는 거대기업을 통칭한다고 할 수 있다. UN 등은 국적을 초월한다는 의미에서 '다국적'기업과 구별되는 '초국적'기업(transnational corporations)의 개념을 사용한다.

다국적기업의 해외거점에는 완전자회사와 과반수주식소유회사 그리고 관련회사 등의 형태가 있는데, 본사의 해외거점에 대한 주식보유 비율에 따라 구분하며 이 비율은 본사의 지배력 정도를 나타낸다. 다국적기업은 본사가 해외시설을 지배하기 위해 일정한 수준의 해외직접투자(foreign direct investment)를 함으로써 성립하는데, 미국 정부 통계에서는 해외거점에 대해 10% 이상 출자한 경우를 해외직접투자로 간주하고 유럽에서는 20% 이상 출자한 경우를 해외직접투자로 본다.

미국 기업은 19세기 말부터 20세기 초에 걸쳐 캐나다·멕시코·남미·유럽에 대한 직접투자를 증대시켰다. 캐나다에 대해서는 광업과 제조업, 멕시코에는 철도와 광업, 유럽에는 제조업과 도매업이 이 시기 직접투자의 특징이었다. 제조업 투자의 경우 1961년에 싱거(Singer) 가정용 재봉기의 판매영업점을 런던에 설치했고 7년 후에 해외 최초의 조립공장을 글래스고에 설립했다. 자동차는 포드가 제1차 세계대전 이전에 이미 영국 맨체스터 제조공장을 설치했고 GM도 1925년에 영국 회사를 매수하여 완전소유자회사로 만들었다.

다국적기업이 미국 대기업의 일반적 존재 형태가 된 것은 1950년대 말 이래였다. 1958년 유럽경제공동체(EEC)의 발족이 직접적 계기로 EEC 역외에 부과되는 공동관세장벽을 극복하기 위해 종래의 제조거점을 확대하고 전후 부흥으로 시장이 확대되던 유럽에 새로이 진입하게 되었다. 미국의 다국적기업들은 유럽 지역 제조업에 중점적으로 진출했다. 당시 미국 기업의 유럽 진출은 크라이슬러, 포드, IBM, ITT, GE 등에 의한 대형 매수 형태로 이루어졌고 1967년에는 '미국의 도전'으로 불릴 정도로 유럽에 위협적으로 간주되었지만, 1970년대에는 경쟁력이 강화된 유럽의 미국에 대한 투자가 증가되면서 '유럽의 도전'이 진행되었다.

미국 다국적기업은 1960년대의 유럽 진출에 이어 1970년대에는 개발도상국에 대한 진출이 두드러졌는데, 제2차 세계대전 이전과 같은 원료·자원의 공급을 위한 것이 아니라 새로운 제조업의 진출이 주된 형태로 이루어졌다. 이것은 전후 식민지가 해방되고 국가주권이 확립되고 자원민족주의가 강화된 개발도상국에 진출하기 위한 방편이었다. 당시 일부 개발도상국이 과거의 수입대체정책에서 수출지향적 공업화로 전환하면서 외자도입을 통한 공업화와 수출 증대를 도모했다. 외자도입을 위해 수출자유지역 설치, 다양한 사회간접자본의 특혜적 공여나 각종 세금 감면 등과 같은 각종 우대정책이 시행되었다. 미국은 개발도상국의 풍부하고 저렴한 노동력을 이용하기 위해 노동집약적 가공조립 제조공정을 이전함으로써 낮은 비용으로 세계시장에서의 가격 경쟁력을 확보했는데, 이러한 목적을 위한 해외생산을 해외조달(foreign sourcing)이라고 한다.

개발도상국에 대한 미국 다국적기업의 진출에는 해외부가가치세와 개발도상국으로부터의 수입에 대한 관세 감면제도를 통해 역수입에 대한 관세 우대정책의 역할이 컸다. 또 개발도상국으로부터의 수입에 대한 선진국들의 우대 관세제도인 일반특혜관세(Generalized System of Preferences, GSP)가 1960년대의 남북 문제를 완화하기 위해 도입됨으로써 저소득 개발도상국의 선진국에 대한 수출품에 특혜적 교역조건을 부여했는데, 미국은 1976년에 이 제도를 도입했다. 예를 들면 멕시코로부터의 수입품에 대해 멕시코 현지에서의 부가가치가 35% 이상인 품목의 경우, 수입품 전체가 면세되는 제도였는데, 미국 다국적기업의 개발도상국 현지생산을 촉진하는 역할을 했다.

(2) 1980년대의 미국 다국적기업

1980년대 이래 세계의 직접투자는 비약적으로 그 규모를 확대했다. 미국 경제는 1980년대 후반에 경상수지 적자가 확대되면서 순대외채무국으로 전환했지만 대외

직접투자를 확대했고 대내직접투자도 증가하여 경제의 세계화 추세를 선도했다. 1980년대에 미국 다국적기업은 금융·무역·운수업·호텔 등의 서비스산업의 다국적 기업화를 진전시켰고, 1980년대 전반의 달러 고평가에 따라 해외조달 목적의 해외생산을 증대시켰다. 해외조달의 방법으로 주문자상표부착방식(original equipment manufacturer, OEM)이 증가했다. 그 결과 1980년대 중반에는 한국·대만·싱가포르·말레이시아 등에 위치한 미국계 비은행 해외자회사의 총판매액 중 미국에 대한 수출 비중은 거의 40%에 달했다. 그러나 이러한 해외조달의 증대는 미국 국내공장의 폐쇄를 수반했기 때문에 미국 다국적기업의 모회사는 외국에서 생산된 제품에 자체 상표를 붙여 국내에 판매하는 공동회사(hollow corporation)였다는 비판도 일어났다. 특히 노동조합은 다국적기업의 해외생산이 국내경제의 공동화, 실업, 무역수지 적자, 지역경제의 쇠퇴를 초래한다고 강하게 비판했다. 실제 미국 다국적기업의 해외자회사에 대한 수출이 1989년에 1,026억 달러, 다국적기업의 모회사에 의한 해외자회사 이외의 외국으로의 수출은 1,336억 달러로 총 2,364억 달러가 미국 다국적기업 관련 수출이었는데, 같은 해 수출총액 3,638억 달러의 65%에 달했다. 또 해외자회사로부터의 수입은 974억 달러, 모회사에 의한 해외자회사 이외의 외국으로부터의 수입은 1,038억 달러였는데, 총 2,012억 달러가 다국적기업 관련 수입이었고 이 금액은 같은 해 수입총액의 42%에 달했다.

1980년대 후반에 달러의 가치가 급락하면서 일본을 비롯한 외국 다국적기업의 미국 진출이 급증하자 외국인 직접투자에 대해 1980년대 후반과 1990년대 초에 미국 국민과 행정부, 의회 등의 우려가 높아지면서 미국 자본에 의한 해외생산 자동차와 외국자본에 의한 국내생산 자동차 등에 대해 '우리가 누구인가' 논쟁이 일어나기도 했다. 당시 미국 경제력이 크게 하락된 상태에서 아시아 국가인 일본의 미국에 대한 투자가 급증하면서 적지 않은 반감을 일으켰다. 그러나 우려와 달리 부정적인 영향은 별 문제가 되지 않았고 오히려 고용, 기술과 생산성 등에서 미국 경제가 많은 긍정적인 영향을 받았던 것으로 나타났다. 미국이 제2차 세계대전 이후의 경제적·비경제적인 압도적 우위라는 특수성에서 탈피하여 이제 다른 선진 공업국들과 크게 다르지 않은 정상적인 경제로서 자리 잡는 과정의 일부였다고 볼 수 있다.

미국에 대한 직접투자는 1990년대 초의 침체에서 벗어나서 다시 순조롭게 성장했으며 미국의 해외직접투자도 국내경제의 순조로운 성장과 유럽연합 형성 등의 새로운 세계 경제질서 속에서 빠르게 증가했다. 1990년대 이래 일본의 직접투자의 상당 부분이 아시아로 전환되었고 일본 국내경제의 불안이 지속됨에 따라 일본의 대미 직접투자의 비중이 낮아졌다.

(3) 1990년대의 미국 다국적기업

1990년대의 미국을 중심으로 급격히 확대된 직접투자의 특징으로는 선진국 간에 직접투자가 서로 확대되었으며 인수·합병(M&A)과 관련된 투자가 확대되었다는 점을 들 수 있다. 1990년에서 1998년까지 미국에 있는 외국 현지법인이 행한 M&A와 신규직접투자(greenfield investment)의 비율을 보면 약 86%가 M&A에 의한 주식의 취득이었고 신규직접투자는 약 14%에 불과했다. 1990년대 중반 이후 주식 교환에 의한 M&A도 증가했다. 1990년대에 특히 유럽과 미국 간에 M&A에 의한 직접투자가 급증한 배경은 1990년대에 통신·전력·금융 등 규제완화와 민영화가 세계적으로 진행되면서 외국자본의 유입이 용이해졌으며 정보기술혁명으로 상징되는 정보통신 등의 기술혁신이 진전되고 제품·기술·시장을 둘러싼 기업 간의 범세계적인 경쟁이 격화되었으며 세계적인 규모로 사업이 재편될 필요성이 높아진 데 따른 것이었다. 특히 1990년대 후반 유럽의 미국에 대한 투자의 급격한 증가는 미국의 장기 호황과 기업수익률 상승에 따라 경쟁력이 강한 미국 기업을 매수함으로써 국제적인 사업기반을 확충하려는 유럽 기업의 움직임에 따른 것이었다. 미국 산업의 경쟁력이 높았던 1990년대 후반에는 유럽 기업들의 미국에 대한 해외직접투자가 크게 늘었지만 이에 대한 우려는 일어나지 않았다.

　1994년 WTO의 출범에 따라 무역과 자본의 자유화가 진전되었다. 이에 따라 미국의 다국적기업들은 경제성장이 급속한 동남아 등 개발도상국 시장을 확보하기 위해 이들 국가에 대한 해외직접투자를 증가시켰다. 경영의 범세계화 현상도 미국 다국적기업들이 생산·판매 등 네트워크의 강점을 잘 활용할 수 있게 했다. 1990년대에는 정보통신혁명과 함께 세계화가 진행되면서 세계시장의 통합이 빠르게 진전되었다. 기술이 빠른 속도로 발전하고 기업 간 경쟁이 치열해지는 등 기업환경이 빠르게 변하면서 신제품개발·제품혁신·연구개발·교육훈련·마케팅 등의 규모가 증대되었기 때문에 투자 기회와 위험을 파악하고 새로운 전략을 수립하는 글로벌 기업으로 변신한 다국적기업들의 경영능력도 크게 향상되었다.

미국의 다국적기업들은 과거의 수직적 통합을 통한 '제국'의 운영에서 오늘날에는 핵심역량에 바탕을 둔 핵심사업에 초점을 맞추면서 그 이외의 것은 모두 아웃소싱하는 형태로 변했다. 이러한 경영방식의 변화는 대기업에서 과거와는 달리 현장관리자보다는 주로 본부 참모와 중간관리자층에 대한 고용 감축이 진행되는 등 고용 형태에도 큰 영향을 미쳤다. 경영전략의 수립에서도 과거에는 소수 엘리트가 정보를 독점했으나 현장근로자에게까지 정보의 고유권을 인정하고 의사결정권한을 이양하고 본부조직을 축소했다. 본격적인 세계화의 진전에 따라 미국 다국적기업의 범세계적 경영전략에는 규모의 경제에 따른 범세계적 통합의 필요성과 함께 소비성향의 이질성, 시장구조의 상이성 등의 요인에 따른 현지적응의 필요성도 동시에 고려하는 다문화주의(multiculturalism)가 확산되었다.

(4) 2000년대 이후의 다국적기업

금융기관의 글로벌화가 빠르게 진전되면서 다국적기업의 활동에 있어서 금융의 역할이 증대되었다. 다국적기업의 규모가 거대한 만큼 국제거래나 자본이동의 규모도 크기 때문에 효율적 관리를 위해서는 생산과 함께 금융의 중요성이 높아졌다. 그러나 이러한 역할에 대해서는 긍정적 평가도 있지만 그 위험성이 지적된다. 세계 최대 기업집단인 GE의 고가 제품 매입을 저금리 대출로 도와주며 GE 사업과의 시너지 효과를 유발해 왔던 GE 캐피털(GE Capital)은 금융위기 이전에는 GE 순익의 절반이 GE 캐피털에서 나올 정도로 뛰어난 실적을 보였다. 그러나 금융위기가 발생하자 대규모 상업용 부동산을 보유했던 GE 캐피털의 신용이 크게 하락하면서 GE에 큰 타격을 주었다.

세계화가 지속되고 여러 국가에 걸친 기업 활동이 일반화되면서 미국 다국적기업의 비중은 상대적으로 낮아졌다. 미국의 대외직접투자와 미국에 대한 대내직접투자의 추이를 살펴보는 국제적 지위가 지속적으로 저하되었음을 알 수 있다. 세계 전체의 대외직접투자 잔고에서 차지하는 미국의 비중은 미국계 다국적기업들의 활발한 투자로 1980년의 38.5%에서 1990년에는 32.5%, 2000년에는 36.9%로 높은 수준이었는데 이후 하락세가 지속되어 금융위기가 발생했던 2008년에는 19.6%에 그쳤다. 이후 회복세를 나타내 2010년에는 23.6%, 2014년에는 25.7%로 다소 회복되었지만 과거에 비해서는 비중이 낮아졌다.

다국적기업은 국가의 경제성장보다는 기업 이익을 추구하면서 국내 산업과 지역 경제를 위축시키고 공해 등 자연환경 파괴를 초래하기도 한다. 해외 아웃소싱 등으로 미국 다국적기업의 해외 진출에 따라 일자리가 사라지고 실업이 증가되었다. 국내 고용의 감소가 미국 경제, 특히 제조업의 침체를 초래했고 세계화에 대한 반대 정서를 자극하면서 미국의 다국적기업의 해외투자에 대한 비판이 높아졌다. 2008년에 GE가 가전 및 전구 부문 매각이 어려워지자 온수기 생산기지를 국내로 이전시키기로 결정했고 이어서 2010년에는 냉장고 생산기지도 이전시키기로 하는 등 신흥공업국의 인건비 상승, 수송비, 환율, 기술 및 품질 관리 등의 문제로 외국 진출 기업이 국내로 회귀하는 해외투자 미국 기업의 본국 귀환(리쇼어링, reshoring) 사례가 늘어났다. 중국, 멕시코, 인도 등 신흥공업국의 인건비가 빠르게 상승하여 저임금의 장점이 감소했으며 셰일가스 생산 증가로 미국 국내 에너지 가격이 큰 폭으로 하락하면서 제조비용이 하락했고 오바마 정부의 제조업 활성화를 위한 리쇼어링 장려 정책도 이러한 추세를 강화했다. 오바마 정부는 금융위기 이후 심각해진 경기침체를 극복하기 위한 방안으로 제조업 부문 고용 증대를 위해 법인세 인하와 노동자 교육 등 정책적 지원을 통해서 외국 진출 기업의 국내 회귀를 장려했다. 미국에서 노동집약적인 저기술 일자리가 늘어나기 어렵기 때문에 이러한 정책이 고용을 크게 증가시키지는 못하겠지만 기술개발 지원이나 직원연수 프로그램 강화, 금융 지원 등은 상당한 효과를 가져왔다.

참고

▶ ▶ ▶ **오프쇼어링과 리쇼어링**

세계시장의 통합과 운송기술의 발달에 따라 생산공정의 다국적화가 진행되었다. 오프쇼어링(offshoring)은 아웃소싱의 한 형태로 업무의 일부를 외국 기업에 위탁하는 것을 말하는데, 글로벌 아웃소싱(global outsourcing)으로도 불린다. 저렴한 임금과 판매시장을 추구하는 오프쇼어링의 비중이 높아지면서 국내 고용과 생산

(계속)

이 둔화되고 기업의 핵심역량이 약해져서 미국 제조업에 큰 타격을 주었기 때문에 노동조합을 비롯하여 미국 국내에서 비판이 높아졌다. 2000년대에 오프쇼어링이 활발하게 진행되었는데, 미국은 2010년에는 전 세계 제조업 생산에서 19.4%를 차지하여 100년 이상 유지했던 세계 최대 제조업국의 자리를 19.8%를 차지한 중국에 넘겨주었다.

중국을 비롯한 신흥공업국들의 임금과 비임금 비용이 빠르게 상승하면서 2010년대 들어서 해외 위탁에 따른 이익이 감소했고 미국의 안정적인 생산성과 임금이 상대적으로 유리하게 작용하면서 리쇼어링(reshoring)이 증가하였다. 리쇼어링은 외국에 진출했던 국내 기업들이 본국으로 회귀하는 현상을 말하는데, 백쇼어링(backshoring)이라고도 한다. 오바마 대통령이나 트럼프 대통령은 국내 일자리를 보존하고 제조업을 부활시키기 위해 리쇼어링을 위한 지원을 적극적으로 강화했다. 그러나 제조업 경쟁력이 향상되기 위해서는 생산성 증가를 통해 노동자의 추가 고용보다 첨단기술의 활용이 더 높아지거나 숙련노동자에 대한 수요는 늘겠지만 비숙련노동자에 대한 수요는 오히려 감소하는 경우가 대부분이다. 예를 들어 트럼프 대통령 당선자의 리쇼어링 공약을 상징적으로 성사시킨 냉난방기업 캐리어(Carrier) 인디애나 공장의 멕시코 이전 철회로 800개의 일자리를 지키는 데 10년간 700만 달러의 세금 혜택을 지원하기로 했지만, 그 대가로 계획된 160억 달러의 투자는 대부분 자동화에 투자될 것으로 전망되었다.

블린더(Alan Blinder) 교수는 자유무역 옹호론자이지만 오프쇼어링에 대해서는 단순하게 자유무역의 논리가 받아들여지기는 어렵다고 밝혔다. 그 이유는 현재 진행되고 있는 정보기술의 진보는 앞으로 오랫동안 폭넓게 진행될 것이고, 미국에서 3,000만~4,000만 개에 달하는 일자리가 대규모로 해외로 이전될 수 있는 직종이며, 사회안전망이 제대로 갖춰지지 못한 미국에서 일자리를 잃은 노동자의 고통이 심각할 것이기 때문이라고 했다. 그러나 보호무역이나 사양산업 지원이 대안이 될 수는 없고, 경제역량의 최상위에 있는 기술, 혁신, 기업가정신, 대응력을 강화해야 하고, 전자 서비스 일자리는 해외로 이전될 수 있지만 개인 서비스 일자리는 이전되지 않는다는 점을 강조했다.

(5) 세계 속의 미국 다국적기업

미국의 해외투자 기업 중 미국이 다수 주식을 보유한 기업의 고용자 수는 1999년에는 총 3,340만 명 중에 국내 2,399만 명, 해외 941만 명으로 국내고용 비중이 71.8%를 차지했고 2009년에는 총 3,596만 명 중에 국내 2,293만 명, 해외 1,303만 명으로 국내고용 비중은 63.8%를 점했는데, 2013년에는 총 3,759만 명 중에 국내 2,333만 명, 해외 1,426만 명으로 국내고용이 총고용에서 차지하는 비중이 62.1%로 하락했다.

세계의 다국적기업 중에서 미국의 다국적기업이 차지하는 비중도 감소하는 추세를 보였는데, 세계 100대 비금융 다국적기업의 매출액 순위를 보면, 1985년에는 세계 매출액 순위 20위 안에 미국의 다국적기업 12개가 포함되었지만 2001년에는 10개로 줄어들었고, 2015년에는 7개로 감소했다(표 5-1 참조).

매출액 순위로 보면, 2015년에 월마트는 매출액이 4,821억 달러로 1위를 차지했고, 엑슨 모빌은 3위, 애플이 6위, 1985년에 세계 매출액 1위를 차지했던 제너럴 모터스는 2009년 파산보호 신청 후 구조조정을 거쳤는데 매출액 12위를 차지했으며, 포드 자동차는 13위, 쉐브론은 15위, 제너럴 일렉트릭은 해외자산에서는 미국 기업 중 가장 높은 세계 3위를 차지했지만 매출액에서는 19위를 차지했다.

2015년에 20대 다국적기업에 포함된 7개 미국 다국적기업의 총매출액 중 해외매출액의 비중은 애플이 65.0%로 가장 높았고, 엑슨 모빌이 64.5%로 그 뒤를 이었으며, 제너럴 일렉트릭이 54.6%, 포드 자동차 37.7%, 쉐브론 37.2%, 제너럴 모터스 31.5%, 월마트 25.9%의 순이었다. 미국 다국적기업의 총고용 중 해외고용자의 비중은 제너럴 일렉트릭이 62.5%로 가장 높았고, 엑슨 모빌이 그 뒤를 이어 60.2%를 차지했으며, 애플이 59.6%, 제너럴 모터스 55.2%, 쉐브론 51.9%, 포드 자동차 48.2%, 월마트 34.8%의 순이었다.

세계 경제가 저성장 국면에 접어들면서 2007년 이후 해외직접투자가 상당히 둔화되었다. 최근에는 미국의 다국적기업들이 미국 국내보다 외국에 대한 사업 비중을 확대하고 있다. 이는 금융위기 이후 회복세를 보이고 있는 중국, 인도 등의 신흥공업국들이 미래 성장거점으로 부각됨에 따라 시장 진출이 확대된 것이다. 2010년 미국 다국적기업의 전체 고용은 3,400만 명으로 전년 대비 0.5% 증가했는데, 국내에

표 5-1 세계 100대 비금융 다국적기업 중 순위(2015년)

순위		다국적기업	본국	업종	자산(10억 달러)		매출액(10억 달러)		고용(명)	
매출	해외자산				해외	총액	해외	총액	해외	총인원
1	53	월마트 스토어스	미국	소매	58.4	199.6	124.6	482.1	800,000	2,300,000
2	1	로열 더치셸	영국	광업, 석유	288.3	340.2	169.7	265.0	68,000	93,000
3	6	엑슨 모빌	미국	석유정제	193.5	336.8	167.3	259.5	44,311	73,500
4	2	도요타 자동차	일본	자동차	273.3	422.2	165.2	236.8	148,941	348,877
5	8	폭스바겐	독일	자동차	181.8	416.6	189.8	236.7	334,076	610,076
6	10	애플 컴퓨터	미국	컴퓨터장비	143.7	290.5	152.0	233.7	65,585	110,000
7	5	BP	영국	석유정제	216.7	261.8	145.6	222.9	46,700	79,800
8	47	삼성전자	한국	전자통신장비	62.3	205.9	158.8	177.1	219,822	319,208
9	18	글렌코어 엑스트라타	스위스	광업, 석유	114.9	128.5	115.6	170.5	135,656	181,350
10	15	다임러 AG	독일	자동차	123.9	236.9	141.5	165.9	113,606	284,015
12	57	제너럴 모터스	미국	자동차	52.5	194.5	48.0	152.4	118,700	215,000
13	40	포드 자동차	미국	자동차	68.4	224.9	56.4	149.6	96,000	199,000
15	7	셰브론	미국	석유정제	191.9	266.1	48.2	129.6	31,900	61,500
17	31	피아트 크라이슬러	영국	자동차	90.3	114.6	114.8	122.7	146,364	238,162
19	3	제너럴 일렉트릭	미국	산업장비	257.7	492.7	64.1	117.4	208,000	333,000

서는 고용 증가가 0.1%에 그쳤고 외국에서는 1.5% 늘어났다. 1999~2010년간의 10년 동안 미국 다국적기업의 국내고용은 100만 명 감소했지만 외국 고용은 310만 명이 증가했다.

세계 전체의 대내직접투자 잔고에서 차지하는 미국의 비중은 1980년에는 11.2%에 지나지 않았지만 플라자 합의 이후 일본, 유럽 등의 미국에 대한 투자가 증가했던 1990년에는 24.6%, 단일통화 출범 과정에서 시장 통합을 이룬 유럽 기업들의 미국에 대한 투자가 증가했던 2000년에는 38.6%를 차지했다. 이후 하락세를 보여 금융위기가 일어났던 2008년에는 16.7%를 기록하고 나서 2010년에는 17.5%, 2014년에는 22.0%로 다소 회복했다.

외국 다국적기업의 미국에 대한 투자는 고용과 부가가치에서 중요한 위치를 차지했다. 미국에 대한 외국계 다수 주식 보유 기업의 고용자 수는 1997년에 437만 명으로 민간부문 고용의 4.1%를 차지했는데, 2002년에는 557만 명으로 4.9%를 차지했으며, 2009년에는 529만 명으로 4.7%, 2013년에는 610만 명으로 5.2%를 차지했고, 2007~2012년간 증가율은 1.1%였다. 부가가치는 2009년 5,925억 달러로 민간부문 부가가치의 5.7%, 2013년에 8,356억 달러로 6.4%를 차지했는데 2007~2012년간 증가율은 3.1%였다.

2010~2012년 평균 대미 투자국별로는 영국이 17.1%를 차지하여 가장 많았고 스위스가 10.6%, 룩셈부르크 9.7%, 일본 9.3%, 네덜란드 8.4%, 캐나다 7.6%, 독일 6.4%, 프랑스 5.8%의 순이었고 중국은 0.5%에 그쳤다. 산업별로는 제조업이 45%를 차지했고 도매업이 11%, 광업이 11%, 은행 등 금융업이 14%를 차지했다. 제조업 중에는 제약산업이 23.6%, 석유ㆍ석탄산업 16.5%, 전자ㆍ부품산업 9.6% 순이었다.

다국적기업 활동의 증가에 따라 전통적인 독립적인 기업 간 무역(arm's length trade)이 아닌 다국적기업의 기업내무역(intra-firm trade)은 시장원리보다는 개별 기업의 투자 결정과 국제분업전략과 같은 조직 내 원리가 작용한다. 2013년의 미국 다국적기업의 무역을 살펴보면 총수출 7,493억 달러 중 다수 지분 보유 해외자회사에 대한 수출은 2,768억 달러로 36.9%를 차지했는데, 1970년의 46.3%나 1995년의 47.5%에 비해 낮아졌다. 총수입 9,129억 달러 중 다수 지분 보유 해외자회사로부터의 수입은 3,386억 달러로 37.1%를 차지했는데, 1970년의 55.3%나 1995년의 48.7%에 비해

▶ ▶ ▶ 코포크러시와 회전문 인사

정책연구소(Institute for Policy Studies)에 따르면 2000년 세계 100대 경제 중에 국가는 49개가 속해 있고 기업이 51개가 속해 있으며, 세계 200대 기업의 전체 매출액을 합치면 GDP 규모 상위 10대 부국을 뺀 나머지 전 세계 국가의 GDP를 합친 금액보다 많았다. 한겨레 21에 따르면 2006년에 GDP 대비 매출액으로 산출한 세계 200대 경제 중에 국가는 61개가 속했고 기업은 139개가 속했다. 입소스 리이드(Ipsos Reid)의 '거대기업의 영향력과 정부와의 관계'에 대한 설문조사에 따르면, 응답자 4명 가운데 3명이 거대기업이 자국 정부의 정책 결정 과정에서 지나친 영향력을 행사한다고 답했다.

기업이 정부를 압도하는 현상에 대해 기업(corporate)과 관료주의(bureaucracy)를 결합하여 '코포크러시(corpocracy)'라고 표현한 더버(Charles Derber) 교수는 공직과 기업 간의 회전문 인사를 통해 선출되지 않은 권력인 기업이 우리 삶을 결정한다고 지적했다. 예를 들면, 부시 대통령은 정유업체와 프로야구단을 운영했고, 체니 부통령은 다국적 에너지업체이자 군사기업인 핼리버턴(Halliburton)의 회장으로 일했고, 라이스 국무장관은 다국적 정유업체 쉐브론과 투자업체 찰스슈왑(Charles Schwab) 등에서, 조핸스 농무장관은 농산물 가공업체 아처 대니얼스 미들랜드(ADM)와 다국적 식품업체 크래프트(Kraft) 등에서, 구티에레즈 상무장관은 다국적 식품업체 켈로그(Kellogg's)에서, 게이츠 국방장관은 투자회사 피델리티(Fidelity) 등에서 일했었다. 또 부동산 개발업자 출신인 트럼프 대통령이 지명한 후보에서도 틸러슨(Rex Tillerson) 국무장관은 엑슨 모빌에서 일했고, 므누신(Steven Mnuchin) 재무부장관, 콘(Gary Cohn) 국가경제위원회 위원장, 배넌 백악관 수석전략가 등 3명은 골드만 삭스에서 일했으며, 로스 상무부 장관은 사모펀드에서, 디보스 교육부 장관은 투자그룹에서, 퍼즈더 노동부 장관은 CKE레스토랑에서 근무했다.

하락했다. 미국 다국적기업들의 해외생산이 크게 증가하고 해외자회사로부터의 수입이 빠르게 늘면서 미국의 기업 내 무역 무역수지는 1980년 24억 달러 흑자, 1995년 216억 달러 흑자, 2013년에는 618억 달러 적자를 기록했다.

세계화와 정보통신혁명이 진행되면서 국가 경제 규모를 초월할 정도로 거대해진 기업에 의해 생산과 시장이 지배되고 국가 정책 결정이 영향을 받는 시대가 전개되면서 다국적기업을 지원하고 보호하는 역할을 국가가 수행하는 상황의 전개에 대한 우려도 증대되고 있다.

9. 미국 기업의 인수·합병

(1) 기업의 인수·합병

기업의 인수·합병(mergers and acquisitions, M&A)이란 기업이 급변하는 환경에 적응하기 위한 경영전략의 하나로 대상 기업들이 합쳐져서 단일회사가 되는 합병과 경영권 획득을 목적으로 주식을 취득하는 인수를 합친 개념이다. 인수·합병의 긍정적 측면은 규모의 경제 실현과 자원 이용과 유통의 효율화, 기술의 결합과 같은 경쟁력 강화 측면과, 시장 조기진입과 마찰 회피 측면, 그리고 실질가치보다 저평가된 주식 인수를 통한 투자비용 절감과 위험 회피 등이 있다. 부정적인 측면으로는 인수기업과 피인수기업 간 문화적 차이나 인간관계나 해고 이직에 따른 노동자에 대한 영향과 인수·합병 자금 부담으로 연구개발이나 설비투자가 소홀해질 수 있고 차입금 증가는 재무구조에 부담을 가져온다는 것 등을 들 수 있다.

인수·합병이 큰 붐을 이루는 경우에는 한편에서는 강자가 생겨서 시장구조가 크게 변화하지만 다른 한편에서는 해당 산업 부문의 기존 세력에 대해 새로운 세력이 도전하는 기회가 되면서 산업의 변동을 가속화하게 된다. 따라서 인수·합병붐(M&A boom)은 미국 자본주의의 생동성을 나타낸다고 볼 수 있다. 미국의 대표적인 대기업인 마이크로소프트, 구글, 아마존 등도 활발한 기업 인수·합병을 통해 독자적 생태계를 형성하거나 폭넓은 시장으로 영역을 확대했다. 그러나 초대형 기업들의 거듭되는 인수·합병은 새로운 기업의 탄생을 방해할 수 있고 소비자의 권리를 침해할 수 있다.

M&A는 미국이나 유럽에서는 1960년대 이래 신문 광고 등에 의해 일정 기간 동안 일정한 조건으로 인수대상기업의 주주로부터 주식을 매입 모집하는 주식의 공개매입(takeover bid, TOB)방법으로 이루어지는 경우가 많다. 공개매입방법에서는 인수

되는 기업의 경영자와 합의가 이루어지는 우호적인 경우와 상대 기업의 경영자의 반대에도 강행하는 적대적인 경우가 있다. 적대적인 인수에 대해 피인수기업의 경영자는 자사 주식을 매입함으로써 응전하고 경영진이 외부자금의 도움을 빌려 자사주를 인수하여 소유자-경영자가 되기도 한다. 후자의 경우는 경영자인수(management buyout, MBO)라고 불린다. 적대적 인수에 대한 방어수단으로 고액 퇴직수당지불보증고용계약(golden parachute)이나 기업을 인수하고자 하는 측이 일정한 주식을 취득하는 경우 기존의 주주가 상당히 낮은 가격으로 주식을 추가로 취득할 수 있는 독약조항(poison pill) 등을 통해 인수비용을 높이는 방법 등을 사용하거나, 구글과 같이 기존의 보통주를 주식에 따라 차등의결권을 가지는 종류주식의 지배구조를 도입할 수 있는데 한 주로 절대적 거부권을 행사할 수 있는 황금주(golden share)도 발행할 수 있는 차등의결권주식(dual class stock)을 활용하기도 한다.

투자은행 등 미국의 인수·합병 중개기관들이 발달된 경영평가기법을 이용하여 각종 인수·합병에 관한 서비스를 제공하고 있기 때문에 기업들은 이러한 기관을 통해 자사의 성장전략에 맞는 기업을 인수하거나 자사의 수익성이 낮은 부문 등을 매각하기가 쉽다. 인수·합병 중개기관들은 인수대상회사의 선정과 분석, 인수가격의 교섭, 계약 체결 등 기업 인수에 관한 종합적인 서비스를 제공할 뿐만 아니라 기업 인수가 완료된 뒤에도 피인수기업의 경영 정상화를 위한 사후관리 업무를 담당한다.

(2) 미국 기업의 인수·합병의 역사

미국에서는 인수·합병이 일상화되어 있지만 1893년 이래 7차례의 큰 변화를 거치면서 확대되어 왔다. 인수·합병 활성기는 기업의 확장 동기를 유발하는 경제성장, 기업 결합을 저해하는 규제완화, 기존 산업이나 새로운 산업의 기술적 진보와 같은 경제적·규제적·기술적 요인의 결합에 의해서 일어난다. 인수·합병 파동은 기업 경영자들이 새로운 성장 기회를 포착할 때 유발되는데, 처음에는 유상증자(seasoned equity offering, SEO)로부터 시작해서 기업 공개(initial public offering, IPO)가 활발해지고, 주식을 통한 인수·합병이 급증하고, 성장 기회가 쇠퇴할 때가 되면 재구매 파동이 뒤따른다.

제1차 인수·합병 붐은 1890년대 미국의 경제 불황과 기업 설립에 대한 주정부의 신규 법안 제정, 뉴욕증권거래소의 산업주식 매매 개시에서 시작해서 1893년부터 1904년에 걸쳐 일어났고 1899년에 정점에 달했다. 이 시기는 대륙횡단 철도망의 완성으로 경쟁이 격화되고 지역을 초월한 기업 확장이 가능하게 됨에 따라 주요 산업의 사업을 전국적으로 확대하게 되었고 산업 생산설비의 통합 움직임 속에서 거의 독점적인 대기업이 출현했다. 이 시기에 10억 달러대의 첫 대형 합병은 J.P. 모건이 설립한 US 스틸이 카네기가 설립한 카네기 스틸을 합병한 뒤에도 합병을 계속해서 785개의 철강시설을 인수했다. 철강, 식료품, 석유, 화학, 운송, 금속, 기계, 유연탄 등의 산업을 중심으로 수평적 결합이 전체 인수·합병의 78%를 차지했다. 특히 철강·석유·철도 등 기간산업에서 수평적 합병, 즉 같은 업종의 다른 회사와의 합병이 진행되어 US 스틸, 제너럴 일렉트릭, 듀폰 등의 독점기업이 생겨서 오늘날의 대기업의 기반을 구축했다.

　제2차 인수·합병 활성기는 제1차 세계대전 직후인 1925년부터 미국 경제가 호황을 맞으면서 1920년대의 주식 투자 붐 중에 시작되어 1929년의 뉴욕증권거래소의 주가 대폭락과 뒤이은 대공황으로 끝났다. 제1차 인수·합병 활성기에 제정된 반독점법이 독점기업의 해체와 자산매각을 가져옴에 따라 이 시기 통합은 제1차 때 시장 지배력 강화를 위한 수평적 통합과 달리 범위의 경제를 위한 합병 및 지주회사를 출현시켰다. 경기 활황과 수송·통신수단의 발달로 대량생산체제를 확립할수록 수익이 증대됨에 따라 자동차·금속공업 등에서 일관생산체제를 추진하여 자동차, 가전, 화학 등의 내구소비재산업이 급성장했고 에너지원도 전력과 석유로 대체되어 갔다. 이러한 새로운 산업 분야에서 상호 연관성이 있는 업종으로 진입이 이루어지면서 재화나 서비스의 수요·공급 간의 수직적 합병과 자산 취득에 의한 합병이 성행했다. 예를 들면 많은 기업을 인수한 제너럴 일렉트릭은 1920년대에 제품라인을 항공기 엔진에서 가정용 냉장고까지 확대하기 시작했고, 듀폰도 종래의 화약 생산기업으로부터 다각적인 종합화학공업기업으로 발전했다. 대규모 자본을 가진 소수 투자은행들이 독점기업에 대한 대출을 선호하여 합병 자금을 제공했다. 이 시기에는 제1차 인수·합병 활성기에 비해 과점이 크게 증대되었고 제너럴 모터스, IBM, 유니언 카바이드 등 오늘날까지 번성하는 기업들이 등장했다.

제3차 인수·합병 활성기는 1950년대 후반부터 시작해 1960년대 말에 절정에 달했다. 이 시기의 특징으로서 종래와 같은 수평적 합병과 수직적 합병과는 달리 주요 업종의 시장 성숙화, 경영기술의 혁신, 산업기술의 발달 가속화에 따른 경영다각화를 위해 타 업종 기업을 흡수 합병하는 복합기업(conglomerate)화가 활발하게 이루어졌고 다양한 업종의 기업을 소유함에 따라 불황 등에도 기업 전체의 안정성을 제고했다. 그 결과 제조장비 생산부터 TV, 금융 서비스까지 제공하는 제너럴 일렉트릭과 같은 복합기업들이 탄생했다. 이 시기에 인수·합병이 복합기업의 형태를 취한 것은 1950년의 셀러-케포버법(Celler-Kefauver Act)이 주식 취득뿐만 아니라 자산 취득에 의한 수평적 합병과 수직적 합병을 금지했기 때문에 반독점 규제를 피하고 고수익을 올릴 수 있는 타 업종 분야로의 진출을 꾀하게 되었던 것이다. 조직관리를 원활하게 하는 경영학의 발달도 복합기업의 발달에 영향을 미쳤다.

(3) 1980년대의 제4차 인수·합병 활성기

복합기업화 붐이 끝난 뒤 1970년대에 침체했던 인수·합병 추세가 1981년에 반전되기 시작했고 1984년부터 다시 M&A붐이 일어났고 1989년까지는 전례가 없는 규모로 이루어졌다. 그 배경으로는 국제 경쟁이 격화되면서 1970년대 후반에서 1980년대 초에 걸쳐 종래의 기간산업의 국제경쟁력이 크게 악화되는 한편 정보기술산업과 서비스산업이 발전했는데, 이러한 산업 재편성 과정에서 인수·합병을 통한 사업부문의 재편과 수익성 및 경영 효율성의 개선을 도모했던 점을 들 수 있다. 또 미국 기업의 경쟁력이 약화되자 레이건 행정부가 경쟁력 강화책으로 시장점유율 중심에서 잠재적 경쟁자의 존재 가능성, 해외기업과의 경쟁시장 특성, 효율성 제고 측면 등 다양한 요소를 고려하도록 완화시켰고 수직적 관계에 있는 기업 간 합병에 대한 규제를 철폐하는 등 인수·합병 규제완화정책을 추진했다. 1981년부터 1984년까지 이루어진 인수·합병 거래액의 45% 이상이 규제완화업종에서 발생했다. 또 적대적 인수·합병이 중요한 역할을 했는데, 1980년대에는 적대적 인수·합병이 기업 확장의 수단이자 수익률이 높은 투기적 행위로 받아들여졌으며 기업사냥꾼이 중요한 역할을 했다.

이 시기의 M&A붐의 특징은 먼저 그 규모의 크기에 있었는데, 국내 대기업들이 인수의 목표가 되는 초대형 합병(megamerger)이 이루어졌다. 1989년의 인수전문투자회사인 KKR에 의한 대규모 식품·담배 제조회사 RJR 내비스코(RJR Nabisco)의 인수는 당시로는 사상 최대인 250억 달러의 규모에 달했다.

인수·합병 중에도 기업이 자회사와 자산을 다른 기업에 매각하는 사업분할(divestitures)이 건수와 규모에 있어 큰 위치를 차지했다. 이것은 1960년대의 복합기업적 통합화에 의해 다각화되었던 사업의 업적이 악화된 것을 개선하기 위해서 전략적으로 중요한 부문에 사업을 집중하고 주변 부문을 정리하거나 채산성이 나쁜 부문을 처리했기 때문이었다. 따라서 M&A붐은 단순하게 탈복합기업화가 아니라 복합기업화나 탈복합기업적 사업분할 모두 다각적 통합화 전략에 따른 것이었다.

인수·합병의 업종 구성을 보면 1980년대 초에는 석유사업의 과잉능력의 정리를 위한 석유 관련 인수·합병이 많았다. 레이건 행정부하에서 규제완화가 진행되고 독점금지법이 완화되었기 때문에 규모의 이익과 업무 범위의 확대를 추구하는 인수·합병이 은행·금융업, 증권업, 항공·운수업, 제약의료장비업 등에서 많이 발생했다. 또 국제적 인수·합병이 성행했는데, 외국 기업이 안정적이고 큰 규모의 미국 시장에 진출하려는 동기에 의한 거래가 많고 달러 가치 하락도 상당한 영향을 미쳤다.

다수지분 매입인수(leveraged buyouts, LBO)의 인수방법이 성행하게 되어 대규모 인수·합병에서도 거액의 인수자금을 현금 결제하는 경우가 증가되었다. 1984년 이후 수십억 달러의 초대형 인수·합병의 다수가 LBO 방식에 의한 것이었다. 이 LBO에 관련된 여러 가지 금융기술이 개발된 것도 1980년대의 M&A붐을 가져온 요인의 하나가 되었는데, 이것은 1980년대 미국의 '카지노 사회(casino society)'의 한 요인이 되었다. 내비스코의 경우 인수자금 총 250억 달러 중 자기자금은 20억 달러에 불과했고 은행차입이 138억 달러에 달했는데, 소규모 회사가 대규모 회사를 삼킬 수 있다는 사실을 보여 준다.

LBO의 금융기법을 살펴보면, LBO를 행하기 위해서는 인수를 위한 지주회사로 명목회사(paper company)를 설립하고, 이 회사가 전형적으로 인수자금 총액의 50~60%를 은행차입으로, 20~30%를 정크본드 등의 채권 발행으로, 10~15%를 주식자본으로 조달한다. 인수가 완료된 뒤에 이 명목회사는 피인수기업과 합병하여 새로운 회사가 되면서 비공개회사가 된다. LBO의 특징은 먼저 LBO가 거액의 은행차입과 채권 등의 부채를 수반하기 때문에 자기자본비율이 하락된 결과 신용위험이 급증하고 자기자본이익률은 급상승했다. 또 종래의 차입에 의한 기업인수의 경우에는 외부자금조달능력은 인수 측 기업의 채무부담능력에 달려 있었지만, LBO의 경우에는 아직 인수되지 않은 피인수기업의 자산이나 현금흐름을 담보로 한 차입금이 인수자금으로 사용되기 때문에 자금조달능력은 인수 측 기업의 채무부담능력에 의해 제한되지 않는다. 오히려 자금조달능력은 인수 전략과 그 수익성에 대한 투자자나 외부 후원자의 평가에 달려 있었다.

LBO가 대규모로 행해졌던 배경으로 1980년대에 미국 금융시장에서 LBO 관련 자금의 최대 공급자인 상업은행이 세계적인 자금 흐름의 변화와 금융의 증권화에 의한 은행 이탈 현상을 들 수 있다. 증권화(securitization)는 기업의 자금조달이 은행차입에 의한 직접 조달 대신 증권 발행에 의해 이루어지는 것과 채권이나 자산을 분할하여 증권과 같이 전매·유동화시키는 것을 말한다. 또 오일 머니가 비산유 개발도상국으로 재순환함으로써 많은 이익을 챙겼던 대규모 미국 은행들이 1982년 8월의 멕시코의 채무지불불능으로 시작된 외채위기 이래 개발도상국에 대한 대출을 줄이고 지속적인 경제성장을 보인 미국 국내로 융자선을 전환하려 했다. 그러나 대기업의 자금조달은 증권화에 의해 은행차입보다 채권과 상업어음으로 향했기 때문에 은행은 중소기업과 LBO를 대출 대상으로 삼았다.

LBO에 의한 인수·합병은 부채를 급격하게 증가시키기 때문에 LBO의 주요 자금조달수단인 정크본드는 발행수익률이 높으며 금융기관의 LBO 대출금리도 우대금리를 훨씬 상회하는 고금리가 적용되는 것이 일반적이었다. LBO의 자금조달에 중요한 역할을 했던 정크본드는 원래 무디스(Moody's)나 스탠더드앤드푸어스(Standard & Poor's)에서 각각 Baa3나 BBB- 등급 이하로 평가된 투자부적격채권으로 일반적으로 고위험 고수익의 채권인데, 만약 고위험 무수익으로 되면 글자 그대로 쓰레기(junk)가 된다. 정크본드 발행 중 기업 인수에 사용된 비율이 1979년의 10%에서 1989년에는 76%에 달했다.

LBO 거래를 중개한 투자은행들이 인수·합병 붐을 이끄는 데 중요한 역할을 했다. 특히 투자은행의 연결융자(bridge loan)는 투자은행에 있어서는 일시적으로 인수자금을 인수하는 것으로 고위험이지만 LBO를 용이하게 만들어서 인수·합병의 규모를 확대시켰다. 투자은행은 인수·합병 서비스의 대가로 사실상 위험이 없는 높은 수수료를 받았는데, 내비스코의 경우 투자은행 측이 거의 10억 달러라는 거액의 수수료를 받기도 했다.

(4) 1990년대 이래의 제5차 인수·합병 활성기

미국 경제가 1990~1991년의 경기침체를 벗어나고 제2차 세계대전 이후 최장기 경기 확대에 따라 인수·합병이 증대했고 주식가격도 크게 상승했다. 주식시장을 통한 기업 자금조달이 용이해지고 금리의 하향안정세로 자금조달비용이 감소했으며 경영권의 향방보다는 주가 상승에 관심이 더 높은 연금·투자신탁 등 기관투자자들의 주식 보유 비중이 높아지고 경기 호전에 따라 은행의 수익성이 개선됨에 따른 기업의 자금조달 여력이 증대된 것이 인수·합병을 활성화시키는 요인으로 작용했다. 또 1980년대 복합기업의 비효율성 증대, 전반적인 기업 재무구조 약화 등의 문제점이 대두되면서 기업구조 개편 전략도 인수·합병을 증대시키는 요인으로 작용했다. 미국 기업의 경쟁력이 약화되자 수차례에 걸쳐 합병 지침을 개정해서 인수·합병에 대한 규제를 완화했으며, 1993년 취임한 클린턴 행정부도 금융, 방송·통신, 항공 등 산업 전반에 걸친 규제완화정책을 추진했다.

1990년대 M&A의 특징으로는 먼저 인수·합병이 급증세를 보이면서 규모가 더욱 대형화되고 세계 경제의 글로벌화로 해외에서의 인수·합병이 증대되었다. 기업구조 개편과정에서 주력사업에 대한 집중투자 경향이 높아지면서 기업의 자산, 생산라인, 자회사나 수익성이 낮은 사업부문 등 기업의 일부분을 제3자에게 매각하는 사업 분할 추세가 더욱 증대하여 1990년대 들어 전체 인수·합병 중 평균 40%를 상회했다. 수익성이 있는 사업부문이라고 하더라도 주주의 장기적인 수익 향상 등 경영전략에 필요한 경우 과감하게 매각하는 사례도 나타났다.

부동산 대출의 부실화 등으로 재무구조가 악화된 은행의 대출이 신중해짐에 따라 1980년대와 같은 차입자금에 의한 LBO보다는 장기간에 걸친 주식시장의 성장으로 주식발행 결제방식에 의한 인수·합병이 증가했다. 적대적 인수·합병에 대한 각종 방어수단이 발전됨에 따라 우호적인 인수·합병이 증가했다.

업종별로는 은행·금융업, 통신업, 항공업, 방송업, 의약품업, 에너지산업 등에서 인수·합병이 활발하게 이루어졌다. 은행업은 특히 1994년에 리글-닐법의 제정으로 1997년부터 주간 합병이 가능하게 되는 등 규제완화가 이루어졌고 은행 수익이 개선되면서 인수·합병이 활발해졌다. 통신업은 1996년에 규제가 대폭 완화되었고 또 인터넷 관련 정보통신기술의 발달로 국가 간 경쟁이 격화되었다. 1997년 당시 4위 장거리전화회사였던 월드컴(WorldCom)이 2위였던 MCI를 합병해서 만들었던 MCI 월드컴이 1999년 10월 미국의 2위 장거리전화회사로서 다시 3위의 스프린트(Sprint)를 합병하고자 시도했으나 이에 대한 법무부의 반독점 조사가 이루어지면서 합병에 실패했고 회계 부실이 밝혀지면서 2002년에 당시로서는 미국 역사상 최대 규모의 파산을 기록했다.

2000년 1월에는 AOL(America On Line)과 타임워너(Time Warner)의 1,620억 달러에 달하는 합병이 발표되었는데, 그 규모도 컸지만 방송, 잡지, 케이블방송, 영화, 출판 등 전통적 미디어와 인터넷의 본격적 결합으로 큰 파급효과를 미칠 것으로 전망되었다. 그러나 합병 이후 시너지효과 없이 AOL의 부진과 경영진 갈등 등으로 어려움을 겪다가 2009년 AOL이 분리 독립하면서 합병은 실패로 끝났다.

각국 기업들은 세계 경제의 글로벌화, 기술 발전, 규제완화에 따른 국제 경제력을 확보하기 위해 기업 간 전략적 제휴가 활발해짐에 따라 선진국 기업 간의 국제적 인수·합병이 증가했다. 이전의 M&A붐은 대체로 미국적인 현상이었는데, 5차 M&A 붐은 미국뿐만 아니라 유럽과 아시아에 걸쳐 국제적 거래가 활발해졌다. 1999년의 인수·합병 실적은 사상 최고에 달했는데, 1990년대에는 1980년대와는 달리 미국 기업에 의한 외국 기업의 인수(In-Out형)가 크게 증가했다. 외국 기업에 의한 미국 기업 인수(Out-In형)도 1989년의 이후 감소하다가 1993년부터 증가세로 반전되었다. WTO 체제가 출범했고, 유럽연합이 단일시장을 형성했으며, 다자간 투자협정 (Multilateral Agreement on Investment, MAI)의 타결로 각국 시장 간 진입 규제가 철폐되어 국제적인 인수·합병이 증가했다.

유럽연합에서는 1998년부터 유럽 금융·실물시장의 통합 및 기업 경영의 세계화 진전과 단일통화 출범에 대한 기대효과와 함께 유럽 최대기업이 되기 위한 시도로 영국을 비롯하여 독일과 프랑스 등의 기업도 인수·합병을 적극적으로 추진했다.

(5) 2000년대의 제6차 인수 · 합병 활성기

2001년의 경기침체와 후반에 발생한 9 · 11 테러의 경제적 충격에서 벗어나기 위한 연방준비은행의 저금리정책의 지속에 따른 영향으로 과잉 유동성이 공급되면서 2003년에 제6차 M&A붐이 시작되었고 2006년에 정점에 달했다. 당시 그린스펀 의장이 지나치게 오랜 기간 저금리를 유지시켰고 이러한 저금리는 부동산의 투기적 거품을 촉발하여 주택담보증권과 여타 파생상품에 대한 국제적 투자를 크게 증대시켰다. 또 저금리는 금융비용을 인하했고 경제와 주식시장이 호조를 이루면서 사모펀드 사업이 높은 수익을 거두었다. 세계 경제의 글로벌화와 규제완화 등에 따른 시장 지위 확대 추구, 기업 실적호조에 따른 잉여자금 증가, 초저금리의 지속으로 인한 사모펀드의 운용자금 규모 증가와 이에 따른 주가 상승, 중국의 경제성장 지속과 같은 조건하에서 인수 · 합병 대가로 주식발행보다 현금을 지급하고 공개적으로 진행되는 경우가 많았다. 대표적 사례로는 2005년 P&G의 질레트(Gillette) 인수, BOA의 신용카드회사 MBNA 인수, 2006년 KKR의 텍사스 전력회사 TXU 인수 등을 들 수 있다. 2007년 사모펀드 서버러스(Cerberus)가 독일의 다임러(DaimlerChrysler)로부터 미국의 대표적 자동차회사인 크라이슬러를 인수하여 74억 달러를 투자하여 경영혁신을 시도했지만 크라이슬러는 수요 감소와 자금난 속에 금융위기 이후 2009년 4월에 파산보호 신청을 했다.

제6차 M&A붐은 제5차 붐과 같이 국제적 거래가 많았고 LBO가 중요한 역할을 해서 발표된 거래의 47%를 차지했다. 인수 · 합병시장의 글로벌화, 국경 간 인수 · 합병 급증, 인수 · 합병 매물 증가가 이루어졌다. 1990년대 중반 이후 세계화의 진전에 따라 세계시장 지배력을 높이려는 세계적인 대기업의 글로벌 과점화를 위해 인수 · 합병을 전략적 수단으로 활용하게 되었다. 과점화 전략은 시장지배력과 생산요소 장악력을 증대시킬 수 있다. 선진국 시장에서 먼저 과점화가 진행되었고 2004년 이후에는 신흥국 시장 진출형 인수 · 합병이 철강, 정유, 자동차, 은행, 제약, 컴퓨터, 반도체 등의 부문에서 빠르게 증가했다. 또 중국의 경제력 증가에 따라 중국 기업들의 인수 · 합병이 늘어났다.

인수 · 합병 시장에서 사모펀드의 비중이 크게 높아졌는데, 이는 해외 대형 연기금들이 사모펀드에 대한 투자를 늘렸기 때문이었다. 상장기업의 주식을 증권거래소에서 사들이는 헤지펀드와 달리 사모펀드는 대부분 기업주나 기업 경영진과 협상을 통해 기업을 인수하고 LBO 기법을 많이 사용했다. 영업수익률을 극대화하기 위해서 경영권보다 영향력 행사를 확보하기도 했는데, 중국 레노버(Lenovo)와 합작해서 IBM의 PC 사업을 인수한 텍사스 퍼시픽 그룹(Texas Pacific Group)은 경영권을 레노버에 넘기는 대신 경영진 선임에 상당한 영향력을 행사했다.

2007년에 시작된 서브프라임 위기로 비롯된 금융위기와 이에 따른 세계적 경기침체로 제6차 인수·합병 활성기는 빠르게 종료되었다.

(6) 2010년대의 제7차 인수·합병 활성기

경기침체가 지속되면서 부진하던 인수·합병이 2010년 이후에는 금융위기 이후의 부진에서 벗어나 회복하기 시작했다. 전 세계적으로도 2015년에 발표된 인수·합병 총액이 4.7조 달러에 달해 금융위기 직전의 기록인 2007년의 4.4조 달러를 능가했다. 총액뿐만 아니라 50억 달러를 초과하는 초대형 합병이 증가했고 경쟁적으로 거래가격도 높게 형성되었다. 많은 사람들이 제7차 M&A붐이 진행되고 있는 것으로 보고 있는데, 성장세가 강한 신흥시장으로의 재조직, 비즈니스 업종의 전환이나 다변화, 35%에 달하는 미국의 높은 한계세율을 피하기 위한 해외자회사 현금보유 활용, 미국과 유럽의 가치평가 차이 등을 그 주요 요인으로 들었다.

최근 세계 인수·합병 시장은 새로운 성장동력 찾기, 대형화·국제화, 미국·중국의 부상이란 특징을 보였다. 미국의 M&A 증대의 원인으로는 미국 경제의 경기 회복과 달러 강세하에서 기업 보유 현금이 많고 세계적 저금리로 자금조달이 쉬우며 세계 경제 회복 부진에 따라 매출 증대가 어려우므로 인수·합병을 통해 미래 수익 사업 발굴과 잠재적 성장성 확보로 새로운 성장동력을 찾으려 하고 대기업들이 핵심 사업 위주로 인수·합병을 통해 사업을 집중시키는 경향 등을 지적할 수 있다. 의료서비스, 기술, 소비재, 소매업 등의 산업에서는 비용 절감과 시장점유율 확대를 통한 경쟁력 강화를 위해 인수·합병이 활발하게 진행되었다. 제약, 의료기기, 화학, 에너지 부문에서는 성장둔화에 대응하기 위한 인수·합병이 많이 이루어졌고 인터넷, 전자상거래, 반도체, 자동차, 레저 부문에서는 새로운 산업 환경 변화에 대응하기 위한 인수·합병이 많았다. 국제적 인수·합병은 전체의 약 40%를 차지했고 신흥시장이 전체 시장에서 약 1/3을 차지했다.

 2013년에는 미국 1위 통신사 버라이즌(Verizon Communications)이 영국의 보다폰 (Vodafone)이 가진 버라이즌 와이어리스(Verizon Wireless) 지분 전체를 인수하는 21세기 최대 규모 인수·합병이 이루어졌다. 초대형 합병으로 또 2011년 구글의 모토로라(Motorola) 합병을 비롯하여 2013년의 일본 소프트방크(Softbank)의 스프린트 인수, 미국 케첩 제조사 하인즈(Heinz)의 대형 식품업체 크래프트 인수, 마이크로소프트의 노키아(Nokia) 인수, 2015년에는 듀퐁과 다우 케미컬의 합병 계획 등이 발표되었다. 그러나 독과점을 우려한 규제 당국의 견제로 2011년에는 AT&T의 T모바일 인수 시도나 2014년 컴캐스트(Comcast Corporation)의 타임워너 케이블 인수 시도는 실패로 끝났다. 2016년 중 세계 최대의 인수·합병 규모로 AT&T가 미디어·엔터테인먼트 기업인 타임워너 인수협상을 타결하면서 방송과 통신을 융합하는 거대기업이 탄생하게 되었는데, 시장과 언론에 대한 지나친 지배력에 대한 우려가 제기되었다.

 대형 M&A일수록 투자은행들의 자문 수수료 수입도 함께 늘어나고 인수자금을 조달해 주기도 하는데, 골드만 삭스가 가장 높은 실적을 보였다. 그러나 초대형 인수·합병이었던 하인즈의 크래프트 합병에서는 대형 투자은행의 참여 없이 자체적으로 자문팀을 꾸려 수수료를 절감하려 했다.

 과거의 M&A붐의 지속기간은 짧게는 7년, 길게는 21년에 이른 경우도 있으므로 현재 진행되고 있는 M&A붐의 지속기간을 예측하기는 어렵다. M&A붐의 지속 여부는 금리 인상 움직임, 미국 경제의 성장세에 영향을 미치는 국내외의 충격, 그리고 규제 등의 영향에 달려 있다. 인수·합병이 경영자들의 예상보다 훨씬 복잡한 과정이기 때문에 장기적 수익 제고에 성공하지 못하는 사례가 많다.

(7) 기업 간 제휴와 파트너십

기업 간 인수·합병이 활발하게 이루어졌지만 경영권 분할과 수익 창출 등의 긍정적 효과가 하락하면서 전략적 제휴(strategic alliance), 합작투자, 파트너십(partnership)이 새로운 비즈니스 모델로 많이 활용되었다. 전략적 제휴는 둘 이상의 기업이 각기 독립적인 조직을 유지하면서 일정한 목표를 추구하기 위한 합의라고 정의된다. 연애에 비유되는 제휴는 결혼에 비유되는 합병에 따른 번잡함이 거의 없고 파급효과는 합병에 못지않다. 드러커(Peter Drucker)는 기업들이 제휴와 파트너십의 형태로 '세계적인 구조조정'을 단행하고 있는 것이라고 설명했다.

제휴가 M&A보다 좋은 이유로는 신축성과 비공식성이 효율성을 높으며 새로운 시장과 기술 습득이 용이하고 복잡한 서류 절차 없이 실익을 극대화할 수 있고 협력사와 상호보완, 위험과 비용분담 효과도 크고, 경쟁업체들끼리도 협력관계가 가능하며, 반독점법도 연구개발 협력에 매우 긍정적이라는 점 등을 들 수 있다. 합병에 비하여 느슨한 결합이기 때문에 부작용이 적지 않고 그 성과를 판단하기 쉽지 않음에도 불구하고 제휴가 인기를 끌고 있다. 그러나 상호관계가 깊어질수록 이해 갈등의 가능성도 높아지기 때문에 서로 이익을 나누기보다 서로 손해를 보게 되는 경우도 많다. 세계화의 가속화에 따라 시장개척에 사활을 건 다국적기업에 정보 습득과 아웃소싱을 위해 제휴가 필요하며, 기업들이 인터넷시대에 경쟁력을 높이기 위해서라기보다는 살아남기 위한 고육지책으로 선호되기도 한다. 대표적인 성공 사례로는 인텔과 마이크로소프트가 협력했던 '윈텔(Wintel)'이나, 항공사들이 항공 동맹으로 환승, 항공 마일리지 통합, 라운지 협력 등에 관한 전략적 제휴인 스타 얼라이언스(Star Alliance)와 스카이팀(Sky Team)을 들 수 있다.

글로벌 기업들 간에 빠르게 변화하는 세계시장에 대응하기 위해서 경쟁업체와의 제휴를 형성하는 소위 '적과의 동침'도 많이 이루어지고 중국 등과 같은 새로운 시장 개척을 위해서 인수보다 현지업체와 제휴를 추진하기도 한다. GE는 해외시장 급성장에 따라 현지의 법과 제도와 경제적 문제를 해결하기 위해 인수를 중심으로 하던 전략을 변경해 중국을 비롯하여 세계 곳곳에서 합작사를 설립했다. 반면 한때 마이크로소프트에 대항하기 위해 제휴했던 애플과 구글은 각기 독자적인 운영체제를 중심으로 경쟁을 강화했다.

제 **6** 장

미국의 금융제도 개혁

1. 금융제도의 미국적 특징

미국의 금융제도는 미국 정치·경제의 역사적 변화를 반영하고 있다. 은행에 대한 규제 권한을 주의 권한으로 보는 반연방주의자와 연방의 권한으로 보는 연방주의자 사이에 대립이 발생했는데, 다른 나라에서 찾아볼 수 없는 독특한 이원적 제도를 통해 예금금융기관에 대한 면허와 감독의 권한을 주정부와 연방정부가 별도로 보유하고 있다. 연방준비제도는 미국의 독특한 중앙은행제도인데 1907년 금융공황 이후 1913년에 제정된 연방준비법에 의해 설립되었고 대공황이 발생하자 1935년 은행법에 의해 권한이 강화되었다.

미국 금융 시스템의 특징은 첫째, 주식과 채권의 발행을 통해 금융시장에서 자금을 조달하는 직접금융의 비중이 매우 높고 상업은행 등의 금융중개기관으로부터의 대출 비율이 낮다. 둘째, 미국 금융시장에서는 다양한 금융혁신이 이루어졌다. 금지사항으로 명시되지 않으면 원칙적으로 자유롭게 허용되고, 판례법에 따라 현실에서 먼저 실시되고 이에 대응해서 규제당국이 법적인 조치를 할 수 있다. 셋째, 건국 당시 연방정부는 달러의 주조와 관리를 담당하고 금융에 관한 권한은 주정부에 부여된 연방제의 영향을 들 수 있다. 보험업은 주정부가 규제감독을 담당한다. 은행업도 연방면허의 국법은행과 주면허의 주법은행이 병존하고 각각 연방정부 재무부 통화

감독국과 주정부 은행국이 면허를 교부한다. 연방예금보험공사(FDIC)가 가맹은행의 감독에 참여하고 연방준비은행(FRB)이 은행지주회사의 규제감독에 참가한다. 증권업은 대공황 이후 연방정부가 담당하는데 증권거래위원회(SEC)가 설치되어 투자자 보호를 위해 정보거래 촉진과 위법거래 조사가 이루어진다. 금융시장이 내재하고 있는 불안정성과 위험에 대한 정부 규제가 적지 않은데, 투자자에게 투명하게 이용가능한 정보를 확산시키고 금융중개기관의 건전성을 확보하는 데 초점을 맞추고 있다. 넷째, 미국의 금융기관의 숫자는 매우 많은데 연방제와 지역·업무 등에 관한 규제의 영향도 받았다. 금융 규제완화에 따라 금융기관의 합병이 활발하게 진행되었는데, 은행업에서는 다른 업종에 비해 치열한 경쟁 속에 많은 합병이 이루어졌고 상위 은행들의 과점도가 높아졌지만 많은 중소형 은행도 함께 병존하고 있다.

2. 금융기관의 종류

보통 은행·보험·연금·증권 등의 업종으로 금융기관을 분류하지만 다양한 금융기관들이 존재하고 있다. 금융기관의 역할은 자금의 대출자로부터 자금의 차입자에게로 자금의 흐름을 중개하는 데 있다. 이러한 금융기관은 예금취급기관과 비은행금융중개기관으로 대별할 수 있다.

예금취급기관(depository institution) 중에 가장 큰 비중을 차지하는 상업은행(commer-cial bank)은 은행지주회사의 완전소유 자회사인 경우가 많다. 상업은행의 주된 자산 운용은 상공업 대출, 부동산 대출, 소비자 여신, 모기지 대출, 국공채 매입이다. 주된 자금조달원은 요구불예금(수표발행이 가능한 당좌예금과 수표발행 불가능한 저축예금)과 정기예금인데, 금융혁신과정에서 이자가 붙지 않는 요구불예금이 총부채에서 차지하는 비중이 크게 하락했다. 미국의 상업은행은 다른 나라에 비해 소형 은행의 숫자가 많고 상대적으로 대형 은행의 산업 지배력은 약하며 다수의 대형 은행 간의 경쟁이 활발하게 이루어지고 있다.

예금금융기관 중 상업은행 이외의 금융기관을 저축금융기관(savings institutions)이라고 부른다. 저축대출조합(Savings & Loan Association, S&L)은 다수의 회원으로부터 저축성 예금을 받아 주택건설을 위해 대출하는 주택금융 전문기관이다. 1980년에 주식회사로의 전환이 허용되면서 상부상조식의 대출조합에서 회사형으로 전환하는 경우가 많았다. 금융자유화 과정에서 주택대출조합의 주된 자금운용처이던 부동산담보대출의 비중은 1970년의 86%에서 1989년에는 61%로 하락했고, 증권투자의 비중은 같은 기간에 8%에서 22%로 상승했다. 1980년대 말에 경영부진으로 위기를 맞아 약 1/3이 파산하거나 상업은행에 인수되었다. 상호저축은행(mutual savings banks)은 민간의 저축성예금으로 자금을 조달해 주택저당대출이나 상업건축대출, 채권 및 주식 등으로 운용하는 지역성이 강한 금융기관으로 안정성이 높은 채권투자로 운용된다. 신용조합(credit union)은 조합원 등 특정한 집단으로 조직된 소규모 조합형 대출

참고

▶ ▶ ▶ **상업은행과 투자은행**

상업은행(commercial bank)은 개인이나 기업 등의 고객들로부터 예금을 받아 단기 대출을 통해서 이익을 얻는 금융기관인데, 시중은행이라고도 불린다. 투자은행(investment bank)은 고객의 예금이나 대출로 이익을 추구하지 않고 주식이나 채권발행을 통한 기업의 장기 자금 조달, 기업의 인수·합병 등 구조조정을 주관하거나 자문하면서 수수료 수입을 얻고 파생금융상품이나 부동산 등의 판매와 투자를 통해서 이익을 얻는 금융기관이다. 상업은행은 강한 규제를 받고 저위험 저수익을 추구하지만 투자은행은 규제를 크게 받지 않고 고위험 고수익을 추구한다. 대표적인 상업은행으로 뱅크오브아메리카, 씨티그룹, JP모건 체이스, 웰스 파고 등이 있다.

투자은행은 금융시장과 금융상품을 창출하고 기업에 대한 다양한 금융서비스를 제공하며 자본시장을 통한 금융 중개를 담당하면서 금융자본주의의 추진 주체로 간주되었다. 그러나 과도한 차입을 통한 고수익 추구가 위기를 가져오게 되었다. 2008년에 세계 4위의 대형 투자은행이던 리먼 브라더스의 파산으로 세계적인 금융위기가 발발하는 기폭제 역할을 했다. 당시 세계 5위 안에 속했던 투자은행들이 모두 서브프라임 모기지를 기초자산으로 한 파생금융상품에 투자했다가 막대한 손실을 보았는데, 1위와 2위를 차지했던 골드만 삭스와 모건 스탠리(Morgan Stanley)는 은행지주회사로 전환했고 3위와 5위를 차지했던 메릴린치(Merrill Lynch)와 베어스턴스(Bear Stearns)는 상업은행에 인수되면서 대형 투자은행 시대가 막을 내렸다.

기관으로 주로 소비자 대출을 한다.

비은행 금융중개기관으로서 계약형 저축기관과 투자중개기관이 있는데, 가장 큰 기관은 과거에는 생명보험회사와 손해보험회사 등의 보험회사였지만 최근에는 기업 연금기금(private pension fund)으로 퇴직 후 연금을 지불받기 위해 고용주와 비고용자가 기금에 불입하는 부금으로 운용한다. 이러한 운용은 생명보험회사와의 계약에 의해 이루어지기도 하고 은행 신탁부, 연금기금 관리자에 신탁하여 운용되는 경우도 있는데, 연금기금의 자산이 주식에 다수 투자됨에 따라 강력한 기관투자자가 되었다. 이러한 생명보험회사, 손해보험회사, 연기금과 정부은퇴기금은 계약에 따라 자금을 획득하는 계약형 저축기관(contractual savings institution)이라 부른다.

투자중개기관(investment intermediary)에는 뮤추얼펀드, 파이낸스회사, 단기금융시장투자신탁이 포함된다. 연금기금과 함께 자산관리업의 하나인 뮤추얼펀드(mutual funds)는 투자회사가 자기들의 증권을 투자자에게 판매하여 다수의 소액 투자자들로부터 자금을 조달하고 그것을 다양한 증권에 투자한다. 뮤추얼펀드의 투자대상 자산은 주식, 채권은 물론 단기금융자산, 파생증권 등을 포함하며 순자산총액의 10% 범위 내에서 부동산 등에 대한 투자도 할 수 있다. 투자회사에 따라 구성증권의 종류, 위험도, 만기 등이 매우 다양하다. 특히 단기금융시장투자신탁(money market mutual funds, MMF)은 뮤추얼펀드의 특징을 가지면서 예금 형태의 계정을 제공한다. 단기국공채(TB 등), 양도성 정기예금증서(Negotiable Certificate of Deposit, CD), 상업어음(CP) 등 화폐시장의 최우량등급인 단기금융자산을 편입대상으로 하면서 여타 예금계정이나 투자계정과의 이체도 가능하여 예금취급기관의 기능도 있다. MMF는 예금보험의 대상이 아니지만 금리상한 규제나 지불준비 규제가 없으므로 투자자는 높은 수익을 얻고 수표도 사용할 수 있으며 예탁증권을 담보로 하여 추가자금을 빌릴 수 있다. 유망한 주식과 채권을 재량적으로 선택하는 적극운용기금과 달리 분산투자로 시장평균지수의 변동을 따르는 지수운용기금도 운용되고 있다. 다양한 영업형태가 있는데, 피델리티나 뱅가드(Vangard)와 같이 전화를 통해 고객에게 직접 판매하는 회사도 있고 캐피털 리서치(Capital Research)와 같이 증권회사와 은행 등을 통해 간접적으로 판매하는 회사도 있으며 찰스 슈왑과 같이 다른 운용회사의 투자신탁을 함께 판매하는 회사도 있다.

헤지펀드(hedge fund)는 거액 고객만 대상으로 하고 운용기법과 내용을 공개하지 않는다는 점에서 일반적인 투자신탁과 다르다. 파이낸스회사는 20세기 초 신용이 낮은 고객을 대상으로 주로 매출채권금융을 제공하기 위해 설립되었지만 1980년대부터 경쟁이 치열해지면서 소비자금융과 기업금융 등 다양한 업무를 취급하고 있다. 은행과 달리 예금을 받지 않고 주로 채권발행에 의해 자금을 조달한다. 전자제품 신용판매회사인 GE 캐피털(GE Capital)과 자동차 신용판매회사인 포드 모터 크레딧(Ford Motor Credit Company) 등이 대표적이었다.

이 밖에 출자와 관련된 금융기관으로 투자은행과 벤처캐피털을 들 수 있다. 투자은행은 기업의 주식과 채권의 발행에 관련된 업무, 인수 · 합병에 관련된 업무 등을 주로 하는 금융기관이다. 벤처캐피털은 신흥 첨단기술 기업인 벤처기업에 대한 출자에 특화된 회사로서 벤처기업의 장래성을 전문가를 통해 심사하고, 유망하다고 판단되면 출자하고 사업이 성공하게 되면 주가 상승에 의해 큰 자본이익을 얻게 된다.

또 공적 금융기관이 존재하는데, 대표적으로 주택금융관련기관들로 패니메이(Fannie Mae)와 프레디맥(Freddie Mac)을 들 수 있다. 전형적으로 민간금융기관이 발

참고

▶ ▶ ▶ 헤지펀드, 사모펀드, 뮤추얼펀드

뮤추얼펀드는 일반 공모펀드로 개인이나 법인 등 다수의 투자자들을 대상으로 공개적으로 자금을 조달하며 차입할 수 없으며, 사모펀드(private equity fund)는 기관이나 거액 자산가 등 소수의 투자자들을 대상으로 자금을 조달하며 원금의 2~5배의 차입을 할 수 있으며, 헤지펀드는 100명 미만의 투자자들로부터 개별적으로 거액의 자금을 모집한다.

뮤추얼펀드는 상장주식이나 채권 등에 투자를 하는 데 제한이 많고 특정 주식의 비중을 10% 이상 편입할 수 없으며 공매도는 이익의 30% 이내로 제한되는 등 상대적으로 안정적인 수익을 추구하는데, 사모펀드는 차입이나 채권 발행을 통해 조달한 자금으로 상장주식을 인수하거나 기업 경영권을 인수하여 기업 가치를 높여서 되파는 바이아웃(buyout)이 주류를 이루며 고수익을 추구하고, 헤지펀드는 주식, 채권, 부동산, 통화 등 투자대상에 제한이 없이 고수익을 추구한다.

행한 주택대출채권을 다수 매입하여 부동산담보 채무상품이라 할 수 있는 모기지 풀(mortgage pools)을 형성한 다음, 그 수입을 기반으로 원리금을 지불하는 부동산담보증권을 발행한다. 이러한 증권화는 주택대출뿐만 아니라 자동차대출이나 신용카드대출 등과 같이 다양한 채권을 기초로 발행하는 채권인 자산유동화증권(Asset Backed Securities, ABS)의 원래 채무자로부터 원리금 변제를 받는 업무를 하고 수수료를 받는 금융기관도 있다.

미쉬킨의 화폐, 은행, 금융시장의 경제학(Economics of Money, Banking, and Financial markets)에서 금융중개기관과 자산규모의 변동을 보면 1980년에 상업은행의 자산 가치가 가장 높았고, 다음으로 저축대출조합, 상호저축, (민간)연기금이 뒤를 이었다(표 6-1 참조). 2010년에는 상업은행이 자산규모가 가장 컸으며, 뮤추얼펀드, 생명보

표 6-1 주요 금융중개기관과 자산규모

금융중개기관의 형태	자산 가치(10억 달러, 연말)				
	1980년	1990년	2000년	2010년	2013년
예금취급기관					
상업은행	1,481	3,334	6,469	14,336	12,670
저축대부조합, 상호저축은행	792	1,365	1,218	1,244	2,157
신용조합	67	215	441	912	1,005
계약적 저축기관					
생명보험회사	464	1,367	3,136	5,176	6,035
손해보험회사	182	533	862	1,242	1,527
연기금	504	1,629	4,355	4,527	7,966
정부은퇴기금	197	737	2,293	2,661	4,846
투자중개기관					
파이낸스 회사	205	610	1,140	1,439	1,474
뮤추얼펀드	70	654	4,435	7,935	11,527
단기금융시장투자신탁(MMF)	76	498	1,812	2,755	2,678

험회사, 연기금이 뒤를 이었고, 2013년에는 상업은행, 뮤추얼펀드 다음으로 연기금의 자산 가치가 높았다. 저축대출조합이 1980년대 후반의 위기 이후 규모가 축소된 반면 뮤추얼펀드는 금융혁신 과정에서 2013년에는 상업은행에 버금가는 규모로 크게 증대되었음을 보여 준다.

2016년 6월 현재 자산 기준으로 미국의 10대 은행은 JP모건 체이스(JPMorgan Chase), 뱅크오브아메리카(BOA), 웰스 파고(Wells Fargo), 씨티그룹(Citigroup), 골드만 삭스 등의 순서인데, 가장 큰 JP모건 체이스는 2.5조 달러의 자산을 보유한 세계적인 은행이다(표 6-2 참조). BOA는 2.2조 달러의 자산을 보유하여 2위를 차지했다. 3위인 웰스 파고 은행은 파생상품에 대한 신중한 투자로 2008년 금융위기 이후 빠르게 성장했는데 최근 경영진의 무리한 요구에 따른 부실판매로 문제를 일으켰다.

2016년 5월 자산 기준 세계 10대 은행 중 1~4위는 모두 중국계 은행이 차지했는데, 중국공상은행(中國工商銀行 : Industrial and Commercial Bank of China, ICBC), 중국건설은행(中國建設銀行 : China Construction Bank), 중국농업은행(中國農業銀行 : Agricultural Bank of China), 중국은행(中國銀行 : Bank of China)의 순서였다. 이어서 5

표 6-2	미국의 10대 은행(2016년 6월 30일 기준)		
순위	은행	위치	총자산(10억 달러)
1	JP모건 체이스	뉴욕 주 뉴욕	2,466
2	뱅크오브아메리카	노스캐롤라이나 주 샬롯	2,186
3	웰스 파고	캘리포니아 주 샌프란시스코	1,889
4	씨티그룹	뉴욕 주 뉴욕	1,818
5	골드만 삭스	뉴욕 주 뉴욕	896
6	모건 스탠리	뉴욕 주 뉴욕	828
7	U.S. 뱅코프	미네소타 주 미니애폴리스	438
8	뉴욕 멜론 은행	뉴욕 주 뉴욕	372
9	PNC 뱅크	펜실베이니아 주 피츠버그	361
10	캐피털 원	버지니아 주 맥린	339

위는 미쯔비시 은행(Mitsubishi UFJ, 일본), 6위는 HSBC(영국), 7위는 JP모건 체이스(미국), 8위는 BNP 파리바(BNP Paribas, 프랑스), 9위는 BOA(미국), 10위는 크레딧 에그리꼴(Credit Agricole, 프랑스)의 순서였는데, 미국계 은행은 7위와 9위의 두 은행만이 10위 이내에 포함되었다.

▶ ▶ ▶ 핀테크

핀테크(FinTech)는 금융(finance)과 기술(technology)을 합성한 용어로, 금융과 정보통신기술의 융합을 통한 금융 서비스를 말하는데, 기술이 주도하는 금융거래의 혁신이라고도 한다. 핀테크의 확대는 인터넷뱅킹이나 홈트레이딩시스템 등의 기존의 전자금융 거래방식과도 다른 새로운 금융 서비스로 은행들에 새로운 도전과 기회가 되고 있다. 금융위기 이후 수익성이 악화되었던 금융산업은 금융 거래 과정을 전산화하여 예금, 송금, 간편결제, 대출, 자산관리 운용, 보험 등 다양한 금융 서비스가 정보통신, 모바일 기술과 결합된 새로운 유형의 금융 서비스를 추진했다. 그러나 갖가지 규제를 받고 있는 금융기관들이 새로운 상품과 혁신을 도입하기 어려운 환경에서 핀테크 신생 벤처기업(start-up)들이 성장하게 되었다. 지점망 없이 운영되면서 기존 금융산업과 같은 투자부담 없이 더 낮은 비용으로 더 쉽고 간편하게 접근할 수 있는 온라인 전문은행, 크라우드 펀딩, 모바일 결제 등이 발달되면서 정보통신기술을 통하여 새로운 금융 영역을 개척하고 있다.

2015년 6월 기준으로 핀테크 기업이 52개국에서 1,152개에 달했다고 한다. 영국 등 유럽에서 정부의 적극적 지원이 이루어지는 것과 달리 미국에서는 기업중심으로 핀테크가 발달하고 있다. 현재 구글, 애플, 아마존(Amazon), 페이스북, 페이팔(Paypal) 등 글로벌 정보통신기업이 참여함에 따라 핀테크 관련 스타트업이 급증하고 있다. 결제 서비스 분야에서는 페이팔과 애플페이(Apple Pay)가 시장을 선도하고 있다. 압도적으로 많은 핀테크 기업을 보유한 미국의 핀테크 산업은 최고 수준의 신생 벤처 인프라와 함께 글로벌 정보통신기업이 연계되어 빠르게 성장하고 있으며 앞으로 기존 은행들이 차지하는 비중은 상당히 하락할 것으로 전망된다.

3. 미국의 증권시장

(1) 미국 증권시장의 발달

1817년에 뉴욕의 28명의 중개인들이 거래소를 설립한 것이 현재 뉴욕증권거래소의 전신이었다. 1818년에는 연방채권, 주채권과 은행 및 보험회사를 중심으로 상장이 이루어졌다. 1850년대 말까지 전신의 실용화에 따라 뉴욕 월가가 금융중심지로서 확고한 위치를 구축했다. 철도건설 붐이 일어나서 철도주식과 채권의 발행이 증가했고 남북전쟁 시기에는 대량의 국채가 발행되었으며 JP 모건 시대에 이르기까지 최초의 중요한 투자은행가인 쿡(Jay Cooke)이 판매원을 통해 국채 등을 대량으로 판매했다. 19세기 말까지 증권시장은 철도증권이 거래의 중심이었고 상공업 기업의 비중은 적었다. 1880년대부터 트러스트 등 지주회사를 이용한 합병이 활발하게 진행되면서 스탠더드 오일, US 스틸 등 거대 기업이 탄생했는데, 이들 대기업을 중심으로 공업주식이 제1차 세계대전까지 상장총액의 1/4 이상을 차지했다. 투자은행은 합병으로 생긴 기업의 증권발행업무를 담당하면서 영향력을 확대하여 많은 대기업을 지배했다. 모건과 로브(Kuhn Loeb) 등의 투자은행이 대규모 상업은행과 생명보험 등과 결합하여 주요 철도회사와 거대기업을 지배했다.

제1차 세계대전을 거치면서 미국은 채권국이 되었다. 국채발행에 의한 전비 조달은 정부기관에 의해 추진되었고 금융기관을 통해 매매했으므로 대규모 투자은행의 기반은 약화되었고, JP 모건, 쉬프(Jacob Schiff) 등의 영향력은 강했지만 투자은행을 중심으로 한 금융트러스트는 크게 위축되었다. 산업구조의 변화에 따라 신규발행증권의 구성에서도 철도에서 자동차, 석유, 철강, 그리고 전력 등 공익사업 등의 급성장이 반영되었다. 1921년에서 1929년까지 공업생산이 2배가 되었고 국민총생산이 약 50% 증가했고 월가 평균주가는 4배가 되었다. 그러나 투기적 요소가 강해서 1929년에 시작된 주가 폭락은 대공황으로 확산되어 1933년의 국민총생산은 1929년의 2/3 수준으로 급락했고 1941년이 되어서야 1929년 수준을 회복했다. 1930~1933년간 전체은행의 1/3에 달하는 9,096개 은행이 파산했고 1933년에 실업자 수는 약 1,300만 명으로 4명 중 1명이 실업상태였다. 1933년 은행법을 통해 예금자 보호를 위해 연방예금제도를 창설했고 1934년 증권거래소법에서 증권거래위원회를 설립했다.

제2차 세계대전 이후 미국의 주식시장에서는 주식에 직접 투자하기를 기피하는 경향과 기업연금의 발달, 우량기업의 낮은 배당성향 등에 따라 생명보험, 연금기금, 투자신탁, 재단 등의 기관투자자의 비중이 증가되었다. 기관투자자는 경기가 회복된 1950년대 중에 점차 주식 편입 비율을 높였다. 다우존스주가는 1953~1956년에 275에서 525로 급상승했으며 종목 선택보다 포트폴리오에서 차지하는 주식의 비중이 투자전략의 중심이 되었다. 1960년대 들어서 우량 성장주 중심으로 주가 상승이 지속되었고 투자신탁의 인기가 증시를 선도했는데 드레퓌스(Jack Dreyfus) 등의 신규진입자들은 GM과 같은 대형 우량주보다 프록터앤드갬블과 IBM, 제록스 등 소비재와 정보기술 종목을 적극적으로 편입했다.

　1960년대 말부터 1970년대 전반은 인플레 증대, 기업수익률 저하로 증시가 하락 국면에 접어들면서 1960년대의 증시를 이끌었던 투자신탁 붐이 식었고 자금운용에서 기업연금이 훨씬 커졌다. 이 시기 대형 투자은행의 연금 포트폴리오는 IBM, 제록스 등 우량성장주와 의료품, 화장품, 외식산업 등 비내구소비재 부문의 소수의 성장주에 집중적으로 투자했는데, GM, 포드, US 스틸 등 대표적인 중후장대형 기업들은 자금조달에 어려움을 겪었다. 1960년대 후반 증시 과열과 거래 급증으로 증권거래 결제제도의 문제가 드러나자 1970년에 투자자보호회사(Securities Investor Protection Corporation, SIPC)가 설립되었다. 1975년 증권법 수정조항으로 증권시장의 효율성을 증대시키기 위해 증권거래제도를 개혁했다. 이에 따라 전국적인 주식거래를 촉진하기 위하여 전국시장제도(National Market System, NMS)를 구축하여 증권거래소와 증권업자에게 큰 영향을 미쳤는데, 증권업자들은 수수료 수입의 감소를 보충하기 위해 업무의 다각화를 추진했고 경쟁력이 있는 분야에 집중하는 경향이 나타났다.

　1970년대의 높은 인플레와 금리 상승으로 금융시장이 큰 영향을 받았다. 상업은행은 예금 금리 상한 규제 때문에 경쟁력을 상실하여 예금 유출로 금융중개기능이 약화되었다. 1970년대 말부터 금리 급등에 따라 단기금융시장투자신탁(MMF) 금리가 예금금리를 상회했는데 증권업계에서는 MMF를 핵심으로 하여 위험은 낮고 유동성이 높은 혁신적인 상품으로 은행계좌와 연계된 현금자산관리계좌(Cash Management Account, CMA)를 개발했다. 1979년 10월 이래 연방준비제도가 금융정책의 중간목표를 금리로부터 화폐공급 관리로 변경하자 금리가 급등했고 인플레가 진정되었다. 레이거노믹스의 감세로 창출된 자금이 설비투자로 이어지지 않고 M&A나 개인소비로 연결되면서 과소저축과 부채 증가로 쌍둥이 적자를 초래했다. LBO 등에 의한 M&A가 증가하면서 정크본드 등 다양한 자금조달수단이 동원되었고 기업의 재무구조는 악화되었다.

(2) 1990년대 이후의 미국 증권시장

미국의 경제는 1990년대에 10년간의 장기에 걸친 성장을 계속했다. 이러한 장기 성장을 반영하여 미국 증권시장의 주가도 상승을 거듭했다. 주가가 1990년대 중에 4배로 상승했던 배경으로는 장기간에 걸친 경제성장뿐만 아니라, 재정수지의 개선과 물가 안정으로 금리가 하락되면서 상대적으로 주식 투자의 매력을 증가시켰고, 인터넷을 통한 온라인거래의 도입과 시간외거래의 확대 등으로 인해 거래를 용이하게 했다. 기업의 M&A와 자사주 매입 확대에 따라 발행주식 수가 감소했고, 가계는 투자신탁과 연금플랜을 통하여 적극적으로 주식 보유를 늘렸으며, 달러 가치 상승을 배경으로 해외자금이 미국 주식시장으로 유입되는 등 주식의 수급에서도 유리한 조건이 형성되었다. 또 미국 주식의 높은 수익성과 함께 아시아 등의 통화위기에 따른 신흥시장으로부터의 자금 유입 등 국내외로부터 자금 유입이 호조를 보였으며, 외국으로부터의 자금 유입에 따라 장기국채투자가 증가하여 장기 금리를 하락시켰다. 아시아 통화위기에도 불구하고 미국 경제가 큰 영향을 받지 않았고 특히 1995년 이후에는 생산성 상승도 현저해서 개별 기업수준에서 기업 수익이 호조를 보인 경우가 많았으며, 고수익을 가져다준 주식이 매력적인 자산으로 광범위하게 인식되고 투자신탁과 연금기금 등의 자금의 주식시장 유입을 촉진시킨 금융기술혁신이 보급됨에 따라 주식투자에 대한 위험 프리미엄이 저하된 사실도 고주가를 지속시킨 중요한 배경의 하나로 들 수 있었다.

그러나 2000년 4월에 정보통신 관련 벤처기업을 중심으로 수익성에 대한 지나친 기대가 조정되어 주가가 폭락하면서 주식붐은 끝이 났다. 기업의 업적과 주가에 대한 기대가 전반적으로 하락하면서 주식 투자의 위험에 대한 재인식이 이루어졌고 2001년 9월의 테러 충격에 더하여 12월에는 엔론 사건에 따라 기업 회계에 대한 불신이 확산되면서 세계적인 주가 조정이 이루어졌다. 2001년 이래 경기침체에 따라 주가가 하락했다.

(3) 금융위기와 미국 증권시장

경기침체에 대한 우려로 2001년 중 11회에 걸쳐 금리가 인하되어 1% 수준까지 하락했는데, 2002년 후반부터 경기가 회복세를 보였음에도 불구하고 2004년 후반까지 저금리가 유지되면서 과잉유동성을 크게 증가시켰다.

저금리정책과 서브프라임 대출 거품으로 크게 상승했던 주가는 2007년 10월에 다우존스 산업평균지수(DJIA)가 사상 최고치인 14,164를 기록했는데, 2008년의 서브프라임 위기 이후 2009년 3월 10일에 6,547까지 급락했다가 반전하여 10월에 10,000을 돌파했고 2012년 2월에는 12,300으로 위기 직전 수준까지 빠르게 회복했다. 2013년 3월에는 다우존스지수가 2007년 10월의 사상최고치를 돌파하는 등 금융위기 이후 2009년 3월부터 상승세를 지속했는데, 이는 연방준비제도의 양적 완화를 통한 초저금리 정책뿐만 아니라 높은 실업률로 임금인상 압력을 거의 받지 않는 기업들이 생산성 상승으로 추가 고용 없이도 매출을 증대시키면서 이익이 증가된 요인도 있었다. 기업 실적의 호조와 주가 상승 속에 노동자는 더욱 빈곤해지면서 불평등이 심화되었다.

금융위기 이후의 대경기침체기 중에 '나홀로 성장'을 보인 미국을 제외한 세계 경기 회복 부진과 2010년 이후의 유럽 재정 위기로 세계적 경기 회복이 지연되면서 증

그림 6 - 1 다우존스 산업평균지수(DJIA)

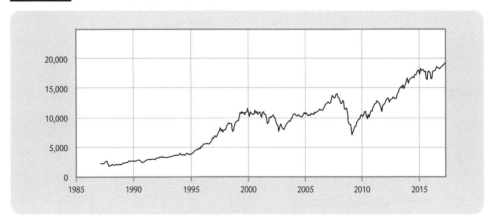

▶ ▶ ▶ 주가지수

기업의 주식 가치의 변화는 주가지수로 파악되는데, 미리 선정된 주요 기업 주식 가격의 변화를 가중치에 따라 지수화한 것이다. 미국에서 대표적인 주가지수는 다우존스 산업평균지수(Dow Jones Industrial Average, DJIA)와 스탠더드앤드푸어스 500(Standard and Poor's 500, S&P 500), 그리고 나스닥 종합주가지수(Nasdaq composite)가 있다. 100년 이상의 역사를 지닌 다우존스 산업평균지수는 미국 증권시장에서 거래되는 대표적인 30개 종목을 기준으로 산출하는데 미국 주식시장 동향을 알려 주는 대표적인 지수이지만 표본 종목의 숫자가 적다. 신용평가기관인 스탠더드앤드푸어스(S&P)가 작성하는 S&P 500은 다우존스지수보다 많은 종목을 포함하기 때문에 전체 시장 동향을 파악하기 쉽다. 나스닥 종합주가지수는 벤처기업이나 정보기술 관련 기업들의 주식을 장외에서 거래하는 나스닥에 상장된 기업을 대상으로 산정된다.

그 밖에 런던증권거래소의 FTSE 100(Financial Times Stock Exchange Index), 도쿄증권거래소의 TOPIX(Tokyo Stock Price Index), 파리증권거래소의 CAC 40(Cotation Assistée en Continu), 홍콩증권거래소의 항생지수(Hang Seng Index, HSI) 등이 있고 한국에는 한국종합주가지수(Korea Composite Stock Price Index, KOSPI)가 있다.

시에 대한 불안을 벗어나지 못했다. 미국뿐만 아니라 유럽, 중국, 일본 등의 경제정책과 경제 상황이 서로 영향을 미치면서 자국의 경제를 우선하다가 때로는 환율전쟁의 우려까지 낳았다. 미국의 통화정책과 주가 변동은 다른 나라들의 경제와 증시에 거의 실시간으로 직접 큰 영향을 미치고 있다.

미국의 자본시장은 최근에 국제경쟁력이 크게 하락했다. 2000년 이전에 뉴욕증권거래소가 가장 큰 비중을 차지했던 기업 공개(IPO) 규모가 런던증권거래소나 홍콩증권거래소보다 규모가 작아졌으며 신규 회사채 발행 규모에서도 미국 자본시장이 유럽보다 작아졌다. 그 요인으로는 금융업의 급속한 기술 진보와 함께 미국에서 상장할 경우 사베인스-옥슬리법에 따른 정보 공개나 감사 강화와 같은 엄격한 규제 등을 들 수 있다.

(4) 미국의 증권거래

증권시장은 금융시장 중에 자금의 거래가 증권의 형태를 가지는 거래를 대상으로 한다. 미국의 증권시장은 고도로 발달했고 참가자도 다양하며 거래되는 증권의 종류와 거래량도 대규모이다. 활동적인 금융시장의 존재로 연방준비제도가 공개시장조작 등을 통하여 금융통화정책을 시행할 수 있다. 증권시장의 참가자는 연방정부·주정부·지방자치단체·정부기관·기관투자자·금융기관·기업·개인 등 다양하고 연방준비제도도 증권시장에 개입한다.

증권시장은 발행시장과 유통시장으로 구분한다. 발행시장은 신규 발행된 증권의 거래가 이루어지고 유통시장은 이미 발행된 증권이 거래의 대상이 된다. 증권시장에서 자금을 조달하기 위해서 주식과 같은 지분을 발행하거나 채권과 같은 채무증서를 발행하는 방법이 있다. 채권 보유자는 지급액이 고정되어 있고 주식 보유자는 이윤이나 자산 가치 변화에 따른 손익을 받게 되는 차이가 있다. 증권시장에서 증권 거래는 채권딜러, 투자은행 등 전문금융업자에 의해 중개된다. 투자은행은 주식이나 채권의 발행을 돕거나 발행된 증권을 일정한 가격으로 인수하고 시장에 판매하도록 중개하며, 기업의 인수·합병을 돕거나 파생상품, 부동산 등에 투자하기도 한다.

자본거래의 자유화, 범지구화와 정보통신기술의 발전이 가속화되면서 투자자들은 투자대상을 전 세계 시장에서 찾고 있다. 특히 규모가 큰 우량기업이 몰려 있는 뉴욕증권거래소(NYSE)나 나스닥(NASDAQ) 시장은 세계적인 자본거래의 중심으로서 이곳의 증시 동향은 전 세계의 자본시장에 큰 영향을 미치고 있다.

발행된 주식을 거래하는 미국의 주식거래소 시장은 전국 거래소로는 뉴욕증권거래소(New York Stock Exchange, NYSE)와 아메리칸증권거래소(American Stock Exchange 가 2009년 NYSE Amex Equities로 개명됨)가 있다. 지방 거래소로는 시카고의 시카고증권거래소(Chicago Stock Exchange, CHX)와 시카고 옵션거래소(Chicago Board Options Exchange, CBSX), 신시내티에서 뉴저지로 이전한 내셔널증권거래소(National Stock Exchange, NSX)가 있다. 장외시장으로 미국증권협회 자동호가 시스템인 나스닥(NASDAQ)이 있고 전자거래 네트워크 등의 대체거래 시스템(Alternative Trading

System, ATS)이 있다.

　뉴욕증권거래소, 아메리칸증권거래소, 그리고 지방증권거래소는 대형 투자은행이나 중개인 등 회원이 직접 거래에 참가할 수 있는데 증권거래위원회의 규제 아래서 자율적으로 운영하고 있다. 1817년에 설립된 뉴욕증권거래소는 세계에서 가장 큰 증권거래소이며 세계 주요 기업들의 주식이 상장되어 있다. 2014년에는 중국의 알리바바(Alibaba)가 새로운 자금 조달과 함께 홍콩증권거래소에서 허용하지 않는 차등의 결권 등의 이유로 뉴욕증권거래소에 상장했는데 중국 기업으로는 최대 규모의 IPO를 기록했다.

　증권시장의 규제기관인 증권거래위원회(Securities and Exchange Commission, SEC)는 1934년 설립된 독립적인 연방기관으로 의회의 감독을 받으며 투자자를 보호한다. SEC는 증권의 발행에서 유통에 이르는 모든 과정을 규제·감독하고 위반사항에 대해서 제재와 이행 명령을 내린다. 미국의 자율규제 전통에 따라 법적으로는 SEC가 포괄적인 감독권을 보유하지만, 주로 일차적인 규제는 뉴욕증권거래소나 미국증권협회 등이 실행하고 SEC는 1차 규제의 적합성을 감독한다.

4. 1970년대까지의 현대 미국 금융질서의 원형

미국의 금융질서는 1970년대까지 금리의 상한 규제, 주간 업무의 금지, 은행업무와 증권업무의 분리 등으로 가격, 영업 지역과 업종 범위에 대한 규제에 의해 유지되었다.

　주간 업무 규제는 주의 권한이 강한 미국적 제도인데, 은행은 본점이 있는 주 외에는 지점을 설치하는 것이 금지되었다. 이러한 제도를 단일점포체제(unit banking system)라고 하는데, 1960년의 경우 13,472개의 상업은행 중 11,143개가 하나의 점포밖에 가지고 있지 않았다. 다만 주법에 의해 주간 업무를 인정할 수 있으므로 많은 주에서 주간 업무를 인정하였고, 1990년에는 12,669개 은행 중 5,655개 은행만이 단일점포를 유지했다.

　은행과 증권의 업무 분리 규제의 근거법인 글래스-스티걸법의 폐지를 둘러싼 논의가 1980년대 이래 금융제도 개혁의 최대 초점이 되었다. 이 규제법은 1929년 10

월 24일의 주가 대폭락과 뒤이은 30년대의 대공황시대의 산물이었다. 대공황 중에 은행 도산이 속출하여 그 수가 1930년부터 1933년까지 4년간 9,096건에 달했는데, 당시 존재했던 은행의 36%에 해당했다. 은행 도산과 함께 예금을 인출하려는 고객이 많아지자 당시 루즈벨트 대통령이 1933년 3월 6일을 은행휴일로 선언했다. 오늘날 은행 도산과 대공황의 원인에 대한 다양한 견해가 있지만 당시에는 은행 간 과당경쟁과 은행의 증권업무가 그 원인이라고 생각했다. 이 시기에는 기업의 은행 차입 수요가 감소하는 한편 증권 붐이 일어나자 상업은행도 적극적으로 증권업무에 진출했다. 당시 국법은행은 증권의 인수 및 자기매매를 하는 것이 연방규제에 의해 제한되었기 때문에, 제한을 받지 않는 주의 면허를 가진 증권자회사를 설립하여 증권업무에 본격적으로 진출했다. 은행의 증권자회사가 증권을 인수했고 일반인 상대 영업뿐만 아니라 은행도 증권담보대출과 증권투자를 증가시켰다. 따라서 주가의 폭락과 은행 경영의 파탄은 일반 국민에게 심각한 피해를 미쳤다.

대공황을 격화시키고 미국 경제에 큰 피해를 주었던 은행의 증권업무를 규제하기 위해 성립한 '1933년 은행법(Banking Act of 1933)'은 흔히 글래스-스티걸법으로 불리는데, 은행에 의한 증권매매는 고객의 주문 및 계산에 의한 매매에 한정시키고, 증권 인수는 국채 등을 제외하고는 금지시켰고, 시중은행과 증권회사의 계열관계를 금지시켰으며, 은행과 증권회사를 분리시켰다. 이 밖에 요구불예금에 대한 이자지불을 금지했고 정기예금에 대해서도 연방준비이사회가 상한을 규제했는데, 은행 간의 금리 경쟁을 제한하여 은행 간의 과당경쟁을 예방하려는 것이었다. 금리 규제는 은행법에 따라 연방준비제도에 위임되어 레귤레이션 Q(Regulation Q)라고 불리는 규제에 의해 시행되었다. 은행의 파산으로부터 예금자를 구제하기 위해 연방예금보험공사(Federal Deposit Insurance Corporation, FDIC)를 설립하여 예금보험제도를 정비했다.

5. 1970~1980년대의 금융자유화

(1) 금융자유화의 전개

1930년대에 제정되었던 금융 규제는 1970년대에 들면서 그 개편이 불가피해졌다. 그 배경으로는 첫째, 1960년대 후반부터 1970년대에 걸쳐 인플레이션이 격화되면서 규제가 적고 시장성 있는 재무부증권(Treasury Bill, TB)의 금리가 크게 상승했다. 그런데 정기예금의 금리는 레귤레이션 Q에 의해 상한이 규제되었기 때문에 1960년대 중반부터 재무부증권 등의 시장성 있는 금융상품의 금리가 정기예금 금리를 훨씬 상회하게 되었다. 그 결과 상업은행과 저축대출조합 등의 예금금융기관의 저축성예금이 증권업계가 제공하는 시장성 있는 금융상품으로 흘러가서 금융의 탈중개(disintermediation) 현상이 나타났다.

금융제도 개혁의 두 번째 요인으로 컴퓨터와 통신기술의 비약적인 발달에 의한 정보처리와 통신비용의 저하를 들 수 있다. 이에 따라 금융기관은 한층 세련된 자금관리의 금융기술을 보다 저렴한 비용으로 제공할 수 있게 되었다. 이러한 기술진보가 1970년대의 인플레이션 격화 속에서 금융기관 간의 새로운 금융상품 개발 경쟁을 유발해서 금융혁신을 초래하는 기술적 토대를 마련했다. 1978년에서 1982년까지의 고금리시기에 대표적인 시장성 금융상품인 재무부증권의 금리와 레귤레이션 Q에 의해 규제되는 금리 상한과의 격차가 확대되면서 대규모 탈중개가 발생했는데, 단기금융시장투자신탁(MMF)이 은행의 정기예금에 대한 강력한 경쟁상품으로 등장했다.

탈중개현상에 의한 정기예금의 유출은 은행의 대출능력을 저하시켰기 때문에 은행은 증권업계에 대항하기 위하여 새로운 금융상품 개발을 추진했고 또 금리의 자유화·영업지역의 자유화·업무의 자유화를 위해 금융 규제완화를 추진하게 되었다. MMF에 대항하여 상업은행은 1978년에 6개월 재무부증권에 연동한 시장금리부 정기예금(Money Market Certificates, MMC)을 판매했지만 MMF의 급성장을 저지할 수 없었다. '1933년 은행법' 이래의 포괄적인 개혁을 위해 성립된 '1980년 예금금융기관 규제완화 및 통화관리법'은 정기예금의 금리규제를 6년간의 경과기간 뒤에 자유화하기로 하고 저축금융기관의 자산운용범위를 확대시키는 내용을 포함했다.

'1982년 예금금융기관법(Garn-St. Germain Depository Institutions Act)'이 성립되어 금융자유화를 더욱 촉진시켰는데, 연방예금보험공사(FDIC)와 연방저축대출보험공사(FSLIC)의 권한을 강화하고 예금금융기관의 구제라는 비상사태에 한해 종래 금지되었던 서로 다른 업종 간이나 주 간의 M&A를 인정하는 권한을 이들 보험공사에 부여하고, 저축대출조합(S&L)에 일정한 한도 내에서 기업·농민·소비자에 대한 대출과 함께 예금의 취급도 허용하며, 1983년 1월부터 자유금리 결제계좌인

MMDA(시장금리부 수시입출식 예금 : Money Market Deposit Accounts)가 MMF에 대한 경쟁상품으로서 모든 예금금융기관에 허용되었으며 자기자본비율의 최저한도가 단계적으로 인하하는 내용을 포함했다.

1980년대의 금융제도 개혁은 상업은행이 1970년대 말부터 탈중개 속에서 증권업계와의 경쟁에서 금리규제의 허점을 이용해서 금융혁신을 추구했던 사실을 법적으로 추인했다는 의미를 가졌다. 금리의 자유화는 예정보다 빨리 자유화되었는데, 먼저 1982년에는 거액의 정기예금금리가 자유화되었고 이어 1983년 10월에는 만기가 32일 이상인 정기예금금리가 자유화되면서 금리규제는 실질적으로 폐지되었다. 이에 따라 예금금융기관의 자금조달능력은 유지되었지만 과거보다 더 고수익, 따라서 고위험의 자산에 운용할 필요가 있게 되었다. 의회는 정치적 로비에 의해 당시 감독기관이던 연방주택대출은행 이사회가 저축대출조합에 대해 여러 가지 지원을 하도록 허용하고 저축대출조합의 부채에 대한 최저자본비율을 5%에서 3%로 인하하도록 개입했다.

또 업무 간 규제에 대해서는 은행 측의 글래스-스티걸법의 폐지를 촉구하는 요구에 따라 1988년에 개정안이 상원에서 성립되었지만 하원에서 심의가 완료되지 못했다. 1987년 10월의 '검은 월요일'의 주가 대폭락, 금융기관의 경영 파탄 속출 등이 불리하게 작용했던 것이다. 그러나 상업은행도 자회사나 은행지주회사의 자회사를 이용하여 증권업무를 수행했기 때문에 글래스-스티걸법은 사실상 거의 잠식되었다.

(2) 저축대출조합 위기

1980년대의 금융제도 개혁의 또 다른 과제는 금융자유화에 의해 발생했던 저축대출조합(S&L)의 파산과 예금보험제도의 파탄을 어떻게 재건해야 하는가 하는 문제였다. 저축대출조합은 원래 소액정기예금으로 자금을 조달하여 장기고정금리로 주택담보대출을 하는 금융기관이었는데, 1980년 전후의 고금리시기에 예대금리가 역마진으로 되었다. 상업은행 등의 다른 금융기관이 주택금융영역으로 진출한 결과, 저축대출조합의 경영은 점차 악화되었다. 이에 따라 규제당국은 자금조달 면에서는 자유금리예금의 범주를 확대했고 자금운용 면에서는 투·융자대상 분야의 확대를 통해 규제를 완화했다. 그 결과 일부 저축대출조합은 상업용 부동산 대출과 정크 본드

투자라는 고수익 고위험의 자금운용에 힘을 기울였다. 저축대출조합의 자산구성을 보면 전통적인 주택대출은 부동산관련 투융자를 증대시켰고 규제완화와 결부되면서 1980년대 중반의 부동산 붐에 영향을 미쳤다. 부동산저당대출의 대손율(loss rate)이 1980년의 약 1%에서 1986년에는 4.2%로 상승하는 등 저축대출조합의 경영위기가 심화되었지만 1구좌당 10만 달러까지는 예금보험이 되었기 때문에 경영 위기가 경영자에 대한 규율로 작용하지 못했고 오히려 도덕적 해이를 초래했다. 그러나 상업용 부동산의 불황과 M&A붐이 끝나자 많은 저축대출조합은 불량채권을 안게 되었는데, 경영이 악화된 저축대출조합의 경영자는 고위험자산으로의 운용을 축소하기 보다 오히려 확대했다.

1988년에 들어서 도산이 급증했는데, 1980년에서 1992년 사이에 전체 저축대출조합의 30%에 가까운 1,133개가 도산했다. 저축대출조합의 연이은 도산에 따라 S&L의 예금보험기구인 연방저축대출보험공사(FSLIC)의 재정이 파탄에 이르러 그 채무 초과액이 1989년 해체 직전에 900억 달러에 가까웠다. 저축대출조합의 경영 파탄과 연방저축대출보험공사의 구제를 위해 1989년 부시 대통령이 저축대출조합 복구 계획을 발표했고 의회는 '금융기관개혁·구제·집행법(Financial Institutions Reform, Recovery, and Enforcement Act)'을 제정했다. 이에 따라 구제를 위해 정리신탁공사 (Resolution Trust Corporation)가 설립되었고 연방저축대출보험공사는 해산되어 연방예금보험공사에 흡수되었다. 예금자 구제를 위해 정부의 일반재정으로부터 910억 달러에 달하는 공적 자금을 투입했는데, 일반 국민은 금융자유화의 부작용으로 큰 조세 부담을 지게 되었다. 정리신탁공사는 정부예산을 활용하여 부실 저축대출조합을 1차 매입한 뒤 이를 원매자에게 재매각하여 정리자금을 회수하는 방식으로 부실 저축대출조합을 정리했지만 부동산 경기침체의 장기화와 전반적인 경기 부진 등으로 원매자 물색이 어려워 1995년 3월까지 장시간이 소요되었다. 1989년 9월의 조치는 거시적으로 파산된 저축대출조합의 부동산 매각에 따라 부동산 불황을 장기화시켰고 엄청난 재정적자를 더욱 확대시키는 결과를 가져왔다.

1980년대에 미국 금융계를 휩쓴 규제완화와 시장원리만능주의는 정치와 감독당국의 잘못된 판단과 무책임과 결부되면서 적지 않은 상업은행과 저축대출조합의 파산과 예금보험제도의 파탄을 초래했다. '금융기관개혁·구제·집행법'에서 자기자본

규제를 통한 금융시장 참가자격 설정과 예금보험제도 강화를 통해 의도한 바는 시장 만능주의의 한계에 대한 인식을 바탕으로 금융시장에 대한 재규제(reregulation)적 성격이 강했다. 그러나 금융경제와 실물경제의 균형 있는 발전을 목표로 하는 금융제도는 시장원리에만 맡겨서는 안 된다는 S&L 사태의 교훈을 제대로 학습하지 못하고 또 다른 위기를 반복하게 된다.

6. 1990년대의 금융자유화

(1) 영업지역 규제와 영업범위 규제의 철폐

연방준비제도와 통화감독청(Office of the Comptroller of the Currency, OCC) 등의 은행감독당국은 금융환경 변화에 따른 금융기관 경쟁력 강화를 지원하기 위해 각종 규제를 완화했다. 1990년대 들어 은행들이 업무영역을 확대할 수 있도록 규제완화를 추진하여 1994년에는 리글-닐법(Riegle-Neal Interstate Banking and Branching Efficiency Act)이 제정되어 은행의 주간 영업을 전면 허용하게 되었다. 은행지주회사는 주법의 규정에 관계없이 다른 주의 은행을 매수할 수 있고 개별 은행도 다른 주 소재 은행의 합병, 지점 매수 또는 신설 등을 통해 다른 주에 진출할 수 있게 되었다.

은행감독당국은 또 업무 간 규제완화를 위해 글래스-스티걸법에 저촉되지 않을 경우 일정한 조건하에서 은행의 증권업 진출을 승인했다. 1996년에는 감독규제완화법을 제정하여 은행과 증권업의 겸업을 대폭 허용했다. 증권업과 은행업의 분리 규제의 비효율성이 지적되면서 글래스-스티걸법의 개정이나 폐지를 추진했지만 민주당의 반대와 함께 1987년에는 주가 폭락, 1994~1995년에는 멕시코 경제위기와 베어링스(Barings Bank)은행의 파산, 1997~1998년에는 아시아 외환위기의 확산 등과 같이 불안한 환경적 요인에 따라 입법화에 실패했다가 1999년 11월에 공화당 지도부와 민주당 행정부 간에 금융서비스현대화법(Financial Services Modernization Act : Gramm-Leach-Bliley Act of 1999)에 합의를 봄으로써 은행·증권·보험 등의 금융업종 간의 장벽이 제거되면서 상호진출을 허용하게 되었다. 이에 따라 하나의 금융회사가 은행예금, 신용카드, 보험영업, 주식투자, 부동산업무 등 모든 금융상품을 고객에게 제공할 수 있는 금융슈퍼마켓의 기능을 할 수 있게 되었다. 이로써 미국 은행들은 유럽의 은행과 같이 업종 구분 없는 종합금융 서비스인 유니버설 뱅킹(universal banking, 겸업주의)을 할 수 있게 되었다.

글래스-스티걸법의 단서조항이나 예외조항을 활용하여 그동안 다른 업종 간 인수·합병을 적극 추진해 온 금융회사들은 새로운 인수·합병 작업에 나섰다. 업종 간 영업 장벽 속에서도 1998년 보험회사 위주의 트래블러스 그룹(Travelers Group)을 720억 달러에 인수한 세계 최대 금융서비스회사인 씨티그룹(CitiGroup)은 새 법률에 따라 트래블러스의 보험사업부분을 2년 내에 분사해야 할 의무가 없어지게 되었다. 금융업무규제의 해제는 수수료 등 금융 서비스의 가격을 하락시키는 효과를 낳아서 금융 소비자에게 이익을 줄 수 있다. 그러나 한 금융회사가 모든 업종의 금융업무를 담당하게 될 경우 고객들이 개인정보 보안 측면에서 불이익을 당할 수 있다는 우려가 제기되었다.

은행감독당국은 금융의 효율성을 제고하기 위해서 경쟁제한적인 규제는 지속적으로 완화시키는 한편 금융시장의 불안정성 증대에 대응하여 은행의 자산건전성에 대한 규제와 감독은 강화했다. 1991년의 연방예금보험공사개선법(FDICIA)은 조기시정조치를 도입하고 자기자본충실도에 따라 예금보험률을 차등화하도록 했다. 1993년에는 '위험관리개선과 파생금융상품감독법'을 제정해서 파생거래상품의 거래확대에 따라 감독제도를 정비했다.

(2) 금융자유화의 영향

금융기관들이 능동적으로 경쟁력을 강화하기 위한 조치를 취했고 정책당국이 이를 제도적으로 뒷받침함으로써 미국 은행들의 수익성과 건전성이 크게 향상되었다. 1980년대에 발생한 부실채권 문제가 점차 해결되고 부외거래(off-balance sheet transaction) 확대 등으로 비이자수익도 크게 늘어남에 따라 1980년대 후반까지 하락세를 보였던 은행들의 수익성이 1990년대 들어 크게 상승했다. 은행의 자기자본비율이 1985~1991년 중의 6%대에서 1996년에는 8.3%로 크게 높아졌다. 은행의 인수·합병 등으로 대형 은행의 자산비중과 예금점유율이 크게 높아지는 등 은행의 대형화도 급속하게 진행되었다.

1990년대 후반부터 2000년에 이르기까지는 금융자산이 급증했는데, 그 배경으로

▶ ▶ ▶ LTCM 위기

LTCM(Long-Term Capital Management)은 투자은행 살로먼 브라더스(Salomon Bro
-thers)의 채권거래팀장이었던 메리웨더(John Meriwether)가 1997년에 노벨 경제
학상을 수상한 머턴(Robert C. Merton)과 숄스(Myron Scholes) 등 금융공학자들과
함께 1994년에 설립했던 세계 최대의 헤지펀드였다. 숄스는 블랙(Fischer Black)과
함께 1973년에 옵션거래의 가격 설정에 관한 블랙-숄스(Black-Scholes Model) 공
식을 발표했던 경제학자이다. LTCM은 채권금리 스프레드를 예측하는 퀀트 모형
(Quant model)에 의거하는 과학적 투자기법으로 아시아 외환위기에 이르기까지 경
이적인 수익을 실현했다. 이후 채권금리 스프레드가 매우 작아지면서 대규모 레버리
지를 통해 고수익을 추구할 수 있는 신흥공업국의 채권에 대한 투자를 증가시켰다.

LTCM은 아시아 외환위기 직후 러시아 채권에 대규모로 투자했는데, 1998년
러시아의 지급불능(moratorium) 선언에 따른 자금경색으로 파산 위기를 맞았다.
LTCM은 베어스턴스, 씨티그룹, 골드만 삭스, JP모건 등 전 세계 대형 금융기관과
거액의 파생상품 거래를 했는데, 당시 파생상품 포지션이 1조 2,500억 달러에 달
했다. LTCM에 투자했던 주요 은행들이 연쇄적으로 위기를 맞게 되면 전 세계 금
융체제의 위기가 발발할 수 있다는 우려가 고조되었다. 1998년 9월 뉴욕 연방준비
은행장의 개입으로 16개 금융기관들이 구제금융을 조성하여 LTCM이 파산 위기
를 벗어날 수 있었다. 금융공학과 프로그래밍의 발달에 따라 미래의 위험을 과거
의 가격과 변동성에 대한 과학적 분석을 통해 예측할 수 있다는 믿음과 지나친 고
수익 추구가 위기를 초래했던 것이다.

는 금융의 세계화, 실물경제에 비해 과잉 통화 흐름의 출현, 인구의 고령화, 미국 주
가 상승 등의 요인이 지적된다. 금융시장의 효율성 향상으로 기업의 투자재원 조달
이 원활해지는 등 실물경제의 장기성장세 지속에 크게 기여했다.

그러나 금융개혁 과정에서의 경쟁 격화로 도산이나 합병이 증가하여 은행 수가 크
게 감소했으며 금융부문의 실업자도 증가했다. 연방예금보험공사 기준으로 은행 수
가 1990년 말의 12,347개에서 1996년 말에는 9,528개로 감소했고 그 과정에서 4만

개 이상의 일자리를 잃었다.

　1998년에는 당시 러시아 경제위기로 타격을 받은 대형 헤지펀드인 롱텀 캐피털 매니지먼트(LTCM)의 파탄을 비롯해 상당한 헤지펀드들이 큰 손실을 입었는데, 뉴욕 연방준비은행이 관련 금융기관을 소집해서 추가자금을 제공하도록 함으로써 LTCM이 파산을 면했다. 그러나 LTCM의 구제를 위한 연방준비은행의 개입은 대마불사의 전례를 다시 만들어서 금융 규율을 약화시켰다. 헤지펀드에 대한 규제·감독의 강화가 검토되었지만 타국(offshore)에 본거지를 가지고 있다거나 자유로운 국제자본이동을 저해한다는 등의 이유로 실현되지 못했다.

7. 2000년대 금융위기와 금융개혁

(1) 서브프라임 모기지 사태의 발단

2007년의 미국 지방도시에서 시작된 비우량주택담보대출(subprime mortgage loans) 사태는 금융 자율화, 나아가 금융의 세계화에 대한 근본적인 문제를 제기했다. 서브프라임 사태로 발생한 금융위기가 2008년에는 전 세계적으로 파급되면서 1930년대의 대공황 이래 가장 심각한 위기를 초래했고 각국 정부들의 전면적인 대응에도 불구하고 세계적인 대경기침체가 지속되었다.

　2000년대 초 경기부양을 위한 초저금리정책이 너무 오래 지속되면서 실질금리가 마이너스가 되어 유동성이 과잉공급됨에 따라 전형적인 미국 주택가격이 1997년과 2006년 사이에 124% 상승했다. 부동산 호황기를 맞아 2002년에는 주택담보대출업체들이 신용등급이 낮은 서민들을 대상으로 처음 1~2년에는 시중 금리보다 낮은 2~3%의 이자율을 적용하고 2~4년이 지나면 7~8% 이상의 고금리를 적용하도록 설계된 비우량주택담보대출을 경쟁적으로 보급했는데, 수입도 없고 직업도 없으며 자산도 없는 사람에게도 돈을 빌려 주는 닌자(NINJA : No Income, No Job, or Asset) 대출까지 성행했다.

　주택가격이 계속 상승하면서 신용평가사들은 비우량담보대출 등이 증권화된 부동산담보증권(Mortgage-Backed Securities, MBS) 등의 상품에 신용평가사가 높은 등급을 부여했고, 투자은행 등은 이러한 증권이 다른 금융상품 등과 결합된 부채담보증권(Collateralized Debt Obligations, CDO) 등의 파생금융상품을 전 세계적으로 널리 판매했다. 부채담보증권은 위험 정도가 서로 다른 채권들을 섞어서 담보로 해서 만든 증권으로 위험이 분산되는 장점도 있지만 위험의 정도를 인지하기 어렵게 되었다. 부동산 경기가 침체되고 2007년 초부터 주택가격 하락이 가속화되면서 증권 자체가 부실하게 되었고 단순한 주택담보대출의 부실 문제를 넘어 최대 파생상품 유통자인 투자은행을 비롯한 금융기관들에게 직접 영향을 미쳤다. 금융기관의 부실 문제가 확산되면서 씨티그룹 등의 금융기관들이 일부 자산을 유동화시켜 고수익을 추구하지만 부외거래가 가능해서 부실을 숨길 수 있는 특수 자회사인 구조화투자전문회사(Structured Investment Vehicle, SIV) 문제가 드러나면서 금융시장에 충격을 주었다.

금융기관의 부실이 가중되자 2008년 들어서는 금융기관이 발행한 채권을 보증해주는 채권보증회사인 암박(Ambac)의 신용등급이 하락하면서 금융경색이 시작되었고, 7월에는 금융기관으로부터 저당권을 사들여 주택대출을 확대하는 국책 주택담보회사인 패니메이, 프레디맥의 손실이 커지면서 도덕적 해이라는 비판을 무릅쓰고 부시 행정부가 구제금융을 지원했다.

참고

> > > **신용평가기관**

신용평기기관으로서 무디스(Moody's)의 효시는 1909년 철도회사의 경영과 재정상태를 분석해서 채권의 상환능력을 등급화하면서 시작되었다. 신용평가기관의 신용등급 평가는 은행이나 기업이 국제 자본거래에 필수적인 만큼 무디스, 스탠더드앤드푸어스(S&P), 피치(Fitch) 등 세계 3대 신용평가사의 영향력은 막강하다. 신용등급이 높아지면 해당 국가 기업이 자금을 빌릴 때 지급해야 할 이자가 감소하여 해외차입비용을 축소하는 효과를 누릴 수 있다. 신용평가사들의 평가지표에는 수익성, 현금 흐름, 금리부담능력뿐만 아니라 경영진과 현장 담당자와의 인터뷰, 신용평가에 대한 해당 국가와 기관의 자세 등도 포함된다. 등급 결정은 매우 신중하게 이루어지는데, 무디스의 경우 기업의 등급 조정을 위해 5~6명으로 구성된 평가위원회가 열려서 투표로 등급을 결정한다.

(계속)

신용평가사에게는 세계 자본시장의 문지기로서 객관성과 신뢰성이 가장 중요하다. 2001년 엔론 파산으로 촉발된 미국 기업의 회계조작 사건으로 3대 신용평가 회사의 신뢰가 흔들렸으며, 2008년의 금융위기를 초래한 원인의 하나로 신용평가기관의 심각한 잘못이 지목되었다. 신용평가를 받는 기업으로부터의 수수료에 의존하는 기관으로서 우량 평가를 남발하게 되면서 이들에 의해 트리플에이(AAA)를 받은 금융상품들이 세계적으로 범람하여 금융위기의 원인을 제공했지만, 현재 신용평가 업무의 80%는 무디스와 스탠더드앤드푸어스(S&P)에 의해 독과점적으로 이루어지며 신용평가기능을 대체할 수 있는 대안이 없는 실정이다. 미국의 금융시스템이 신용평가에 대한 비합리적인 신뢰를 유발하면서도 정작 신용평가기관을 제어할 장치는 가지고 있지 않았다는 비판을 받았다. 신용평가기관을 규제하기 위해 증권거래위원회(SEC) 내에 이들을 감독할 특별부서를 신설했다. S&P사는 2015년 2월 부동산담보증권(MBS)에 대한 신용평가의 오류를 인정하고 법무부와의 합의로 13억 7,500만 달러의 벌금을 물었지만, 금융위기 당시 부동산담보증권의 신용등급을 인위적으로 높였다는 혐의는 인정하지 않았다. 무디스는 2017년 1월 신용등급 평가 오류에 따라 투자자들의 피해를 유발한 혐의에 대해 8억 6,400만 달러의 벌금을 내기로 합의했다.

S&P의 경우 최상위 등급인 'AAA'부터 'D'까지 모두 21개 등급으로 분류되어 있는데, S&P는 2011년 8월 미국이 재정적자를 충분히 축소하지 못했다는 이유로 미국의 신용등급을 AAA에서 역사상 처음으로 AA+로 한 단계 강등시킴으로써 큰 충격을 미쳤고 미국의 국채 발행 비용을 증가시켰다.

금융위기 이후 신용평가사들의 매출과 수익이 크게 증가했는데, 경기침체를 막기 위한 연방준비제도의 저금리정책으로 값싸게 자금을 조달할 수 있게 되자 채권 발행이 크게 증가되면서 채권의 신용등급을 받아야 했기 때문이었다.

(2) 리먼 브라더스의 파산과 금융위기

2008년 9월 15일 리먼 브라더스가 파산하면서 금융시장에 전례 없는 신용위기가 발생하게 되었고, 미국 금융기관들의 파산을 막기 위해서 부시 행정부가 어렵게 의회의 동의를 얻어서 사상 최대의 구제금융을 지원하게 되었다. 3월에 투자은행 베어스턴스가 상업은행인 JP모건에 인수되었고 9월 14일에는 메릴린치가 상업은행인 뱅크오브아메리카(BOA)에 전격 인수되었고 9월 15일에는 리먼 브라더스가 파산하면서 독립적인 대형 투자은행 전성시대가 끝났다.

2008년 5월의 미국 5대 투자은행들의 부채자산비율은 골드만 삭스가 26.1, 모건 스탠리는 30.9, 리먼 브라더스는 33.2, 메릴린치는 45.8, 2007년 말의 베어스턴스는 36.6에 달했는데, 고수익 투자은행 모델의 위험성을 보여 준다. 9월 21일에는 미국의 제1, 2위의 투자은행인 골드만 삭스와 모건 스탠리가 은행 지주회사로 기업구조를 변경하기 위한 신청을 연방준비제도이사회가 승인했는데, 이에 따라 감독기관이 증권거래소로부터 중앙은행으로 변경되면서 긴급 유동성 지원을 받을 수 있게 되었다.

2009년 2월에 금융구제안이 발표되었는데, 부실자산 매입을 위해 민관공동의 투자펀드를 설립해서 최대 1조 달러까지 지원하고 연준의 소비자금융 지원액을 2,000억 달러에서 1조 달러로 확대하는 내용이었다. 최대 금융기관이던 씨티그룹뿐만 아니라 채권 발행 기관이 부도가 나면 원금을 상환받을 수 있는 보험 성격의 파생금융 상품인 신용부도스왑(Credit Default Swap, CDS)의 부실 심화에 따라 세계 최대 보험사 AIG(American International Group)도 막대한 구제금융 지원을 받았다. 당시의 상황은 대마불사 : 금융위기의 순간 그들은 무엇을 선택했나(*Too big to fail*)와 다큐 영화 인사이드 잡(*Inside Job*)에 잘 묘사되어 있다.

2009년 5월 금융위기조사위원회(Financial Crisis Inquiry Commission, FCIC)의 보고서에서는 금융위기의 제공자로 그린스펀 전 연준 의장은 규제완화로 부동산 거품을 키웠으며, 버냉키 연준 의장은 위기를 예측하지 못해 대응이 미흡했으며, 폴슨 전 재무부 장관은 위기를 간과했고, 가이트너 재무부 장관은 씨티그룹과 리먼 브라더스 대책이 미흡했으며, 클린턴 전 대통령은 금융규제 완화의 책임이 있다고 지적했다. 그러나 파산된 리먼 브라더스의 최고경영자였던 풀드(Richard Fuld)에 이르기까지 모두 자신들을 변명할 뿐 책임을 인정하지 않았다.

(3) 금융규제와 감독의 강화

금융위기의 원인을 제공한 대형 은행에 대한 지나친 규제완화와 느슨한 감독을 시정하기 위해 2010년에 제정된 금융제도개혁 및 소비자보호법(Dodd-Frank Wall Street

Reform and Consumer Protection Act, 일명 도드-프랭크법)은 금융감독 시스템을 금융안정감독위원회(Financial Stability Oversight Council, FSOC)로 일원화하여 효율성을 높이고, 정부가 부실 금융회사를 퇴출시킬 수 있게 해서 금융회사의 부실이 국가 경제에 충격을 주지 않도록 하고 은행들의 고위험 투자를 제한하고 대형 은행 정리 절차를 개선하고 스트레스 테스트(stress test)를 시행하며 금융 소비자를 보호하기 위해 소비자금융보호국(Consumer Financial Protection Bureau, CFPB)을 신설하는 등 금융시장을 포괄적으로 규제하는 내용을 포함한 강력한 금융규제 법안으로 평가되었다. 그러나 의회에서 논의되는 과정에서 당초의 취지가 퇴색했고 위기 재발 방지에 큰 효과가 없을 것이라는 비판도 받았다.

2013년에는 사모펀드나 헤지펀드에 기본자기자본의 3% 이상 투자를 제한하는 은행 규제법안인 '볼커 룰(Volcker Rule)'이 승인되어 대형 은행들의 자기자본 거래를 금지하고 헤지펀드, 사모펀드 등의 지분 취득을 제한해 위험회피 거래를 엄격히 감독하고 위험한 거래를 조장하는 거래 담당자의 임금체계도 규제하게 되었는데, 연방준비은행은 2015년 7월까지 볼커 룰의 적용을 유예했다.

금융위기 극복을 위해 추진되었던 금융기관의 인수·합병은 위기 이후 금융기관의 규모를 더욱 증가시켰다. 뱅크오브아메리카, 씨티그룹, 골드만 삭스, JP모건 체이스, 모건 스탠리, 웰스 파고 등 6개 금융기관이 금융시장에서 지나치게 큰 비중을 차지하게 되었으며 비중은 갈수록 더 높아졌다. 은행 자산 중 높은 레버리지 비율과 위험한 파생상품 거래 등도 달라지지 않았는데, 저금리가 장기간 지속되면서 수익률 높은 상품을 찾아서 고위험 고수익 파생상품 투자가 증대되었다. 2016년 1분기 기준으로 JP 모건은 약 2조 달러인 자산규모의 26배에 달하는 파생거래를 보유하는 등 대형 은행들의 지나친 파생상품 거래에 따른 위험에 대한 우려가 높아졌다.

2016년의 대통령 선거 과정에서 금융기관의 대형화로 인한 위험을 최소화하기 위해 상업은행과 투자은행을 분리했던 글래스-스티걸법의 재도입을 추진하겠다는 정강이 민주당과 공화당 양당에서 채택되었지만, 트럼프 대통령 당선자는 금융제도개혁법이 지나친 영업규제로 금융기관들의 대출능력을 제한함으로써 경제성장을 위한 역할을 하지 못한다고 주장하면서 폐지를 공약했고 골드만 삭스 출신의 므누신(Steven Mnuchin) 재무부 장관 등 월스트리트 출신을 대거 중용하면서 금융규제가 다시 완화될 가능성이 높아졌다. 금융위기가 민간 금융기관에 대한 불충분한 규제 때문에 발생했다는 종전의 인식에 대해 패니메이나 프레디맥 등 연방정부의 잘못된 정책 역시 중요한 요인이라는 비판이 제기되었다. 안정적인 금융체제를 유지하면서 민간 금융회사들의 영업활동과 수익성을 높일 수 있는 제도 개혁을 추진할 필요가 있다.

8. 미국 금융기관의 인수·합병

(1) 금융기관의 인수·합병을 통한 경쟁력 강화

미국의 은행산업은 1960년대까지는 주간 영업제한, 은행업과 증권업의 겸업 금지, 예금금리 상한 등과 같은 금융규제하에서 안정적인 성장을 지속했다. 그러나 1970년대 이후 인플레이션에 따른 시장금리의 상승, 정보통신기술의 발달 등을 배경으로 금융혁신이 급속히 진행되었고 1980년대 들어서 금융규제완화가 진행되면서 급격한 환경 변화를 맞았다. 금융기관 간의 경쟁이 격화되는 과정에서 고위험 고수익 자산에 대한 자금운용이 확대되고 경기침체에 따른 자산 가치의 하락이 이루어지면서 1980년대 후반에서 1990년대 초반에 걸쳐 도산하는 은행이 속출했다. 이 과정에서 경쟁력 강화의 일환으로 합병을 통한 대형화가 활발하게 이루어졌다.

은행 간의 합병은 규모의 확대를 통한 비용절감 효과, 시장지배력의 증대, 지역적 영업기반 구축을 통한 시너지효과 창출, 합병 압력을 막기 위한 합병, 그리고 이종 금융기관 간의 합병의 경우 범위의 경제를 통한 새로운 수익원의 확보와 수익기반의 다변화를 통한 경영 위험 분산 효과를 목표로 이루어진다. 초대형 금융기관의 다수가 합병을 통해 등장할 정도로 금융기관 간의 합병은 세계적인 추세이다.

1980년대에는 대개 소형 은행 간이나 대형 은행과 소형 은행 간에 합병이 이루어졌지만 1990년대에는 대형 은행 간의 합병이 증가했다. 특히 1990년대 중반 이후 미국의 장기적 경기확대와 고주가를 배경으로 하여 초대형 은행 간의 인수·합병이 활발하게 진행되었다. 은행의 주간 영업이 허용되면서 금융 중심지에 본점이 없는 지역 은행이 발전했고 인터넷과 컴퓨터 발달과 함께 다른 업종 진출을 규제하는 글래스-스티걸법이 실질적으로 완화되면서 M&A붐이 일어났다. 이러한 추세는 1998년 4월 6일의 자산규모 2위인 씨티코프(Citicorp)와 증권·투자금융·보험이 주 업종인

트래블러스의 서로 다른 금융기관 간 합병은 합병 금액 720억 달러로 최대의 금융기관 씨티그룹 탄생을 발표했고, 4월 13일의 뱅크아메리카(BankAmerica)와 네이션스뱅크(NationsBank)의 합병은 합병 금액 600억 달러로 최초의 전국 은행이자 최대 은행 뱅크오브아메리카의 탄생을 알렸으며, 같은 날 합병 금액 290억 달러인 퍼스트 시카고(First Chicago)와 뱅크 원(Bank One)의 합병 발표가 이어졌다. 또 6월 8일에는 합병 금액 340억 달러인 웰스 파고와 노웨스트(Norwest)의 합병이 연이어 발표되었다.

대규모 금융기관 간의 합병은 관련법의 개정을 필요로 하고 여러 현안 문제를 본격적으로 논의하게 만든 측면도 있었다. 첫째는 대규모이면서 지리적으로도 광범위한 대형 은행을 효율적으로 경영할 수 있는가, 또 감독기관이 효율적으로 감독할 수 있는가 하는 문제였다. 예를 들면 뱅크아메리카와 네이션뱅크의 자산 합계는 5,679억 달러, 종업원 17만 6,500명, 지점 수 5,030개, 이용자는 미국만 2,900만 세대, 영업 주는 22개 주, 활동 국가는 39개국에 달했다. 둘째는 거대 은행의 출현은 일반 은행 이용자를 희생하지는 않는가, 즉 서비스의 질이 하락하면서 수수료는 인상되지 않을 것인가 하는 문제였다. 셋째는 경기가 악화되어 거대 은행이 도산에 직면하게 될 경우 정부가 채택해야 할 대책의 비용이 지나치게 높아지지 않는가 하는 문제였다. 예를 들면 1991년의 뉴잉글랜드은행(Bank of New England)의 경우 정부에 의해 예금 자체는 보호되었지만 지역경제에 미친 영향은 심각했다.

합병에 대한 다수의 실증분석에 의하면 합병에 의한 비용 효율의 현저한 개선을 입증하지 못했다. 합병 전의 개별 은행과 합병 후의 은행의 비용 효율성에 통계적으로 유의성 있는 차이가 나타나지 않았으며, 수평적 합병은 우호적이든 적대적이든 경제적 효율이 현저히 높아진 사례는 거의 없었다. 합병 후의 은행은 비용 효율을 개선시키지 않더라도 생산하는 서비스의 구성을 변화시킴으로써 수익을 비용 이상으로 증가시키고 이익 효율을 높일 수 있었다. 그러나 대형 은행이 시장경쟁을 통해서 서비스 가격을 인하하고 결과적으로 이용자에게 이익을 환원시키는 경향을 찾기는 어려웠다.

1999년 금융서비스현대화법에 따라 은행-보험-증권 등의 금융업 간의 장벽이 제거되면서 금융회사들 간의 매수·합병이 더욱 쉬워졌는데, 합병은 은행의 대형화를 통해 위험을 분산시키는 효과를 가질 수 있지만 현실적으로는 최대이윤을 추구하는 경영자의 자의적인 선택의 가능성이 높고 예금자보호법 아래에서 도덕적 해이를 통해 오히려 더 위험한 자산운용을 할 가능성이 있다. 대형화된 은행이 부실화될 경우에 대한 처리권한을 가진 연방예금보험공사(FDIC)는 전체 금융제도의 불안정을 우려하여 해당 은행의 모든 채무에 대한 지급보증을 제공하거나 도산 방지를 위한 구제자금을 지원하는 등 대마불사 정책을 쓸 가능성이 높아진다.

(2) 금융위기 이후의 금융기관 인수·합병

서브프라임 사태를 전후하여 일어난 서로 다른 금융기관 간의 이합집산은 금융기관 간의 합병을 통한 대형화·다각화 전략에 대한 근본적인 재검토에 따른 것이었다. JP모건 체이스는 2008년 투자은행인 베어스턴스와 워싱턴 뮤추얼(Washington Mutual)을 인수했으며, 뱅크오브아메리카는 2009년 투자은행인 메릴린치를 인수하면서 취약했던 투자금융부문의 경쟁력을 제고했으며 글로벌 금융그룹으로 부상했다. 씨티그룹은 금융위기 이전에 트래블러스와의 합병으로 유니버설 뱅킹을 선도했으나 금융위기로 경영 성과가 악화되면서 증권사인 스미스 바니(Smith Barney)를 매각하면서 위상이 하락했다. 골드만 삭스는 금융위기 중에 은행지주회사로 전환했지만 투자은행 위주의 사업구조는 유지했고 2012년 드와잇 애셋 매니지먼트(Dwight Asset Management)를 인수하여 거액의 자산가들을 대상으로 하는 고객 서비스인 프라이빗 뱅킹 사업을 확대했다. 모건 스탠리도 금융위기 중에 은행지주회사로 전환했지만 스미스 바니 인수로 재산관리부문 비중을 증가시켰다. 2008년 이후의 베어스턴스의 구제금융과 리먼 브라더스의 파산, 그리고 골드만 삭스와 모건 스탠리의 은행지주회사로의 전환에 따라 대형 독립 투자은행이 사라졌다.

전국적인 은행업이 가능해지고 은행 합병의 이익이 높아짐에 따라 상업은행의 숫자가 감소하고 있는데, 이러한 변화에도 불구하고 은행산업의 구조에 영향을 주고 있다. 영국 등 다른 선진국에 비해서는 여전히 중소 규모의 은행이 많고 대형 은행 간의 치열한 경쟁으로 비효율적인 은행을 퇴출시키는 미국의 독특한 특징은 여전히 유지되고 있다. 초대형 은행의 증가는 지역사회 은행과 같은 소형 은행들에게 큰 위협이 되기 때문에 소형 은행 역시 합병을 통한 자본력과 영업력을 확대하고 지역 밀착력을 강화하고 틈새시장을 개발할 필요성이 더욱 증대되었다.

제 **7** 장

미국의 고용과 분배

1. 미국의 노동시장

(1) 미국 노동시장의 특징

노동시장은 역사, 경제제도, 법률, 노동조합, 정부정책의 영향을 받는다. 시장경제적 성향이 강한 미국 경제에서는 노동시장에 대한 규제가 매우 적고, 고용에 대한 보호장치가 거의 없으며, 노동시장의 유연성이 높고, 고용정책은 소극적이라는 특징을 지닌다. 유럽과 달리 역사적으로 미국 노동자들은 계급의식이 낮았고 노동조합은 조합원의 경제적 이익을 추구했기 때문에 노동자들의 정당이 사실상 없었다. 노동시장은 경제구조 변화와 경기변동과 깊은 연관을 가지고 있으므로 미국 경제의 변화가 노동시장에 그대로 반영되고, 노동시장의 변화는 다시 경제와 사회·정치에 영향을 미친다. 노동시장의 변화는 미국 정치에 큰 영향을 미치는데, 실업률은 경제정책의 성패를 판단하는 대표적 지표로 간주되고 신규 일자리 수와 노동시장 참여율 등의 지표가 많은 관심을 받는다. 오바마 대통령의 재선 여부가 당시 실업률의 9% 이하 하락 여부에 달렸다고 보도되기도 했고, 최근에는 히스패닉 등의 이민노동자 증가에 대한 백인 노동자들의 반발이 정치적 변화를 가져왔다.

　제조업의 쇠락과 함께 기술 변화와 이에 따른 산업구조의 변화는 노동시장에 큰 변화를 가져왔다. 미국 경제의 성장 과정에서 산업구조가 변하면서 나타난 제조업의 쇠퇴와 서비스업의 발달은 노동시장에 큰 영향을 미쳤다. 미국의 민간노동자 수는 1980년에는 1억 694만 명으로 인구의 47.6%, 2000년에는 1억 4,258만 명으로 인구의 50.5%를 차지했으며, 2015년에는 1억 5,713만 명으로 늘어나 인구의 48.8%를 차지했다. 전체 노동자의 숫자는 증가했지만, 서비스업에서는 노동자가 늘어난 반면 제조업에서는 감소했다.

서비스산업 중에도 광고·컴퓨터 등 협의의 서비스업, 의료·교육 등 프로페셔널 서비스, 소매업 등의 증가가 두드러졌고 금융·증권부문 등 소위 고수익부문의 고용 증가는 거의 없었다. 업무를 외부에 위탁하는 아웃소싱이 크게 증가했고 엔터테인먼트산업이 발달했으며 고령화 사회에 따른 의료산업도 비중이 크게 증가했다. 반면 농업 취업자 수는 계속 감소하여 1997년의 경우 340만 명으로 총취업자 1억 2,956명의 2.6%에 지나지 않았고 2014년에는 203만 명으로 전체 일자리의 1.4%를 차지하는 데 그쳤다.

산업부문별 고용을 살펴보면, 2014년의 경우 제조업 일자리는 1,219만 개로 전체 일자리의 8.1%를 차지했는데 2004년의 9.9%에 비해 10년간 연율로 1.6% 감소했고 2024년에는 7.1%로 더욱 낮아질 것으로 전망했다. 서비스업 일자리는 2004년의 76.8%에서 80.1%로 상승하여 연율로 0.7% 증가했다(표 7-1 참조). 서비스업 일자리 중에는 2014년 기준으로 프로페셔널 및 기업 서비스의 비중이 12.7%로 가장 높았으며 보건 관련 서비스의 비중이 12.0%로 뒤를 이었는데, 2024년에는 보건 관련 서비스의 비중이 13.6%로 기업 관련 서비스의 13.1%를 능가할 것으로 예상되었다. 정보나 금융 관련 서비스의 일자리는 감소하거나 정체할 것으로 전망되었다.

미국 경제의 서비스화 경향은 교육수준이 높은 고기능 노동자에 대한 수요를 증가시켰다. 산업구조 고도화 중에 금융부문과 의료부문 등 전문적 지식을 필요로 하는 부문이 확대되었으며, 각 부문 내에서도 기술혁신과 기술개발의 진전에 따라 숙련도가 높은 고기능 노동자에 대한 수요가 높아졌다. 미국 다국적기업의 아웃소싱 전략도 이러한 경향을 촉진했다. 특히 전기·전자·컴퓨터산업 등은 개발도상국의 저임금 노동력을 이용하여 비용을 절감하기 위해 제품개발·기술부문과 판매·마케팅 부문 등은 국내에 배치하고 그 밖의 노동집약적 공정은 해외에 이전시켜서 생산하고 있다. 미국 국내에서 노동력 구성의 변화는 세계 노동시장과의 통합 속에서 나타난

표 7-1	산업부문별 고용				
산 업	일자리(천 개)	구성비(%)			변화율(%)
	2014년	2004년	2014년	2024년 (예상)	2004 ~2014년
농업	2,138	1.5	1.4	1.3	0.1
재화 생산(농업 제외)	19,171	15.1	12.7	12.0	-1.3
건설업	6,138	4.8	4.1	4.3	-1.3
제조업	12,188	9.9	8.1	7.1	-1.6
서비스업	120,641	76.8	80.1	81.0	0.9
수도·전기 등	553	0.4	0.4	0.3	-0.2
도매	5,826	3.9	3.9	3.8	0.3
소매	15,365	10.5	10.2	10.1	0.2
운송	4,640	2.9	3.1	3.0	0.9
정보	2,740	2.2	1.8	1.7	-1.3
금융	7,980	5.6	5.3	5.3	-0.2
기업 서비스	19,096	11.4	12.7	13.1	1.5
교육(민간)	3,417	1.9	2.3	2.3	2.2
보건	18,057	10.0	12.0	13.6	2.3
여가	14,710	8.7	9.8	9.8	1.6
연방정부	2,729	1.9	1.8	1.5	0.0
지방정부	19,134	13.1	12.7	12.4	0.1

현상이다.

미국 노동시장의 특징의 하나는 직종 간의 구별이 엄격할 뿐만 아니라 성별·인종·학력 등에 따라 노동시장이 분절되어 있다는 점이다. 그 결과 임금·직종·노동조건·실업률 등도 노동자가 소속된 집단에 따라 상당한 차이를 보이고 있다. 또 경제의 구조조정 과정에서 임시직 노동이 증가되어 5명 중 1명은 임시직으로 고용되었다.

노동자 수의 증가와 함께 여성 노동자의 시장 참여도 증가했다. 1990년의 경우 여성 노동자는 전체 민간 노동력의 45.2%를 차지했는데, 2012년에는 46.8%로 비중이 높아졌다. 25~34세 사이 연령대의 경우 대졸 이상 학력 소지자 비율은 여성이 남성보다 10%포인트 정도 더 높았다. 여성 노동자가 노동시장의 중요한 구성요소가 되었지만 남녀의 임금 간에는 상당한 격차가 존재하고 있는데, 이러한 격차는 연령이 높아져서 근속연수와 승진 등이 임금에 영향을 미치게 됨에 따라 더욱 확대되는 경향이 있다. 동일 노동에 있어서의 남녀 차별은 법률로 금지되어 있지만 실제 임금 격차가 존속되는 것은 여성차별이 계속되어 왔을 뿐만 아니라 여성이 종사하는 산업이나 직종이 남성에 비해 서비스나 일반 사무직 등 상대적으로 임금 수준이 낮은 직종에 종사하는 비율이 높은 영향도 있다.

여성의 학력이 높아지면서 점차 고소득 직종 진출이 증가하고 있으므로 남녀 임금 격차가 좁혀지겠지만, 고졸 이하 노동자와 저임금 부문 노동자의 경우에는 격차가 유지되거나 확대되고 있다. 최근의 여성 고용의 증가는 여성의 사회 참여와 사회적 지위 상승의 영향도 있지만 실질임금의 정체 및 고용 불안 증대에 따라 가족안전망으로서 여성 고용이 늘어난 영향이 컸다.

민간 노동력을 인종별로 보면 1990년에는 백인이 85.4%, 흑인이 10.9%, 히스패닉이 8.5%를 차지했는데 2015년에는 백인이 78.7%, 흑인이 12.3%, 아시아계가 5.8%, 히스패닉이 16.6%를 차지하여 백인의 비율이 상당히 하락했고 히스패닉의 비중이 크게 높아졌다. 2022년 추정치는 백인이 79.8%, 흑인이 12.4%, 아시아계가 6.2%, 히스패닉이 19.1%로, 히스패닉 비중 증가의 경향이 더욱 강화될 것으로 예상되었다. 제조업은 흑인의 평균임금이 높은 업종이기 때문에 경제구조 변화에 따른 생산직의 감소가 흑인의 소득 감소와 함께 일자리 감소를 초래했다. 2001년 이후에는 경기순환에 따른 일시적인 해고가 아니라 일자리 자체가 사라지면서 특히 흑인들의 생활수준을 크게 하락시켰다.

미국 노동력은 역사적으로 이민으로 보완되었는데, 이민자 수는 1970년대 이래 급증했다. 이민자의 출신국은 멕시코 등 중남미 국가가 가장 많았고, 필리핀·한국·중국 등의 아시아 국가들도 적지 않았다. 합법이민자들뿐만 아니라 불법이민자도 합법이민자 수의 거의 절반에 달하는 것으로 추정되는데, 통계에 나타나지 않는 불법이민자의 노동력 공급도 상당한 역할을 한다. 이민자의 증가로 인해 고용이 불안정해지거나 실업상태에 처하게 되었다고 느끼는 저학력 백인 노동자층의 불만이 2016년 선거 결과에 반영되었다.

(2) 금융위기 이후의 노동시장

1990년대에 들어서 미국 대기업은 생산직 노동자뿐만 아니라 사무직 노동자층에 대해서도 감량경영을 추진하여 기업의 국제경쟁력을 강화시키고자 했다. 2000년 하반기의 경기침체와 2007년부터 시작된 서브프라임 위기에 따라 인건비 축소를 위한 대량 감원이 진행되었다. 크루그먼 교수는 21세기의 첫 10년은 사실상 '고용 제로(zero job creation)'의 시기였다고 규정했다. 고용 없는 경기회복(jobless recovery)의 원인으로는 제조업의 경쟁력 저하와 아웃소싱으로 인해 일자리가 해외로 이전되고 금융 등 생산성이 높은 서비스 부문에서는 고용이 별로 증가되지 않는 점 등을 들었다.

2008년 이후의 고용시장의 침체가 양적 완화와 제조업의 상승세에 힘입어 회복되고 있지만 실업률이 지속적으로 하락하는 등 주요 고용지표가 개선되었다. 그러나 임금 상승은 상대적으로 부진했는데, 이는 주로 금융위기 중에 실업이나 비경제활동 상태에 있거나 시간제 근무를 하던 노동력이 저임금 일자리에 취업했고 임금 수준이 비교적 높았던 베이비부머 세대가 은퇴하면서 평균 임금이 하락했기 때문이었다. 금융위기에 따른 경기침체 이후 남성이 많이 종사하는 금융업·제조업·건설업 등이 부진하면서 남성 실업률이 상대적으로 더 높아졌다.

2008년 금융위기 이전에는 미국은 노동시장은 해고가 비교적 쉽고 신규 채용도 활발해서 유럽에 비해 유연성이 높기 때문에 실업률이 상당히 더 낮았다. 그러나 금융위기 이후 높은 실업률과 함께 장기 실업 현상이 나타났다. 과거에는 장기 실업자가 전체 실업자의 1/4을 넘지 않았으나 금융위기 이후에는 절반을 넘었는데, 장기 실업자들은 소비를 억제하므로 고실업과 장기 실업 현상은 경기회복을 지체시켰다. 그 원인으로는 금융위기에 따른 심각한 경기침체와 함께 건설업, 제조업 등의 일자리가 줄어들고 보건, 교육 등 전문서비스업의 일자리가 증가하고 있는데 교육 훈련 없이는 단기간에 노동 이동이 불가능하고 또 맞벌이 부부가 함께 이동하기 어렵다는 등 노동시장의 구조적 요인이 노동수요와 공급의 불일치를 가져오기 때문으로 지적되었다. 기술진보에 따라 경제 전 부문이 디지털화되었고, 경기침체가 이어지면서 기계 가격이 하락했으며 금융기관이 초저금리를 유지하고 정부가 시설 등에 대한 자본 투자에 세제 혜택도 제공하고 있기 때문에 기계에 대한 투자가 증가하면서 일자리 감소와 함께 노동의 질을 하락시켰다.

일자리의 양과 질에서 양극화 현상이 심화되었는데, 저소득 일자리가 증가했으며 중간소득 일자리는 감소했고 고소득 일자리는 임금이 상승했다. 유통업계 영업, 식자재 준비, 화물 운송 근로자, 웨이터, 개인 간호 도우미, 사무원, 고객 서비스 상담원 등의 불안정한 저소득 일자리는 증가했지만, 제조업, 금융업, 보험업, 부동산업, 주정부와 지방정부의 일자리는 감소하거나 거의 늘지 않았다.

취업을 연기하거나 포기하는 청년들이 증가했다. 경기의 장기 침체에 따라 구조조정이 필요한 기업들이 해고보다는 채용을 줄이므로 취업이 어려워졌고, 대학 진학은 늘어나는데 졸업 시기는 늦어지며, 수명이 길어지면서 대학 졸업과 결혼, 출산 등에 영향을 미치고, 부모 세대인 베이비부머가 은퇴를 연기하는 것 등도 청년층의 취업을 어렵게 만들었다. 금융위기 이후의 경기침체 속에서 고학력 노동자에 비해 저학력 노동자들이 고용에 훨씬 큰 어려움을 겪으면서 소득의 양극화가 심해졌고 대학 진학률이 높아지고 학생 부채가 더욱 커지면서 경제적 불균형을 확대시켰다.

1980년대 이래의 제조업의 사양화와 생산기지의 해외이전과 함께 1990년대 이래 정보통신혁명이 진행되면서 대학 졸업 이상의 고학력 노동자에 대한 수요는 더욱 높아졌고 고졸 이하의 저학력 노동자에 대한 수요는 더욱 감소했으며, 고학력 노동자의 임금은 상승한 반면 저학력 노동자의 임금은 하락함에 따라 학력에 따른 임금 격차는 더욱 커졌다. 교육 수준에 따른 실업률의 차이도 매우 컸는데, 2016년 10월의 실업률은 대학 졸업 이상인 경우 2.6%로 매우 낮았고, 대학 중퇴자는 3.8%, 고등학교 졸업자는 5.5%였는데, 고등학교 중퇴 이하인 경우는 7.3%로 상당히 높았다(그림 7-1 참조).

또 오랜 시간 일을 하면서도 빈곤을 벗어나지 못하는 근로빈곤층(working poor)의 증가는 저소득 노동자 계층의 열악한 노동 현실을 드러냈다. 낮은 임금, 인플레에 따른 최저임금의 실질 가치의 하락, 실직자 지원금과 지원대상 자격 강화, 잦은 휴직이나 실직 등에 따른 최하위 소득계층의 소득 하락으로 2013년에는 7명 중 1명이 근로빈곤층에 속했다. 저소득층이 일하지 않고 복지예산만 고갈시킨다는 비판이 있

그림 7-1 교육 수준별 실업률

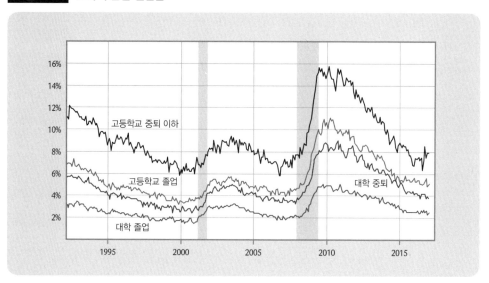

지만 2008년 근로빈곤가족프로젝트(Working Poor Families Project)에 의하면, 저소득층은 72%가 일을 했으며, 중간층 노동자보다 25% 이상 노동시간이 길었고, 69%가 미국에서 태어났고, 89%가 25~54세에 속했고, 25%만이 복지제도의 도움을 받았다. 이와 대조적으로 주식·채권·부동산 등으로부터 소득을 얻는 비근로부유층(non-working rich)의 소득은 더욱 늘어났는데, 최고부유층 10명 중 6명은 엄청난 재산을 상속받았다.

(3) 노동조건의 악화

미국 노동자의 노동조건은 상당히 악화되었다. 노동시간은 다른 선진국보다 상당히 길었고 노동시간의 단축이 진전되지 않았을 뿐만 아니라 실질임금도 하락했고 저임금 노동자의 비중도 다른 선진국에 비해 높았다.

2000년의 미국 연간 평균 노동시간이 1,836시간에서 2007년에는 1,767시간으로 줄어들다가 금융위기 이후 다시 늘어나면서 2015년에는 노동시간이 1,792시간에 달했다. 2015년의 경우 일본의 평균 노동시간은 1,719시간, 프랑스의 1,482시간, 독일의 1,371시간에 비해 노동시간이 길었고 한국의 평균 노동시간은 2,124시간이었다. 미국 노동자의 2015년 평균 연간 실질임금은 구매력평가(PPP) 기준 5만 8,714달러,

시간당 실질임금은 32.80달러였는데, 독일 노동자의 실질임금은 4만 4,925달러, 시간당 실질임금은 32.77달러였고, 일본 노동자의 실질임금은 3만 5,780달러, 시간당 실질임금은 20.81달러였다.

2012년을 기준으로 중위 임금의 2/3 미만 임금을 받는 저임금 노동자의 비율은 미국이 25.3%를 기록해서 OECD 국가 중 가장 높았는데, OECD 평균은 16.3%였고 한국은 미국 다음으로 높은 25.1%에 달했다. 미국 노동자들의 평균 실질임금이 높았음에도 불구하고, 저임금 노동자의 비중이 크게 높았다. 같은 임금을 받더라도 작업장 내 임금 불평등이 크다면 임금의 질이 상대적으로 나쁘다는 가정하에서 추정된 작업장 내 임금 배분의 불평등 수준은 미국은 0.35로 OECD 국가들 중 두 번째로 높았는데, 한국은 네 번째로 높았다.

2. 미국의 고용정책

고용정책은 실업자의 소득 보전 위주의 소극적 노동정책과 실업자의 재취업 위주의 적극적 노동정책으로 나뉜다. 미국에서는 1930년대의 대공황 이후 고용정책이 법적인 뒷받침을 갖추었는데, 정치적으로는 공화당과 민주당의 이념에 따라 시장주의적이거나 정부의 적극적 역할을 중시하는 정책이 취해지기도 했고, 경제적으로는 대공황이나 경기침체 시기에 사회적 안전망을 강화하기 위한 정책이 실시되었다.

미국 노동시장은 유럽이나 한국에 비해 유동성이 높았다. 유럽 국가들은 노동당이나 사회민주당 등이 정권을 장악하고 노동자를 고려한 정책을 추진했지만 미국에서는 이러한 경험이나 전통이 존재하지 않았기 때문이다. 그 대신 미국에서는 1935년 전국노동관계법(National Labor Relations Act, 일명 Wagner법)이 제정되었고 노동자의 단결권과 단체교섭권이 법적으로 인정되었다. 이에 따라 자동차, 철강, 건설, 운수업에 종사하던 노동자들이 점차 조직화되어 경영진과 협상을 하게 되었다. 노동자는 매년 3% 정도의 임금 상승을 이룩했으며 물가상승에 연계된 생계비 조정(Cost Of Living Adjustment, COLA)까지 획득하였다.

1930년대에서 1960년대까지는 실업보험, 취업알선, 직업훈련 인프라 등의 제도적 틀이 정립되었고, 1970년대에서 1980년대에는 작은 정부를 내세우고 분권화와 규제완화가 강조되면서 고용정책 관련 예산과 기능이 위축되었고 생산적 복지의 개념으로 예산 절감과 효율성 제고가 강조되었다. 2000년대 이후에는 이러한 기조에서 취약층에 대한 실업 대책에서 새로운 성장 산업 분야의 훈련이 강화되었다.

2008년 이후의 대경기침체기에 들어서 오바마 행정부가 추진한 대표적인 일자리 창출 정책인 2009년의 경기회복·재투자법(ARRA)의 경우 공화당은 큰 정부와 비효율적인 정책이라고 비판하면서 사업주 세금감면과 규제완화가 더 바람직하다고 주장한 반면, 민주당은 일자리 창출 예산이 사회간접자본 투자로 더욱 확대되어야 한다고 주장하였다.

노동조합의 임금교섭 전술은 패턴 협상(pattern bargaining)이라 불렸는데 어떤 유력한 산업에서 가장 업적이 좋은 기업을 대상으로 노동협약을 체결하고 이것을 모델로 해서 동일 산업 내의 전체 기업에 적용하고 또 다른 산업에도 파급시키는 것이었다. 미국자동차노조(UAW)가 전통적으로 구사한 패턴 협상은 제너럴 모터스, 포드, 크라이슬러 등 빅3 자동차 제조사 가운데 가장 여건이 좋은 회사를 '타깃 회사'로 정한 뒤 협상력을 집중해서 유리한 조건의 협약을 맺으면 다른 회사들에게 이를 기준으로 삼자고 압력을 가하는 방식이었다. 이에 따라 노동자는 '동일 노동, 동일 임금'의 원칙을 거의 달성하는 등 큰 성과를 얻을 수 있었지만 다른 한편으로 경영자측은 그 비용을 제품 가격으로 전가시켰기 때문에 미국 상품의 국제경쟁력을 저하시키는 원인이 되었다.

1980년대에 레이건 대통령은 반노동조합적인 정책을 실시했고 경쟁력 약화를 내세워서 경영 측도 공장폐쇄나 해외이전으로 위협하면서 노조 측의 양보를 강요했다. 서비스산업의 발전과 여성의 사회진출이 이루어지면서 노동조합의 조직률이 급속하게 하락했다. 그 결과 노동조합은 임금 동결이나 경우에 따라서는 임금 인하를 받아들일 수밖에 없는 등 수세에 몰리게 되었으며, 물가 연계 생계비 조정 등도 유지하기 어렵게 되었다. 경영 측이 우위를 차지하는 상황이 계속되었고, 노동조합의 힘은 더욱 약화되었으며 중산층 이하의 실질임금은 거의 상승할 수 없었다.

1990년대 미국 경제는 지속적 성장을 보였는데, 그 원인은 첨단기술산업의 번성과 함께 노동 비용의 억제에 있었다. 경기호황으로 실업률이 1998년 4월에는 4.3%로까지 하락하는 등 완전고용 상태에 근접했다. 시대의 변화에 뒤진 산업은 구조조정을 통해 경쟁력이 약한 사업은 정리하고 핵심 사업에 인재를 포함한 경영자원을 집중해서 수익을 향상시켰고 사업 확대와 함께 고용도 증가시켰다. 미국 노동시장의 특징은 일시해고(layoff)로 일자리를 잃는 사람들이 많은 한편, 과거의 일자리에 재고용되거나 새로운 일자리에 재취업될 기회도 많다는 데 있었다. 이러한 노동의 높은 유동성이 경제에 활력을 제공했다. 그러나 2008년의 금융위기 이후에는 대침체에 들어서면서 실업률이 10%를 상회했고 노동시장참여율이 하락했으며 해고된 노동자의 재고용 기회가 크게 감소했고 일자리가 기계로 대체되는 비중이 높아지는 등 구조적 실업이 증대하면서 노동시장의 유동성이 크게 하락했다. 금융위기에 따라 실업률이 급격하게 상승했던 현상은 미국 노동시장의 유연성을 반영했는데, 장기간의 실업급여를 지급하고 있어서 실업보험을 통한 사회안전망은 비교적 높은 수준이다. 파트타임이나 고령자의 단계적 퇴직, 직업 이동과 같은 형태의 노동은 유연성이 높다.

청년 고용대책으로는 저소득층이나 고교 미진학 청소년이 주된 대상으로 미래 성장산업을 포함하는 직업훈련과 함께 학업훈련도 중시한다. 고령자 고용정책은 저소득층을 대상으로 하지만 고령화사회 진입에 따라 고용 불안에 대한 대책은 별로 없고 실업보험기금을 재원으로 근로시간 단축에 따른 상실노동시간에 대해 일정 급여를 지급하기도 한다.

미국의 제조업은 과거 30년간 자동차·의류 등의 제조업체들이 약 750만 개의 일자리를 감축함에 따라 고용 증가율은 하락세를 보였는데, 오바마 대통령은 2012년 국정연설에서 제조업 부문의 고용 창출을 위해 무역법 집행기구 신설, 법인세 인하, 직원연수 프로그램 강화 등 일자리를 늘리기 위한 광범위한 정책을 추진하겠다고 선언했다. 미국에서 노동집약적이고 낮은 기술이 필요한 일자리를 증가시킬 수는 없겠지만 고품질의 정교한 제품 생산 능력과 수요가 높은 시장을 고려하여 경쟁력을 높이기 위한 정책을 실시하고 해외 생산기지를 본국으로 이전하는 기업에 대해 2년간 설비투자 세제감면 등 지원책을 제시하는 등 적극적인 제조업 일자리 정책을 실시했다. 그러나 이러한 대책은 단기·임시직 일자리 창출에 그쳤고 수출과 연구개발, 설비 투자가 늘어나더라도 바로 일자리 창출로 연결되지 않는다는 점에서 한계를 지녔다. 또 클린 에너지를 통한 녹색 일자리 창출에 막대한 예산을 투자했는데, 고용 없는 성장의 돌파구로서 양질의 일자리 창출, 석유 의존 탈피, 녹색산업의 주도권 확보를 위해 여러 부처가 녹색산업 지원과 인력 양성에 다양한 사업을 추진했다.

미국과 달리 유럽의 고용정책은 전통적인 노동자 보호의 관점에서 이루어진다. 해고할 때의 비용을 법률로 매우 높게 설정했기 때문에 기업은 신규 채용에 신중할 수밖에 없으므로 실업률이 높아지게 된다. EU의 주요 국가들의 실업률은 장기적으로 10%를 넘었다. 미국이나 유럽의 이러한 차이는 일장일단이 있다. 실업률을 비교해 보면 미국의 고용정책이 더 나은 것으로 보이지만 정부의 직접적인 개입 없이도 경쟁적이고 유동적인 노동시장을 유지하면서 미혼모나 신체장애자 등과 같은 사회적 약자들에게 일자리를 확보해 주는 정책이 필요하다. 울리히 벡(Ulrich Beck)은 유럽식의 적극적인 실업대책이 아닌, 미국식의 최저한도의 생계를 지원하는 소극적인 실업정책으로 노동시장이 유연화될수록 노동사회가 더욱더 빨리 위험사회(risk society)로 바뀌어 갈 것이라고 경고했다.

3. 미국의 경제적 불평등

(1) 미국의 분배 문제

미국의 사회학자들은 미국 시민들의 생활의 질이 상·중·하층의 계층적 구분에 의해 확연하게 구분되는 현상을 여러 지표로 측정한다. 고급 요리와 외국산 술은 상류층의 음식이고 햄버거와 샌드위치는 중하류층의 음식이다. 상류층은 자녀들을 명문 사립고에 보내 엘리트 교육을 시키지만 중하류층은 공립학교에 보내 대중교육을 시킨다. 예를 들면 부유한 동문들의 기증과 성공적인 기금 투자로 2007년에 1,000명의 재학생 1인당 80만 달러의 기금 자산을 보유했던 엑시터고등학교(Phillips Exeter Academy)는 등록금과 기숙사비가 36,500달러에 달하여 미국 가족 중 상류층 6%만이 감당할 수 있는 수준이었는데 학생 1인당 매년 평균 63,500달러에 달하는 혜택을 받을 정도로 우수한 교육환경을 지녔다. 또 백인·흑인·소수인종 간의 불평등뿐만 아니라 백인 중에서도 이탈리아계·아일랜드계·게르만계 등의 인종적 구분에 따라 소득과 부의 불평등이 구조적으로 고착화되어 있다.

미국은 자유와 평등의 나라이지만 결과의 평등이 아닌 기회의 평등을 근간으로 하고 있다. 미국은 한편으로는 기회의 나라로서 하루아침에 백만장자나 억만장자가 되기도 하는 '아메리칸 드림'이 실현되기도 했지만, 1980년대 이래 자산 소유가 상위 계층에 집중되는 부의 분배의 불평등화가 점차 가속되었다. 1960년대 초 케네디 대통령의 '뉴 프런티어(New Frontier)' 정신을 바탕으로 소득 불평등을 완화시키기 위해 존슨 대통령이 '빈곤과의 전쟁'을 선언하고 학비용자, 빈곤계층을 위한 특별교육지원 프로그램 확대, 기초생계 보조 등의 다양한 복지프로그램을 실시했다. 이러한 정책의 결과 1960년대 미국 복지제도의 골격이 갖추어졌고 흑인 등 소수인종의 대학 진학률이 높아졌으며 절대빈곤선 이하의 극빈자 수도 감소했다. 그러나 빈곤과의 전쟁이 절대빈곤 계층의 규모를 감소시키는 데는 기여했지만 평등사회의 구현이라는 정책 목표와는 반대되는 결과를 가져왔다. 정책적으로 많은 노력이 기울여진 교육기회의 확대에도 불구하고 미국 사회의 불평등은 여전히 건재했다. 특히 인종과 교육 수준에 따른 불평등 악화의 속도는 다른 어떤 요인보다도 현저했다. 이에 따라 세계 최대의 경제대국인 미국이 빈곤대국, 불평등사회라고 불리게 되었다.

제2차 세계대전 이후 절대적인 우위와 규제 속의 경쟁으로 미국 기업이 누리는 이익을 분배받은 중산층의 번영을 가져왔다. 그러나 외국 기업과의 국제 경쟁이 치열해지고 탈규제로 더욱 치열한 경쟁이 이루어졌으며 세계화가 심화되는 국내외 환경의 변화는 중산층의 번영에 종지부를 찍게 했다. 1980년대 이래 대규모의 감세정책이 지속적으로 진행되었고 대폭적인 민영화와 자율화가 추진되면서 소득 불평등이 증대되었다. 또 세계 경제의 금융화가 빠르게 심화되면서 노동자들의 생산활동을 통해 자본을 축적할 수 있었던 산업자본주의에서 벗어나 금융이 자본축적의 중심이 된 세계에서 생산성 향상이나 노동자에 대한 양보의 필요성이 낮아지면서 빈부 격차가 매우 현저하게 커졌다.

1990년대에는 장기 호황으로 미국의 소득은 전반적으로 증가하고 있지만 부가 상위 1%의 부유계층으로만 몰리는 부익부 빈익빈 현상이 갈수록 심화되었다. 정보통신혁명으로 호황이 절정에 달했던 1996년 중반에서 1999년 전반까지의 짧은 기간을 제외하면 계층 간 소득 격차가 계속 확대되었다. 19세기의 백만장자는 당시의 경제성장을 대표했던 철도·금융·철강·석유 등의 부문에서 나타났지만 1980년대에는 거품경제를 반영하여 금융·부동산·소매 부문에서 나타났고, 1990년대 이후에는 컴퓨터·인터넷 등 정보통신 관련 부문에서 나타났다.

(2) 심화되는 경제적 불평등

미국의 경제적 불평등의 확대는 중산층을 유지하던 조건의 붕괴에 의해 진행되었다. 제조업의 지위 저하로 1960년부터 2010년까지 생산 부문 노동자의 비중은 41.9%에서 16.5%로 낮아졌고 제조업 노동자의 비중은 33.7%에서 10.7%로 급감했다. 이에 따라 제조업을 주된 기반으로 하는 노동조합이 쇠퇴했고 노동자의 노조 가입 비율 역시 급락했는데, 이러한 변화는 생산효율의 향상에 의한 고용 감소와 국제 경쟁 격화에 따른 국제 분업의 진전 등 기술 변화와 세계화를 배경으로 했다. 이러한 환경 변화는 미국에만 국한된 것은 아니지만 미국 기업은 능동적 대응으로 감량경영과 같은 구조조정으로 인원을 대폭 삭감하고 생산거점은 노조가 약한 남부나 임금이 낮은 해외로 이전함으로써 산업공동화를 초래한 오프쇼어링이 널리 확산되었다. 기업의 구조조정이 강하게 추진된 것은 단기적 수익을 중시하는 주식시장의 영향으로 채산성이 낮은 부문의 정리와 매각에 의한 수익성 증대를 도모하는 것이 경영자들의 보수와 직결된 영향도 적지 않았다. 경제 세계화와 정보화시대의 도래라는 변화에 대한 기업의 대응 과정과 금융부문의 수익을 축으로 하는 경제구조로의 전환을 배경으로 하여 노동자가 중심이 되던 중산층의 붕괴와 슈퍼 리치(Super Rich)의 등장이 나타나게 되었다. 급격한 빈부 격차의 확대에 따른 중산층의 몰락은 2007년 이후 경제위기의 원인을 배태했을 뿐만 아니라 위기를 더욱 악화시키고 장기화시키는 요인이 되었다.

소득 불평등을 조장하는 요인으로는 구조적, 정책적, 인적, 경제외적 요인을 들 수 있다. 먼저 구조적 요인으로서 1980년대 달러 가치 급등으로 수출이 급감하고 무역 적자가 확대되고 생산거점의 해외이전이 진행되면서 소득의 해외유출이 급증하는 경제구조의 변화와 함께 정보통신혁명에 따른 기술 변화에 수반한 노동수요의 변화가 기술노동과 비숙련노동 간의 임금 격차를 크게 확대시켰고, 임시직 노동과 저임금, 그리고 장기 실업을 보충할 수 있는 복지제도가 부족했다.

정책적 요인으로서 효율중시 시장주의를 내세운 레이거노믹스를 기반으로 하는 정책은 대기업의 경쟁력을 높이기 위해 규제완화, 대규모 세금감면, 사회보장 삭감, 반노동자적 정책들로 대규모로 소득 재분배를 악화시켰다. 최고세율의 인하는 당연히 고소득자에게 유리한 소득 분배를 가져왔고 빈부 격차의 확대를 초래했다. 레이건 대통령이 1981년, 1986년 두 차례, 부시 대통령이 2001년, 2002년, 2003년 세 차례에 걸쳐 대규모 감세정책을 실시한 결과, 누진과세제가 크게 무너지고 최고세율의 구분이 사실상 없어졌으며 배당소득세와 자본이득세가 인하되면서 부유층에 대한 우대세제가 한층 강화되었다.

인적 요인으로서 이민사회인 미국에서는 신규 이주민이 기존 주민보다 저소득 직종에 종사하는 경향이 있었고 흑인이나 히스패닉 등의 소수인종 중에 교육 수준이 높은 사람들의 경제적 지위는 상승했다. 또 경제외적 요인으로서 서유럽과 같은 사회안전망이 갖춰지지 않았기 때문에 빈곤층이 자유 경쟁 속에서 빈곤으로부터 탈출하기 어려웠다.

정책연구원(Institute for Policy Studies)에 따르면 1983~2013년 사이에 흑인 가구의 평균 자산은 26.9% 증가한 8.5만 달러에 그친 반면 히스패닉 가구의 평균 자산은 69.0% 증가한 9.8만 달러, 백인 가구의 평균 부는 84.8% 증가한 65.6만 달러에 달했는데, 백인의 부가 흑인보다 3배, 히스패닉보다는 1.2배 빠른 속도로 증가했다.

교육 수준에 따른 불평등이 지속적으로 심화되었다. 35~44세 정규직 노동자의 평균소득과 교육 수준을 살펴보면, 1980~2008년간 대학원 졸업 남성의 실질소득은 35.5% 상승했고 대학 졸업 남성은 15.0% 상승했지만 고등학교 졸업 남성은 실질소득이 12.1% 하락했고 고등학교 중퇴자는 16.6% 하락에 그쳤는데, 학력에 따른 임금 격차가 더욱 확대되었다. 고등학교 졸업 남성에 비교한 대학 졸업 남성의 실질임금은 1980년에 41% 더 높았는데 2008년에는 84% 더 높았지만, 고등학교 졸업 여성에 비교한 대학 졸업 여성의 실질임금은 1980년에 36% 더 높았는데 2008년에는 105% 더 높았다. 1980~2008년간 대졸 남성의 실질임금은 15.0% 상승했는데 대졸 여성은 47.7% 상승하여 고학력 여성의 임금 상승이 두드러졌지만 2008년 대졸 여성의 임금은 대졸 남성의 71.2% 수준에 그쳤다. 고학력 여성의 실질임금이 빠르게 상승했지만, 남성에 비교한 여성의 실질임금은 여전히 상당히 낮은 수준에 머물렀다.

미국의 소득 불평등 심화에서 가장 중요한 부분은 중간소득층과 저소득층의 소득 정체에 비해 고소득층의 소득 상승이 현저하고 중산층이 크게 위축되고 있다는 것이다. 퓨리서치센터(Pew Research Center)에 따르면, 2014년 3인 가구 기준으로 연소득 4만 1,900달러~12만 5,600달러를 벌어들이는 가구인 중산층 인구는 1971년의 8,000

참고

▶ ▶ ▶ 피케티 교수의 〈21세기 자본론〉

피케티(Thomas Piketty) 교수는 현대 경제학이 소홀히 다루고 있는 분배 문제에 대해 본격적으로 분석한 21세기 자본론(*Capital in the Twenty-First Century*)을 2014년 출간했는데, 장기간에 걸친 통계자료에 대한 분석을 통해 자본주의 체제 내부에 경제적 불평등성을 심화시키는 본질적 요인이 내재적으로 존재하며 경제적 불평등이 갈수록 악화되어 왔다는 사실을 밝혔고 자본소득률이 노동소득률보다 높은 이러한 추세는 앞으로도 이어질 가능성이 높다는 결론을 도출했다. 20세기 미국에서 사회정의를 향한 진보가 이루어지지 않고 부의 불평등이 19세기보다 훨씬 더 높은 것은 미국에는 지나친 자본주의를 억제하기 위해 정부가 개입했던 시절이 아니라 보스턴차 사건이 일어났던 건국시기에 대한 향수가 존재하기 때문이라고 설명했다.

20세기 중에 세계적으로 불평등이 크게 감소한 경우는 세계대전에 의한 충격으로 부의 파괴와 재건이 이루어진 시기뿐이었다는 사실을 지적했고, 현재로서는 이러한 세계적인 불평등을 극복하기 위해서는 글로벌 자본세를 도입해야 한다고 주장했다. 2014년에 세계 상위 1% 부유층의 재산이 세계 전체 부의 절반에 달하고 상위 10%는 세계 전체 부의 90%를 차지하고 있는 현재의 자본주의 경제에 대한 피케티 교수의 이러한 경고는 현재의 민주주의 제도의 공정성에 대해 문제를 제기한 것이다.

만 명에서 2015년 초에는 1억 2,080만 명으로 증가했지만 전체 인구에서 차지하는 비중은 각각 61%에서 49.9%로 크게 감소했다. 이에 비해 상류층의 비중은 1971년의 14%에서 2015년에는 21%로, 하류층의 비중은 25%에서 29%로 증가했다. 총소득에서 차지하는 비중은 1970년과 2014년 사이에 중산층은 62%에서 43%로, 하류층은 10%에서 9%로 감소한 반면 상류층은 29%에서 49%로 급증했다. 이러한 중산층의 몰락과 양극화는 2008년 금융위기 훨씬 이전에 이미 시작되었는데, 장기에 걸친 조세 감면 등 경제정책에 그 뿌리를 두고 있다. 특히 1980년대의 레이건 행정부 이후 지속적인 부자감세로 고소득층과 기업에 대한 세율이 급격히 낮아진 영향이 가장 컸고, 제조업의 경쟁력 약화에 따른 좋은 일자리 상실, 노조활동의 위축에 따른 실질임금 하락, 자산 가치 불안정, 의료·식료품·임대료·교육·통신 등 필수 지출비용의 급등, 축소되는 사회보장 등도 중요한 요인으로 작용했다.

(3) 최상위 계층의 소득 점유율의 급상승

빈부 격차가 심한 사회의 상징은 슈퍼 리치라고 부르는 부유층의 존재와 슈퍼 푸어(Super Poor)라고 부르는 빈곤층의 존재이다. 미국에서 극단적인 부의 집중이 확대된 것은 1980년대 이래 감세정책과 함께 경제구조의 진화와 연관되어 있다. IT혁명으로 주식시장을 통해 엄청난 부를 창출한 다수의 부자가 나타났다. 마이크로소프트의 빌 게이츠를 비롯하여 애플의 스티브 잡스, 구글의 로렌스 페이지(Lawrence Page), 페이스북의 마크 저커버그(Mark Zuckerberg) 등의 창업자가 대표적으로 성공한 기업가들이다. 대기업의 임원들의 보수도 매우 높아서 불평등사회를 이루는 주요 요인이 되었다. 1970년대 이래 주주자본주의가 정립되면서 경영자는 노동자를 포함하는 기업 전체가 아니라 주주에게 봉사해야 하며, 기업의 존속이나 확대가 아니라 주주 가치의 증대, 즉 주가 상승을 목표로 경영하게 되었다. 이를 위해 경영자의 보수가 스톡옵션을 통해 주가 상승과 연동되게 만들었다. 제조업의 생산성 상승을 기반으로 발전하던 미국 경제가 서비스화·금융화되면서 1990년에 미국기업의 주가총액이 GDP 대비 61.8%에서 1999년에는 213.7%로 크게 상승했고 주식시장을 통한 부의 창출이 부의 격차를 확대하는 데 크게 기여했다.

사에즈(Emmanuel Saez) 교수의 데이터로 살펴보면, 가장 부유한 계층인 최상위 1%의 납세자의 소득이 미국의 총소득에서 차지하는 비중은 전반적으로 1928년 이후 1970년대 전반까지는 하락하는 추세를 지속하다가 신자유주의적 정책이 본격적으로 실시된 1980년대부터 급속한 상승 추세를 보였다(그림 7-2 참조).

1910년대에는 제1차 세계대전에 따른 전시통제정책에 따라 고임금 상승 억제와 높은 세금 부과에 따라 최상위 1%의 납세자들의 소득 비중이 하락하다가 1920년대의 주식시장 과열에 따라 크게 높아졌다. 특히 자본이익을 포함하는 소득 비중이 빠르게 상승했는데 1920년의 전체 소득의 14.68%에서 1928년에는 21.09%로 높아졌다. 그러나 1929년부터 시작된 대공황으로 최상위 소득층의 비중이 매우 빠르게 하

그림 7-2 **최상위 1%의 소득이 총소득에서 차지하는 비중**

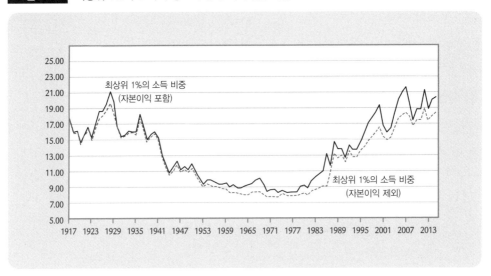

락했다. 뉴딜 정책에 따른 일시적인 반등을 제외하면 1940년대 전반의 제2차 세계 대전을 거치면서 전시 통제와 누진세의 도입 등으로 최상위 1%의 소득 비중이 빠른 하락세를 지속했는데, 1945년에는 11.68%를 차지했다. 최상위 1% 납세자들의 소득 비중은 1950년대 이후의 전후 냉전기에는 대체로 10% 전후 수준으로 유지되었으며 1960년대에 활발한 민권운동과 존슨 대통령의 '빈곤과의 전쟁'의 영향으로 다소 하락세를 나타냈다.

1970년대의 석유파동을 거치면서 스태그플레이션 속에 최상위 1%의 소득 비중은 1976년에 8.33%까지 점차 하락했다. 그러나 1980년대의 레이건 대통령의 감세 등 신자유주의적 정책의 실시 이후 그 비중은 빠르게 상승하기 시작했는데, 1980년대의 M&A붐에 힘입어 높은 자본이익을 실현했다. 상위 1% 소득의 비중은 특히 1986년 조세개혁법(Tax Reform Act of 1986) 개정 이후 급격한 상승세를 나타냈다. 레이건 대통령이 취임했던 1981년에 최상위 1% 소득의 비중 8.93%에서 1988년에는 14.65%로 급등했다. 1990년대의 장기 호황 중에 그 비중은 더욱 높아졌는데, 20세기 초의 비중과 비슷한 수준에 달해 소득 불평등이 지나치게 커졌음을 보여 준다. 정보기술 혁명에 의한 장기 호황이 지속되었던 1990년대 후반에는 증권시장의 지속적인 활황에 힘입어 최상위 1% 납세자의 소득 비중은 매우 빠르게 상승했으며, 특히 자본이익을 포함하는 최상위 1% 소득의 비중은 2000년에 19.30%로 더욱 급격하게 상승했다. 이렇게 지나치게 높게 실현된 자본이익의 비중은 2001년 정보통신 거품 붕괴 이후 일시적인 조정 과정을 겪으면서 2002년에는 15.91%까지 하락했지만, 이후 빠른 속도로 상승하여 서브프라임 위기가 시작되던 2007년에는 21.51%까지 상승했으며, 2008년의 금융위기 이후 2009년에 17.48%로 하락했지만 곧 급등하여 2012년에는 21.22%로 상승했다.

과거 100년 동안 최상위 1%의 자본이익을 포함하는 소득의 비중이 20%를 초과한 경우인 1928년과 2005~2007년 직후에는 두 번 모두 대공황과 대침체라는 세계적인 경제위기가 발생했다는 사실은 격심한 소득불평등에 따른 대중적인 유효수요의 부족이 경제위기 발생의 공통적인 원인이었음을 확인시켜 주었다. 최상위 1% 소득의 비중이 다시 20%를 초과했던 2012년, 2014년, 2015년의 경우는 최상위 1%의 소득계층이 금융위기 와중에서 소득을 더욱 증가시켰음을 보여 주었다. 또 1990년대 이후 최상위 1%의 소득에서 차지하는 자본이익의 비중이 더욱 커졌음을 알 수 있다.

국제적으로 상위 10%와 최상위 1% 가구의 실질소득이 전체 소득에서 차지하는 비중인 소득점유율을 비교하면, 2012년에 미국의 경우 각각 48.16%와 19.34%에 달했는데, OECD 국가들 중에 가장 높은 수준의 불평등을 나타냈다. 독일이 각각 34.71%와 10.88%, 프랑스가 각각 32.69%와 8.08%, 덴마크가 각각 26.88%와 6.33%를 차지하여 서유럽 선진국의 경제적 불평등 수준이 미국보다 확연히 낮았으며 일본이 각각 40.5%와 9.51%를 차지했다. 미국의 2012년 OECD의 가처분소득 기준의 지니계수는 0.39로 OECD 국가 중에 멕시코의 0.457 다음으로 높았으며 영국이 0.35, 그리스가 0.34, 프랑스는 0.306, 덴마크는 0.249를 기록했다. 워싱턴포스트의 "분산되지 않은 부[(Not) spreading the wealth: Other countries]"에서 주요국들의 최상위 0.1%의 소득이 총소득(자본이익 제외)에서 차지하는 비중의 변화를 보면 1970년 이래 프랑스와 일본의 경우는 대체로 안정적인 수준이 유지된 반면, 이와 대조적으로 미국의 경우 1980년대 이후 최상위 0.1%의 소득 비중이 빠르게 상승했으며 미국과 유사한 경제제도를 갖춘 영국도 최상위 1% 소득의 비중이 빠르게 높아졌음을 보여 준다(그림 7-3 참조).

사에즈 교수에 따르면, 하위 99%의 소득점유율은 금융위기가 발생했던 2007~

그림 7-3 주요국의 최상위 1% 소득(자본이익 제외)의 비중

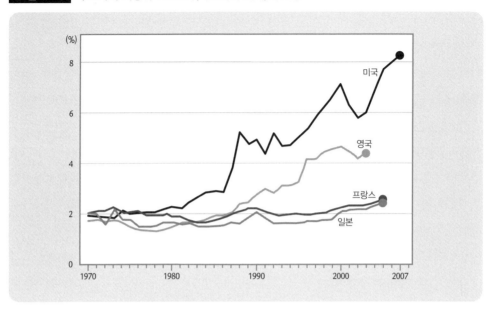

2009년에 11.6% 하락한 뒤 2009~2015년에 7.6% 상승함에 따라 2015년의 가구당 평균소득은 4만 8,800달러로 지난 6년 동안 소득상실분의 60% 정도밖에 회복하지 못했다. 이와 대조적으로 최상위 1%의 평균소득은 136만 달러에 달해 6년간 37%의 증가율을 보였는데, 이런 소득 회복 속도의 차이로 6년간 미국 소득 증가의 52%를 상위 1%가 차지했다. 소득 최상위 1%에 속하는 계층의 소득 중 약 절반을 임금과 봉급으로 벌었고 약 1/4은 자영업과 영업 소득으로, 나머지는 이자, 이윤, 자본이익과 지대로 벌었다.

　바키자(Jon Bakija) 교수 등에 따르면 상위 1% 계층 중에서 가장 큰 비중을 차지하는 비금융 경영자와 임원들의 비중은 1979년의 36%에서 2005년에는 31%로 하락했다. 하지만 기업 경영자들의 소득은 1970년부터 2005년에 이르기까지 430% 급격하게 상승하면서 소득 불평등 확대를 주도했는데, 같은 기간 내에 기업 이윤은 240% 증가했지만 임금소득은 26% 상승에 그쳤다. 또 의료전문가가 소득 상위 1% 계층 중에 차지하는 비중이 1979년의 16.8%에서 2005년에는 15.7%로 약간 하락했으며, 같은 기간에 변호사는 7%에서 8.4%로 조금 상승했다. 금융업 종사자는 최상위 1%의 소득 중 비중이 현저하게 높아져서 1979년의 7.7%에서 2005년에는 13.9%로 상승했

▶ ▶ ▶ 자선과 박애

빌 앤 멀린다 게이츠 재단(Bill & Melinda Gates Foundation)을 설립한 게이츠나 게이츠 재단에 거액을 기부한 워렌 버핏(Warren Buffett), 그리고 재산의 절반을 기부하는 '기부 서약(Giving Pledge)' 운동과 같은 초부유층의 박애주의는 대개 부의 축적에 따른 자선과 사회환원으로 받아들여져서 높게 평가된다. 지배층의 도덕적 의무를 강조하는 '노블레스 오블리주(noblesse oblige)'라는 용어 대신 자선과 시장이 혼합된 '박애자본주의(Philanthro-capitalism)'라는 신조어도 만들어졌는데, 불우이웃에 대한 지원의 뜻이 강한 자선(charity)보다 공적인 목적의 기부까지 포함하는 박애(philanthropy)를 강조했다.

초부유층이 국민소득에서 차지하는 매우 높은 비중을 통제하고 이들에 대한 세금이 극히 낮아진 시대에서 진행되는 초부유층의 기부행위는 권력과 지위를 유지하는 방편이라는 비판도 적지 않다. 대부분의 기부금은 개인적 연고가 있는 학교·재단이나 개인적 취향에 따른 미술관·교향악단 등의 지원에 사용되는데, 미국에서 기부자는 기부금 공제(charitable deduction)를 통해 세금 감면을 받는다. 기부금 공제와 부동산 세금 면제에 따라 대체로 기부금 3달러당 1달러 이상의 연방 조세 수입이 감소한다. 라이시 교수의 **자본주의를 구하라**에 따르면, 2011년에 기부금에 대한 세액 공제와 비과세소득이 540억 달러에 달했는데, 기부자의 뜻대로 분배된 이 금액의 크기는 연방정부가 생활보호가구에 대한 일시적 지원금, 빈곤아동 학교급식, 불우아동을 위한 유아교육 프로그램 등에 투입한 예산의 합계보다 많았다. 초부유층의 뜻대로 사용되는 기부금 대신 기부금에 대한 세금 공제로 사라지게 되는 조세 수입으로 정부가 더욱 절실하게 지원이 필요한 계층에 대해 더 효율적으로 지원할 수 있다고 주장했다. 페이스북의 저커버그는 기부금에 대한 세금 감면을 받지 않고 세금을 내는 대신 활동에 제약이 없는 유한책임회사 찬 저커버그 이니시어티브(Chan Zuckerberg Initiative)를 설립했다.

는데, 최상위 0.1% 중에서 차지하는 비중도 같은 기간에 11%에서 18%로 급등했다. 컴퓨터·수학 관련업은 3.8%에서 4.6%로 약간 높아졌다. 캐플런(Steve Kaplan) 교수 등에 의하면, 1982년에서 2012년 사이에 소득 상위 1% 계층 내에서 고위 기업 경영자들을 상당히 대체해서 투자은행가, 기업변호사, 헤지펀드와 사모펀드 경영자들이 늘어났다.

(4) 소득계층 이동성의 약화

미국인은 누구나 동일한 기회를 가지고 태어난다는 이상은 '아메리칸 드림'의 핵심이자 미국의 국가 정신을 이루는 결정적 요소이다. 열심히 일하면 신분 상승이 가능하다는 '아메리칸 드림'은 누진적인 조세정책을 통한 부의 재분배를 전제로 한 신화였는데 1980년대 이래 진행된 감세정책의 혜택이 부유층에 치우치면서 '아메리칸 드림'이라는 미국의 신화가 깨졌다. 부의 재분배가 부유층에 오히려 집중되면서 빈곤층으로 전락하는 사람은 더 많아졌다. 중위 소득의 50% 이하 소득인 가구의 비율을 나타내는 빈곤율은 2012년 가처분소득 기준으로 17.9%에 달해서 미국 국민 6명 중 1명이 빈곤층에 속했다. 아프리카계, 히스패닉과 아시아계의 빈곤율은 각각 25.8%, 27.8%와 16.7%에 달했다. 독일은 8.4%, 덴마크는 5.4%를 기록했다.

미국의 빈부 격차 문제는 2008년 금융위기 이후 경제 회복이 부진한 가운데 불평등이 더욱 심각해지면서 정치적으로 큰 이슈가 되었고, 상위 1%의 탐욕을 비판하는 월가 점령 시위가 발생했다. 1%에 대한 99%의 분노는 '아메리칸 드림'이 사라진 현실에 대한 좌절감이 표현된 것이었다. 소득 불평등도 중요하지만 소득계층 이동성도 못지않게 중요하다. 소득격차가 클수록 상향 계층 이동성은 낮아진다. 분배의 불평등과 함께 소득계층 이동성이 약화된 사실은 브루킹스 연구소(Brookings Institution)의 2008년 연구에서 확인할 수 있는데, 소득 5분위 중 최상위층은 39%가 최상위층에 계속 머물렀고 9%는 최하위층으로 내려간 반면, 소득 최하위층은 42%가 최하위계층에 그대로 머물렀고 6%가 최상위 계층으로 상승했다. 미국에서 소득 5분위에서 한 계층 이상 상향 이동할 가능성은 34%였고, 한 계층 이상 하향 이동할 가능성은 33%였는데, 이러한 소득계층 이동성은 1950~1960년대에 비해 하락했을 뿐만 아니라 유럽에 비해 계층 이동의 기회가 상당히 낮은 수준이었다.

1969~2009년간의 데이터를 이용한 퓨리서치센터의 소득계층 이동성에 대한 2012년 연구에 의하면, 먼저 가족 소득 기준으로 5분위별로 나누어 비교하면 최하위 20%

계층에서 출생할 경우 그대로 최하위층에 머물 가능성이 43%, 최상위층으로 올라갈 가능성은 4%였는데, 최상위 20% 계층에서 출생할 경우 최상위층에 그대로 머물 가능성은 40%, 최하위층으로 하향 이동할 확률이 8%였다(표 7-2 참조). 부친의 소득 계층이 아들의 계층에 미치는 영향을 보면, 부친의 소득이 최하위층에 속할 경우 아들이 최하위층에 머물 가능성은 31%, 최상위층으로 상향 이동할 가능성은 5%였는데, 부친의 소득이 최상위층에 속할 경우 아들이 최상위층에 그대로 머물 가능성이 43%, 최하위층으로 하향 이동할 확률이 12%였는데, 세대 간 이동성의 고착화 현상이 나타났다. 소득수준과 교육수준이 높은 부친은 자녀의 TV 시청을 제한하고 책을 더 많아 읽어 주고 더 좋은 환경과 학교에서 자녀를 키울 것이고 세련된 어휘를 사용함으로써 자녀의 사회경제적 성공에 영향을 미칠 것이다. 인종별로 최하위층을 보면, 최하위층에 속한 흑인이 그대로 머물 가능성이 53%인 데 비해, 최하위층에 속한 백인은 최하위층에 그대로 머물 가능성은 33%로 훨씬 낮았고 차하위층이나 중위층으로 상향 이동할 가능성이 상당히 높은 편이었다. 대학 학위를 지닌 최상위층 중 흑인이 최상위층에 그대로 머물 가능성은 25%였으며 차상위층으로 하향 이동할 가

표 7-2 소득계층 이동 가능성(%)			최하위	차하위	중위	차상위	최상위
가족 소득	최하위층 출생		43	27	17	9	4
	최상위층 출생		8	10	19	23	40
부친 소득	최하위층 부친		31	26	23	15	5
	최상위층 부친		12	9	14	22	43
인종	최하위층 흑인		53	22	14	8	4
	최하위층 백인		33	31	22	10	4
대학 학위	최상위층	흑인	13	16	22	24	25
		백인	4	5	16	23	51
	최하위층	흑인	47	26	16	8	3
		백인	10	37	26	17	10

능성이 24%, 두 계층 아래인 중위층으로 하향 이동할 가능성이 22%나 되었지만, 백인은 최상위층에 그대로 머물 확률은 51%로 훨씬 높았다. 대학 학위를 지닌 최하위층 중 흑인이 최하위층에 그대로 머물 가능성은 47%에 달해 고착화 성향이 매우 높았지만, 백인이 최하위층에 그대로 머물 확률은 10%로 훨씬 낮았고 차하위층으로 상향 이동할 가능성이 37%, 중위층으로 상향 이동할 가능성이 26%에 달해 이동성이 매우 높았다. 경제적 이동성에 대해 명확한 결론을 추론하기는 어렵지만 가족 소득, 부, 부친의 소득, 인종, 교육 등에 따라 계층 이동성이 제한됨을 알 수 있다.

재닛 옐런 연방준비제도 의장은 이례적으로 불평등과 경제적 기회에 대한 연설에서 미국의 계층 이동성이 다른 선진국에 비해서 낮기 때문에 부와 빈곤의 세대 간 대물림에 따른 불평등 문제가 미국 경제의 건전성에 영향을 미칠 정도로 심각한 수준으로 보았다. 기회의 토대가 되는 조기교육, 고등교육과 함께, 균등하게 배분되어 있지 않지만 부의 형성에 큰 영향을 미치는 기업소유권, 상속 등 네 가지를 경제적 기회의 조건으로 강조했다.

체티(Raj Chetty) 교수 등에 따르면 미국의 세대 간 이동성(intergenerational mobility)에 대한 연구에서 부모 소득의 10% 증가가 자녀 소득의 3.4% 상승과 연관되었으며, 지역에 따라 세대 간 이동성의 차이가 상당한 차이가 나타났다. 사회적 이동성이 높은 지역일수록 주거지 분리가 더 적고, 소득불평등이 더 적고, 초등학교가 더 좋고, 사회적 자본이 더 크고, 가족 안정성이 더 높다는 특성을 가졌다. 세대 내 이동성(intragenerational mobility)에 대한 캐롤(Daniel Carroll) 등의 연구에 의하면, 2003년에서 2013년의 10년간 동일한 소득 5분위에 머물러 있는 비율이 최하층은 0.64, 차하위층이 0.45, 중위층이 0.46, 차상위층이 0.54, 최상위층이 0.72로, 최상위 20% 소득계층의 이동성이 가장 낮았고 최하위 계층의 이동성은 그다음으로 낮아 최하위층과 최상위층의 이동성이 고착화되어 있었다.

포춘의 분석에 의하면, 아메리칸 드림이 사라진 이유는 첫째, 기업의 이익 중 노동자의 몫이 줄어들면서 생산성 증가에도 불구하고 임금은 정체되었다. 1990년에 민간 기업의 수익 중 63%가 근로자들의 급여와 수당으로 지출되었지만 2010년에는 58%로 하락했고 1989~2010년간 생산성은 62.5% 상승했지만 시간당 실질임금은 12% 상승에 그쳤다. 둘째, 고등교육의 확대가 아메리칸 드림 실현에 중요한데, 고

▶ ▶ ▶ 이준구 교수의 미국 분배 문제 분석

이준구 교수는 허핑턴 포스트 코리아의 "분배 문제, 절대로 미국을 닮아서는 안 된다"에서 미국은 1930년대에 실시된 뉴딜 정책으로 확립되었던 평등화 기반이 1970년대 말 이후 진행된 불평등화로 완전히 무너지며 승자독식 사회가 되었고 남미 국가들과 비슷하거나 더 불평등하게 되었기 때문에 약 30년의 시차를 가지고 미국을 닮아 가고 있는 한국 사회가 결코 미국의 전철을 밟아서는 안 된다고 경고했다.

일반적으로 경제적 불평등이 심화되는 이유로 내세우는 숙련 편향적 기술진보, 세계화에 따른 미숙련 노동집약적 제품의 수입 증가, 각 분야의 슈퍼스타가 독식하는 현상 등의 요인과 함께, 미국에서는 1980년대 이래 보수세력이 추진했던 감세, 정부지출 축소, 규제완화의 신자유주의 정책이 보수적 언론과 싱크탱크를 통해 파급되면서 문화적 우위를 차지하게 된 요인이 중요했다고 지적했다. 보수적 이념이 압도적인 영향력을 발휘하게 되면서 공화당은 핵심 기반인 기업과 부유층에게 일방적으로 유리한 구도를 만들어 소득과 부가 집중되는 정책을 일관되게 추진했던 것이 미국의 극단적인 빈부 격차를 초래했다고 분석했다.

등학교 졸업생 비율의 감소세가 장기간 유지되었으며 대학 등록금이 지나치게 빠르게 상승했다. 셋째, 평균 수명이 늘어나면서 노년층이 과거 청소년층이 차지했던 저임금 일자리까지 채우면서 2000년 이후 16~19세 고용은 감소한 반면 60~64세 고용은 늘어났고 금융위기 이후인 2010년에는 18~29세 청소년 실업률이 38%에 달해 40년 만에 최고치에 달했다. 미국에서 1979~2000년간 25~29세의 젊은 성인들의 소득이 전체 평균소득 증가보다 9% 낮은 반면 60~69세, 70~74세의 은퇴 고령층은 전체 평균소득 증가보다 각각 28%와 25%나 더 높았다. 이러한 세대 간의 불평등은 소위 '금수저, 흙수저'론이 제기하듯이 불평등을 더욱 악화시켰다. 넷째, 금융위기 이후 주택시장이 침체되었고 주식시장의 변동성이 높아지면서 부의 축적에 대한 불안이 높아졌고 과도한 부채를 지고 있는 청년층은 자산 구축이 늦어지고 있다.

1980년대 이후 경기 변동에 따른 부채와 실업 증가, 세계화, 인구 감소, 집값 상승에 따라 세계적으로 세대 간의 전례 없는 불평등으로 귀결되었다. 2010년 퓨리서치 센터의 인구통계자료 분석에 의하면, 65세 이상 가구의 중위 순자산액은 25년 전에 비해 42% 증가한 반면, 35세 이하 가구의 경우는 같은 기간에 68%나 감소했던 것으로 나타났다. 고령층은 근속연수가 길었고 주택대출금은 거의 갚았기 때문에 저축할 여유가 많았지만 청년층은 학자금 대출, 높은 실업률과 증가된 주택대출 부담으로 훨씬 큰 고통을 받았다. 젊은 성인들의 소득 증가가 모든 다른 연령층들보다 훨씬 더 하락하는 현상은 전쟁이나 자연재해의 시기를 제외하고는 산업화 역사상 처음이라고 했다.

(5) 미국 분배정책의 한계

자유시장과 작은 정부를 신봉하는 미국에서 소득 불평등을 완화하기 위한 국가의 개입이나 분배정책은 생각하기 쉽지 않다. 클린턴 대통령이 의욕적으로 추진했던 복지제도의 개선이 실패로 끝난 이유의 하나도 근본적으로는 복지개혁도 시장원리에 충실해야 한다는 정치의식을 극복하지 못한 데 있었다. 미국에서 자율경쟁과 능력위주의 보상원칙과 자유민주주의가 신봉되고 있는 한 높은 불평등 수준이 쉽게 개선되기는 어렵겠지만, 장기 경기침체에 따른 소득의 정체와 불평등의 심화, 중산층의 붕괴는 새로운 질서를 요구하고 있다.

경제적 불평등 완화를 위해서는 경제성장이나 생산성 증가에 치우치지 않고 공공교육과 고등교육, 노동조합, 복지국가적 정책, 국제무역 규제 등을 포괄하는 국가적 평등화 제도(nation's equalizing institutions)의 강화가 반드시 함께 이루어질 필요가 있다. 1950~1960년대에 최저임금이 지속적으로 상승하고 완전고용에 정책의 최우선이 주어졌고 물가와 연계된 소득유지정책 등의 정부정책과 강력한 노동조합의 존재가 노동자 계층의 소득을 유지시켜서 중산층의 번영을 가져왔다. 그러나 1980년대 레이건 대통령 이후 추진된 역진적 정책들에 의해 중산층의 붕괴를 초래했다는 사실은 불평등 문제에 대한 정부정책의 중요성을 확인해 준다. 또 오바마 대통령이 노동조합이 역사적으로 미국의 중산층을 이루도록 했다고 높게 평가했지만 노동조합의 약화가 두드러지게 진행되었다.

주트(Tony Judt)는 성숙한 선진경제인 미국이 중국과 비슷한 지니계수를 가진다는

▶ ▶ ▶ **최저임금**

최저임금 인상이 노동시장에 미치는 영향은 단순하지 않다. 기초적인 경제논리에서는 임금 인상이 고용을 감소시킬 것이라고 설명하겠지만, 카드(David Card)와 크루거(Alan Krueger) 교수에 의해 최저임금 상승 이후 고용이 증가했다는 사실을 확인했다. 라이시 교수(Robert Reich)는 가격 인상을 유발해 매출이 감소되는 효과는 최저임금 상승에 따른 구매력 증가에 의해 상쇄된다고 밝혔고 최저임금 인상이 고용에 미치는 부정적 영향은 대체로 미미하다고 주장했다.

미국은 최저임금 수준을 1997년에 5.15달러로 인상한 다음 2009년 7월이 되어서 7.25달러로 인상했다. 금융위기 이후 경제적 불평등이 더욱 심화되자 빈부 격차를 해소하고 저소득층의 생활수준을 보장하기 위해 최저임금 인상에 대한 논의가 활발하게 이루어졌다.

38개 주가 독자적인 최저임금 제도를 실시하고 있는데 캘리포니아에서는 2016년부터 최저임금을 10달러로 인상시키는 등 많은 주가 최근 최저임금을 인상했으며 시애틀, 샌프란시스코, 로스앤젤레스 등 주요 도시에서 최저임금을 15달러로 인상했다. 오바마 대통령은 연방정부가 정한 최저임금을 시간당 10.1달러로 인상하고자 했으나 공화당의 반대로 실현하지 못했다. 2016년의 대통령 선거 과정에서 실질임금 하락이 불평등 악화를 초래했다는 인식과 샌더스 돌풍에 힘입어서 민주당 클린턴 후보가 최저임금을 15달러로 인상하는 공약을 제시했고, 트럼프 공화당 후보는 소극적으로 10달러 수준으로 인상하고 싶다고 말했다. 트럼프 대통령은 최저임금 인상 반대론자인 푸즈더를 노동부 장관 후보로 지명했다.

사실에서 전체적인 국부의 증가가 불평등한 분배를 교묘히 감춘다는 사실이 드러났다고 지적했다. 불평등은 지위와 재산을 두고 경쟁을 일으키고 우월감이나 열등감을 조장하며 범죄 등의 사회병리학적 현상이 두드러지게 만든다고 비판했다. 또 디튼(Angus Deaton)과 케이스(Ann Case)에 의하면 미국의 중년 백인층, 특히 실질임금 하락이 두드러졌고 실업률이 매우 높은 고졸 이하 학력의 중년 백인층의 사망률이 상승하는데, 약물과 알코올 중독, 간질환, 자살 등의 요인이 작용했던 것으로 나타났다. 이에 비해 대졸 이상 백인이나 흑인·히스패닉 등 다른 인종 집단이나 65세 이상 노년층이나 다른 선진국에서는 모두 사망률이 하락했다. 미국의 저학력 중년 백인층은 멕시코나 중국으로 일자리가 떠나 버린 러스트 벨트 등에서 일자리를 찾는 데 어려움을 겪었고 고기술노동자 편향적인 기술진보에 따라 경제·사회적 변화에 적응하지 못해서 정신적, 육체적 고통에 시달렸지만, 중독은 치료가 어렵고 통증은 제어하기 어려우므로 미래가 어두운 상실세대(lost generation)가 될 수 있었다고 분석했다. 옐런 FRB 의장은 이러한 사실에 대해 양극화에 따라 경제적 불안정이 높아진 결과로서 충격적인 현상이라고 지적했다. 2016년 대통령 선거에서 분출된 저학력 '백인들의 분노'가 그들의 절실한 요구였다는 사실을 확인할 수 있다.

경제적 불평등이 더욱 문제가 되는 것은 공정성이 강화되고 경제적으로 더욱 평등한 사회를 지향함으로써 더 많은 경제적 기회, 더 높은 소득, 더 강화된 민주주의, 더 나은 삶의 질을 추구하는 사회를 실현시킬 수 있기 때문이다. 윌킨스(Richard Wilkinson) 등은 평등이 답이다(The Spirit Level)에서 여러 국가에 걸쳐 소득이나 교육수준에서 동일한 계층에 속한 사람들을 비교하면 더 평등한 사회에 속한 사람들이 더 낫고, 또 더욱 평등해지면 최하위계층이 가장 많은 혜택을 받지만 상위계층도 함께 혜택을 받게 된다고 밝혔다. 스티글리츠 교수는 대기업이나 부유층의 부가 증가하면 이들이 지출을 많이 할 것이고 이로 인해 다른 중소기업이나 빈곤층도 더불어 혜택을 보게 된다는 전통적인 '낙수 효과(trickle-down effect)'론을 부정하고, 이와는 정반대로 중산층을 비롯해 하위에 있는 사람들의 소득수준이 높아져서 이들의 활발한 경제활동이 부유층에도 좋은 영향을 미치는 선순환 구조를 추구하는 '분수 경제(trickle-up economy)'를 육성해야 한다고 주장했다.

2016년 대통령 선거 과정에서 경제적 불평등 문제가 주요 이슈로 대두되었다. 샌더스가 민주당 대선후보 경선에서 불평등 문제를 강하게 제기했다. '상위 0.1퍼센트가 하위 90퍼센트가 소유한 부와 맞먹는 수준의 부를 소유'하고 있고 '전체 임금 중 58퍼센트가 상위 1퍼센트에 집중'되어 있고 '지난 2년간 15명의 가장 부유한 사람들의 부가 1,700억 달러' 늘었는데 '1억 3,000만 명이 2년간 벌어들인 소득보다 더 많은 액수'라는 구체적 수치를 설득력 있게 제시했지만, 저학력 백인 노동자들의 공감을 이끌어 낸 공화당 트럼프의 대통령 당선을 지켜볼 수밖에 없었다.

▶ ▶ ▶ 기본소득

기본소득(basic income)은 정치 공동체가 어떠한 노동이나 심사나 다른 조건 없이 개인단위로 모든 구성원에게 개별적으로 지급되는 소득이라고 정의되는데, 보편적이며 무조건적·무차별적이라는 특징을 지닌다. 토머스 모어의 소설 유토피아(1516)에서 시작되어 다른 명칭이나 형태로 기본소득 개념이 논의되어 왔는데, 미국에서는 1972년 민주당 대통령 후보였던 맥거번이 기본소득을 공약으로 제시했다.

기본소득이 필요한 이유로는 인류의 공유자산인 토지나 자원뿐만 아니라 이전 세대와 현 세대의 지식 축적에 따른 보상에 대해 모든 사람이 일정한 권리를 지니고 있으며, 기본소득이 빈곤과 불평등으로부터 불안정한 노동을 보호하고 최소한의 인간의 존엄성을 유지시킬 수 있고 노동자들의 고용관계를 개선할 수 있다는 점을 들 수 있다. 최근의 기본소득에 대한 논의에서는 특히 자동화에 따른 실업 문제가 중요시되었다. 인공지능과 로봇 등 기술 발전에 따라 현재와 같이 고용과 연계된 복지제도가 작동하기 어려운 변화가 중요한 문제를 제기했다. 제4차 산업혁명에 따라 기존의 많은 일자리의 소멸을 초래할 것으로 전망되는데, 중산층의 붕괴와 그에 따른 경제사회적 혼란과 같은 상황에 대처하기 위한 방안으로서 기본소득은 관리비용이 거의 들지 않고도 불평등과 빈곤을 줄일 수 있다는 점에서 효율성이 높지만 재원 마련과 노동 의욕 감소가 문제점으로 지적된다. 기본소득이 노동 의욕과 경제활동 참가율을 하락시키게 되는 문제를 극복할 수 있는 정책 보완을 통하여 노동의욕과 성장잠재력을 높여야 할 필요가 있다.

미국에서는 1982년부터 알래스카 주의 석유 개발에 따른 수입을 알래스카영구기금(Alaska Permanent Fund)으로 운용하여 수입을 주민들에게 배당금의 형태로 매년 지불하는 정책을 실시하고 있다. 알래스카 주는 과거 5년간의 평균 이자소득의 일부를 적어도 6개월 이상 거주한 주민에게 매년 일률적으로 배당금을 지불했다. 초기에는 1인당 300달러 전후였고 2008년에는 당초 계획된 2,069달러에 일시 리베이트까지 포함해서 3,269달러가 지불되었으며 2015년에는 2,072달러가 지급되었는데, 이는 알래스카가 미국에서 가장 평등한 주가 되는 데 기여했다. 2016년 스위스에서 보편적 기본소득에 대한 국민투표가 부결되었지만 기본소득에 대한 논의

(계속)

가 주목을 받았다. 2000년대 이후 몇 나라에서 비슷한 정책이 논의되거나 실험적으로 운용되고 있고 핀란드에서 2017년 1월부터 기본소득보장제가 시범실시되지만 현재 진정한 보편적 기본소득정책이 실시되고 있는 사례는 천연자원에 대한 과세수단으로. 기금이 형성된 미국 알래스카 주의 정책이 유일하다.

미국이 2014년에 기본소득제도를 실시하면 20세 이상의 모든 국민에게 매년 1만 달러를 지급하는 경우 GDP의 약 13%에 달하는 약 2.4조 달러의 재원이 필요한 것으로 추정되었다. 오바마 대통령은 저임금 비숙련 노동자들의 일자리가 인공지능 등에 의해 대체되거나 임금 하락 압력으로 작용하게 될 것이므로 기본소득 또는 보편적 소득(universal income) 보장 방안 등 새로운 기술을 반영하는 경제 모델에 대한 사회적 논의가 필요하다고 했다.

미국 산업의
경쟁력과 국제무역

08

1. 미국 산업의 국제경쟁력

(1) 미국 산업의 국제경쟁력 약화

미국이 설정하고 있는 국제경쟁력이란 '한 나라가 자유롭고 공정한 시장 환경 아래서 국민의 실질소득을 증대시키고 유지시키면서 세계 시장에서 경쟁할 수 있는 재화와 서비스를 생산할 수 있는 능력(the degree to which a nation, under free and fair market conditions, produces goods and services that meet the test of international markets while simultaneously maintaining and expanding real income of its citizens)'을 말한다.

미국은 제2차 세계대전 직후 압도적인 경쟁력을 보유했지만 서유럽과 일본의 부흥으로 그 지위가 점차 하락했는데, 미국 기업의 국제경쟁력의 직접적인 하락을 의미하는 것은 아니었다. 1958년 유럽경제공동체(EEC)의 성립을 계기로 미국에 대항할 수 있는 거대한 시장을 창설하자 미국 기업들은 서유럽에 대한 직접투자를 확대하여 다국적기업화함으로써 대응했다. 이러한 서유럽에 대한 직접투자의 증대는 서유럽 경제의 성장을 가속화했고 미국의 수출을 증대시켰다.

미국 경제의 상대적 지위 하락이 국제경쟁력 하락으로 문제가 된 것은 1960년대 말부터 1970년대에 걸친 시기였다. 다양한 요인이 서로 연관되었지만 첫째, 전후 통화체제가 달러를 기축통화로 성립되었는데 다른 선진국들의 생산성이 증가하면서 과대평가된 달러를 축으로 하는 고정환율제 때문에 미국 기업의 경쟁력이 약화되었다. 둘째, 초강대국으로서의 힘을 배경으로 거대한 미국 시장에 대한 보호를 반복한 결과 미국 기업이 과점체제에 안주하여 생산성을 상승시키기 위한 설비투자를 적극적으로 하지 않았다. 철강업과 같은 소재산업의 경쟁력 저하는 미국 제조업 전체의 경쟁력에 영향을 미쳤다. 셋째, 미국 국내시장에서 경쟁이 격화되면서 해외조달이 확대되었는데, 가격에 따라 공개입찰에 의해 부품을 조달하고 노동자의 해고가 용이하며 제조업 생산 공정의 분할화가 이루어지면서 이러한 경향을 촉진시켰다. 1970년대 이래 급속하게 진행된 소비자 수요의 다양화와 품질 경쟁의 격화도 미국 기업의 경쟁력을 약화시킨 요인이 되었다. 생산공정이 국제적으로 분산되어서 생산현장에서의 품질관리와 기술개량이 제대로 이루어지지 못함으로써 다양화된 소비자의 수요에 신속하게 대응하지 못했다. 반면 일본 기업은 감량경영이 진행되면서 다품종 소량생산 방식을 발전시킴으로써 시장구조 변화에 신속하게 대응했다. 일부 미국 기업은 외국으로부터의 주문자상표부착방식(OEM)에 의한 조달을 확대하거나 다른 산업으로 진출했는데, 이것은 광범한 산업연관 속에 성립되는 제조업의 범위를 좁힘으로써 경쟁력을 약화시켰다.

1980년대 전반의 달러 과대평가와 거품경제는 장기간에 걸쳐서 경쟁력 약화를 더욱 촉진시켰다. 다른 한편으로 규제완화와 금융자유화가 진전되고 미국 기업에게는 다각화와 구조조정을 위한 좋은 조건이 형성되면서 기대수익이 낮은 제조업에 대한 투자가 억제되고 수익 증대를 위한 다각화를 추진하여 에너지 등 다른 산업으로의 진출이 증대되었다. 미국 기업은 설비투자와 생산성 향상에 노력해야 할 시기에 투자를 억제하고 다른 산업으로 진출하고 전반적으로 비생산적 이익극대화에 빠지면서 산업공동화를 초래했고 무역적자가 미국 경제의 기본구조로 자리 잡게 되었다.

그러나 미국 경제계는 1980년대 후반 미국 경제의 문제점과 일본 등의 장점을 철저하게 분석하여 경쟁력의 취약점을 보완했다. 대표적으로 더투조스(Michael Dertouzos) 등이 메이드 인 아메리카(*Made in America*)에서 시대에 뒤진 전략들, 짧은 투자 안목, 개발과 생산의 기술적 취약점, 인적 자원의 경시, 협력의 실패, 정부와 산업 간의 상충된 목적의 여섯 가지 문제점을 지적했다.

(2) 1990년대의 국제경쟁력 회복

1990년대에 들어서는 물가가 안정세를 지속하고 산업경쟁력이 크게 강화되었는데, 이는 새로운 경제환경을 잘 활용한 미국 정부와 민간의 노력의 결실이라고 할 수 있다. 미국은 1990년대 말에는 세계 최고의 경쟁력을 보유하는 경제강국으로 변신하는 데 성공했다.

한국은행의 1990년대 미·일의 경제성과 및 경쟁력 비교 분석(1998)에서는 1990년대 미국과 일본의 경쟁력 연구에서 경제운영 패러다임, 거시경제정책, 기업 구조조정, 금융 구조조정, 요소생산성 등의 다섯 가지 측면에서 미국의 경쟁력 증대 요인을 체계적으로 분석했다.

그 내용을 정리하면, 첫째, 경제운영 패러다임 측면에서 보면 미국은 자유로운 경쟁에 바탕을 둔 경제체제를 유지함으로써 경제효율의 극대화를 추구해 왔다. 특정 산업을 보호·육성하는 산업정책보다는 경쟁을 촉진함으로써 가장 효율적인 기업만이 생존할 수 있는 공정한 경쟁여건을 조성하는 정책을 실시했으며, 세계화 정보화 시대에 알맞은 산업경쟁기반을 확충했다. 둘째, 거시경제정책 측면에서는 미국은 1970년대의 높은 인플레에 대처해서 1970년대 말부터 긴축통화정책을 지속했고, 1980년대 전반에 재정적자가 확대되자 1980년대 후반부터는 재정 건전화를 위해 노력했으며, 1990년대에는 선제적 통화정책을 실시했고 재정수지도 크게 개선되었다. 이에 따라 금리가 낮게 유지되었으며 물가와 임금이 안정되면서 원가부담과 투자비용 상승을 억제했고 장기적 안목에서 투자전략을 수립할 수 있는 여건을 조성했다. 셋째, 기업 구조조정 측면에서는 미국은 자본시장이 잘 발달해서 기업들이 전통적으로 단기 수익성 위주의 경영 행태를 보이면서 1980년대 중반까지만 해도 장기적인 경영전략이나 투자계획 수립에 장애가 되었지만, 1980년대 후반부터는 업종전문화, 조직개편 등 다각적인 경영합리화 노력을 기울였다. 미국 기업들의 철저한 구조조정 노력은 1990년대에 산업경쟁력 강화에 크게 기여했으며 미국 기업들은 정보기술을 광범위하게 응용하는 경영혁신의 필요성을 인식하고 정보화 투자를 지속적으로 확대하여 지식정보산업이 비약적으로 발전했다. 넷째, 금융 구조조정 측면에서 미국은 1980년대에 금융기관 간 경쟁 격화 등에 따라 수익이 크게 악화되었으나 1990년대에는 영업범위, 비용구조 등을 고려하여 경영전략을 수립했고 부실 자회사와 점포

정리, 감원 등 경영 합리화와 종합적 리스크 관리 시스템 구축을 추진했으며 정보화 투자를 통한 경영효율 향상에 노력했다. 이에 따라 금융기관들의 경쟁력이 강화되었고 수익성과 건전성이 크게 향상되었다. 다섯째, 요소생산성 측면에서 미국은 1980년대에 기업들의 구조조정 과정에서 노동자들이 임금 인상보다 고용 안정을 중시하면서 노사관계가 안정되고 노동생산성이 지속적으로 상승했다. 미국 기업은 낮은 진입장벽, 치열한 상호경쟁과 규제완화 등으로 자본이 효율적으로 이용되고 부단히 경영혁신이 요구되어 자본생산성이 높았다.

(3) 2000년대 이후 미국 산업의 경쟁력

2000년부터 신경제 IT거품이 꺼지면서 경기 조정이 이루어진 뒤 미국 경제가 회복했지만 초저금리정책과 금융규제완화의 영향으로 발생했던 주택거품이 2007년부터 꺼지면서 시작된 2008년 금융위기 이래 미국 산업의 경쟁력도 큰 영향을 받았다. 1990년대 후반에 미국의 경쟁력을 강화했던 다섯 가지 측면의 요인들이 2000년대 중에는 제대로 작동하지 못했다.

경제운영 패러다임 측면에서 미국이 추구해 온 시장경쟁 촉진을 통한 경제효율의 극대화 추구와 거시경제정책 측면에서 추구했던 선제적 정책과 금융규제완화가 초래한 부작용은 2008년에 금융위기 발생의 원인을 제공했으며 뒤이은 세계적 경기침체의 지속에서 벗어나기 위한 동력을 제공하지 못했다. 무엇보다도 거시경제정책 측면에서 저금리정책이 지나치게 오래 지속되면서 과도한 유동성 팽창으로 서브프라임 대출에 의해 주택거품이 확산되어 금융위기를 초래하기까지 통화정책이 적절하게 대응하지 못했다. 금융위기 이후 강력한 재정·금융 완화정책으로 미국 경제가 완만한 회복세를 지속했지만 과거와 크게 달라진 환경에 직면했다.

기업과 금융의 구조조정 측면에서는 지나친 수익 추구와 도덕적 해이가 만연했으며 결과적으로 다수의 기업과 금융기관의 파산과 심각한 구조조정뿐만 아니라 장기적 경기침체를 겪어야 했다. 요소생산성 측면에서도 특히 2011년 이후 생산성 증가가 매우 낮은 수준이 지속되면서 우려를 불러일으켰다.

특히 금융위기를 기점으로 생산성 하락이 지속되었는데, 옐런 연방준비제도 의장이 미국 경제의 핵심적인 불확실성이라고 지적했다. 2000~2007년에는 노동생산성이 연평균 2.6%를 기록했지만, 2007~2015년에는 1.3%에 불과했다. 생산성 하락의 원인에 대해서는 불확실성의 증대에 따른 기업들의 투자 위축이 거론되기도 했고, 2000년대 중반까지 다양한 산업에서 정보기술혁명에 따른 디지털화가 급속히 진행됐지만 그 효과가 쇠퇴한 데 따른 혁신의 둔화를 지적하기도 하며, 금융위기로 인한 실업과 베이비붐 세대의 은퇴에 따른 미숙련 임시직의 증가가 공급 측면에서는 노동의 질을 떨어뜨렸고, 수요 측면에서는 미래에 대한 불안을 키워 소비 하락을 야기했다고 지적되었다.

포터(Michael Porter) 교수는 미국 경쟁력의 원천으로 기업가들에게 매우 좋은 환경과 세계 최고의 기업가 정신으로 과학과 기술의 혁신을 이룩해 왔으며, 최고의 고등교육기관을 육성할 수 있었고, 미국의 독특한 자유시장경제가 세계화된 환경에서 경쟁에 유리하게 작용했고, 효율적인 자본시장은 벤처기업가 등에게 훌륭한 기회를 제공했다는 점을 들었다. 그러나 이러한 조건들은 정책적 실패와 중장기적인 전략의 부재, 연구개발에 대한 소극적인 투자, 금융시장 왜곡, 교육 개혁의 부진, 사회안전망 구축 실패 등에 의해 그 장점이 약화되었고 미국의 경쟁력을 악화시키는 원인이 되었다고 지적했다.

미국의 경쟁력을 약화시키는 문제점으로 교육이 자주 거론되고 있다. 미국의 교육체제, 특히 공교육체제는 장기간 미국의 성장을 뒷받침했는데, 최근에는 과학과 수학 능력의 국제적 순위가 매우 낮게 나타났다. 교육 투자의 양적 증대에도 불구하고 교육의 질적 저하가 두드러지게 나타났다.

오바마 대통령은 미국 경제의 새로운 엔진은 제조업이라고 강조하면서 양질의 일자리 창출, 무역수지 개선, 연구개발 촉진, 다른 산업과의 시너지 효과, 고부가가치 창출 등을 가져올 수 있는 제조업 경쟁력 증대를 경제 부흥의 핵심전략으로 삼았다. 2010년의 경쟁력 강화 재승인법, 2012년에는 제조업 재생계획 등을 통해 제조업 강화를 지속적으로 추진했다. 특히 제조업이 기존의 생산체제를 벗어나서 제조업 네트워크 형성과 협업을 통한 생산을 특징으로 하여 디지털 정보통신기술과 사물인터넷(IoT)의 발달, 정보지식의 네트워크화와 융합화를 핵심동력으로 하고 신소재·신에너지·신기술융합 등을 핵심산업으로 발전하고 있는 제조업 분야를 선도하기 위한 정책에 중점을 두었다. 세제 및 재정 지원, 수출 지원, 기술 경쟁력 강화 지원 등의 정책과 함께 금융위기 이후 경기 부양과 일자리 창출을 위해 2010년 제조업 부흥 정책인 '리메이킹 아메리카'를 통해 설비투자 세제 혜택을 연장했다. 또 해외공장 이전경비의 최대 20%까지, 임금의 10%까지 지원했으며 법인세도 35%에서 28%로 감면하는 등 국가 전략 차원에서 싼 인건비나 시장을 찾아 해외로 진출한 기업들이 다시 되돌아오게 하는 리쇼어링 전략을 추진했는데, 셰일가스 생산 증가에 따른 에너지가격 하락과 함께 해외 투자 기업의 본국 회귀 증가에 상당한 효과가 있었다. 리쇼어링은 세계의 제조업 지도를 바꾸고 있는데 미국은 멕시코나 중국 진출 기업의 회귀에 따라 제조업이 활성화되고 일자리도 증가했다.

2013년 미국의 제조업 부가가치율은 34.6%로, 일본의 30.5%, 독일의 30.1%, 중국의 20.3%, 한국의 20.1%에 비해 상당히 높은 수준이었다. 미국 기업들은 첨단기술을 활용하여 디지털 제조업을 선도하고 있는데, 제조업체들이 빅데이터, 로봇, 3D 프린팅 등과 같은 첨단기술과 기계를 생산에 도입하면서 경쟁력을 증대시켰다.

2. 미국 경쟁력위원회의 경쟁력 평가

미국 경쟁력위원회(Council on Competitiveness)는 2015년 정책 제안(2015 Clarion Call)을 통해 미국 경쟁력을 점검했는데, 그 내용을 보면, 먼저 긍정적인 측면으로는 천연가스 가격은 미국에 비해 일본은 5배, EU는 3배, 중국은 2배 더 높았다. 미국은 2012년 11월 이래 사우디아라비아를 제치고 세계 최대 원유생산국이 되었고 셰일가스 생산에 힘입어 에너지 희소국에서 풍부국으로 전환했는데, 이는 생산, 일자리, 무역, 제조업에서 강력한 경쟁우위를 제공했다. 미국은 전 세계 연구개발 총액의 1/3을 투자하면서 혁신능력을 유지했고, 제조업은 다른 산업보다 훨씬 많은 일자리를 제공했다. 2015년에 매달 약 53만의 새로운 기업이 창업했고 신생기업들은 자생적인 혁신을 통해 새로운 일자리 증가의 다수를 차지했다.

부정적인 측면으로는 미국이 높은 1인당 GDP 수준을 유지하는 세계 최대 경제이지만 경제성장은 2008~2009년의 침체로부터 벗어나기 위해 필요한 4~5% 수준에 크게 못 미친다고 지적했다. 2014~2015년의 생산성 증가율은 0.7%에 그쳤고 제조업 생산성은 1.0%로 다소 높았지만 높은 임금과 경쟁력 있는 기업을 뒷받침하기에는 크게 부족했다. 재정적자는 계속 하락하고 있지만 은퇴하는 베이비붐 세대를 고려하면 장기 전망은 밝지 못했다. 실업률은 하락했지만 노동참여율은 1970년대 후반 이래 가장 낮은 수준이었다. 기초과학 연구에 대한 투자는 물가 상승률에도 미치지 못했고 연방 연구개발비는 2015년 말에 GDP 대비 0.76%로 더욱 하락했다. 학생부채는 2004~2014년 사이에 대출인원은 89%, 평균 금액은 77% 증가하여 2015년 졸업생의 경우 평균 35,051달러의 학생부채를 보유하고 졸업했는데, 4년제 대학 등록금의 급증에 따라 2014년의 27,000달러에 비해 크게 늘었다. 고등교육 접근성이 소득격차의 증가를 가져오는 중요한 요인으로 작용했다.

경쟁력위원회는 경쟁력을 증대시키기 위해서는 이민제도를 개혁하고 과학·기술·공학·수학(STEM) 교육을 강화하며 고성능 컴퓨팅에 대한 접근을 용이하게 하고 지적 재산권을 세계적으로 보호할 것을 주장했다. 또 연방 연구개발 투자를 2배로 증대시키고 국가 부채를 축소하고 기업에 대한 세금을 인하하고 현대적 에너지, 운송, 사이버 인프라를 강화하고 국제무역 자유화를 선도할 것을 제안했다.

미국 경쟁력위원회와 딜로이트(Deloitte)가 발표한 2016년 글로벌 제조업 경쟁력 지수(Global Manufacturing Competitiveness Index)에서 미국의 제조업 경쟁력 지수는 2010년에는 4위, 2013년에는 3위, 2016년에는 2위를 차지하는 등 경쟁력이 지속적으로 향상하고 있으며, 2020년에는 부동의 1위를 차지해 온 중국을 제치고 1위가 될 것으로 전망했다. 이에 따르면 미국의 혁신 생태계가 빠르게 진화하면서 연구개발 투자, 최고 수준의 대학교, 연구개발 인재, 벤처캐피털 등으로 세계적 선도국의 위치를 유지했고 연구개발에 대한 정부의 지원도 첨단기술과 혁신에 대한 투자를 증대시켰다. 글로벌 제조업 경쟁력을 증대시키는 요인으로는 미국의 경우 혁신정책 및 인프라를 가장 중요시했는데, 독일과 일본, 한국은 물리적 인프라를 가장 중요시했고 중국과 인도는 가격 경쟁력을 가장 중요시한 것과 대조된다.

경쟁력 요인으로 첫째, 인재 측면에서 기술 수준이 높고 잘 교육된 노동자는 경쟁력의 가장 핵심요소이다. 미국은 과학·기술·공학·수학(STEM) 전공 대학원 졸업생 숫자가 2003~2013년간 1.4배 증가했는데, 독일은 2.7배, 중국은 2.5배, 한국은 1.2배, 일본은 0.9배 증가했다. 고령화에 따른 베이비부머들의 은퇴로 향후 10년간 제조업 기술 노동력의 부족에 직면할 것으로 지적되었다. 둘째, 가격 경쟁력은 경쟁

우위에 적지 않은 영향을 미친다. 시간당 제조업 임금은 미국의 경우 1995년의 17.7 달러에서 2015년에는 38.0달러로 상승했는데, 독일은 동일 기간에 30.4달러에서 45.5달러로 높아졌고 중국은 0.3달러에서 3.3달러로 상승했다. 셋째, 노동생산성을 보면 10년간 연평균성장률(CAGR)이 미국은 0.9%로, 일본의 0.5%, 독일의 0.2%에 비해 높았지만 낮은 수준에 머물렀는데 중국은 9.0%를 기록했다. 넷째, 잘 통합된 공급자 네트워크의 확보가 중요한데, 지역 공급자 확보와 질을 1~7구간에서 비교하면 미국은 각각 5.5와 5.4로서, 독일의 6.0과 5.8이나 일본의 6.2와 5.2에 비해 다소 낮은 수준에 머물렀다.

다섯째, 법과 규제 체제는 성장과 안정을 뒷받침하는 환경을 제공하는데, 외국 기업의 창업에 걸리는 소요기간이 미국은 8일이었는 데 비해 독일은 11일, 일본은 10일이 걸렸다. 여섯째, 재능과 기술이 겸비된 노동력을 공급하는 교육 인프라가 중요하다. 2015년에 세계 상위 1,000개 대학교를 보면 미국은 229개, 독일은 55개, 일본은 74개였는데 중국이 83개였다. 일곱째, 원자재와 생산물의 이동, 에너지 생산, 정보 전달 등의 물리적 인프라가 중요하다. 무역과 수송 관련 인프라 지수를 보면 1~5구간에서 2014년에 미국은 4.2로 독일 4.3, 일본 4.2와 비슷한 수준이었는데 중국은 3.7을 기록했다. 2014년 100명당 인터넷 사용자는 미국이 87명으로, 일본의 91명보다 낮았지만 독일의 86명, 한국의 84명, 중국의 49명보다 높았다.

여덟째, 경제·무역·금융·조세체제는 무역을 증대시키고 투자를 장려하는 국가 공공정책으로서 중요성을 지닌다. 미국과 일본은 지역적으로 다양하게 부가가치가 높은 기술집약적 수출이 이루어졌지만 독일은 유럽지역에 집중되었다. 실효 법인세율은 미국이 39.5%로 높았는데, 독일은 33.0%, 일본은 33.1%, 중국은 25.0% 수준이었다. 아홉째, 혁신정책 및 인프라는 미래의 제조업 잠재력을 형성한다. 소비자 요구의 증대와 경쟁적 환경에 대응할 수 있는 신뢰성 있는 혁신적 인프라의 구축이 필요한데, 미국의 최고경영자들이 가장 극히 중요한 요인으로 지적했다. 미국은 기초연구에 대한 지출이 2013년에 655억 달러에 달해 2위 일본의 162억 달러의 4배에 달했으며 이에 따라 2014년에 세계 특허 출원의 29%를 차지했는데, 이러한 연구 지원과 연구자 공급이 이루어지면서 경쟁력이 가장 뛰어난 국가가 될 수 있었다. 미국의 강력한 혁신적 생태계와 함께 기업, 국립연구소와 대학이 연구개발에 협력함으로써 경쟁력을 향상시켰다. 이러한 협력으로 예를 들면 디트로이트의 자동차 부문과 실리콘 밸리의 하이테크 부문의 성과를 가져왔다.

높은 노동비용과 의료보험비용과 함께 실효세율이 높다는 점이 경쟁력에 불리한 요인이라고 미국 국내에서 자주 지적되지만, 정책의 신뢰성, 기술 이전 및 통합, 통화정책, 과학 및 혁신 지원정책, 지적 재산권 보호 등은 미국의 경쟁력에 유리한 요인으로 작용하고 있다고 평가했다.

3. 미국의 무역구조와 무역수지

(1) 미국의 무역구조

미국은 세계 최대의 무역국이다. 미국은 자유무역을 통하여 GDP의 약 7%에 달하는 연간 1조 달러의 이익을 본다는 피터슨국제경제연구소(PIIE)의 추정과 같이 무역은 미국 경제의 활력소이다. 세계 최대의 소비시장으로 완제품, 부품 등을 수입하고 농산품, 의료기기, 항공기 등을 해외로 수출하고 있다.

미국은 제2차 세계대전 이후에는 무역의 자유화를 선도했고 기술적 우위와 전쟁

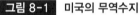 그림 8-1 미국의 무역수지

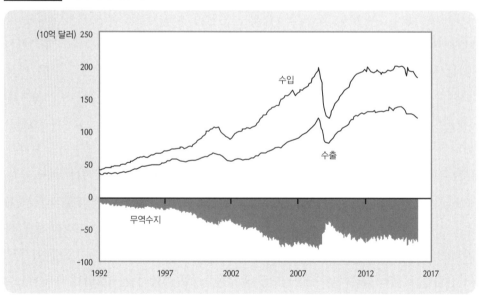

피해를 입지 않은 산업으로 많은 수출시장을 지배했다. 그러나 1970년대와 1980년대를 거치면서 미국과 다른 나라들 간의 경쟁력 격차가 축소되고 일부 산업에서는 경쟁력의 우위가 역전되면서 미국의 수입이 빠른 속도로 증가되었다. 두 차례에 걸친 오일 쇼크와 뒤이은 경기침체, 그리고 달러 가치의 상승은 미국 무역수지를 크게 악화시켰다. 1992년 이래 미국 경제의 장기 성장에도 불구하고 미국의 무역수지 적자는 계속 기록적인 적자 확대를 거듭하면서 무역 마찰의 원인이 되었다. 경기가 좋을 때는 수입이 왕성한 소비를 지탱해 주지만 경기가 나빠지면 수입이 국내 고용을 감소시키게 되는데, 국내에서 보호무역주의가 여론의 지지를 받더라도 세계화된 시대에 미국이 아시아 국가들로부터의 저가 수입품을 축소시킬 수 있는 여지는 크지 않다.

미국 무역수지의 상품별 구성을 보면 상품 수출 중 자본재(자동차 제외)의 비중은 2000년의 45.5%에서 2014년에는 33.8%로 상당히 하락했고, 산업 부품은 동일 기간에 21.8%에서 30.6%로 상승했고, 음식·음료와 소비재는 조금 상승했으며, 자동차 및 부품은 약간 하락했다(표 8-1 참조). 상품 수입의 구성은 큰 변화가 없었는데, 산업 부품이 2000년의 24.7%에서 2014년에 28.3%로 상승했고, 음식·음료가 동일 기간에 3.8%에서 5.3%로 상승했지만, 자본재(자동차 제외)와 자동차 및 부품은 조금 하락했다.

2014년 산업별 무역적자는 음식·음료를 제외한 다른 산업에서 적자액이 증가했는데, 소비재산업의 적자가 전체 적자액의 48.8%를 차지했고, 산업 부품이 23.3%, 자동차 및 부품이 22.8%, 자본재(자동차 제외)가 6.0%를 차지했다(표 8-2 참조).

미국 무역의 국가별 무역구조를 살펴보면 2015년에 수출은 캐나다와 멕시코, 중국의 순으로 많았고 수입은 중국, 멕시코, 캐나다의 순으로 많았다(표 8-3 참조). 무역수지에서는 2000년에 무역적자 총액의 19.2%를 차지했던 중국과의 무역적자는 2015년에는 49.2%로 크게 늘어나면서 중국과의 무역마찰로 갈등이 증대했다. 일본과의 무역적자는 2000년의 18.7%에서 2015년에는 9.2%로 대폭 하락하면서 과거에 비해서 무역마찰이 크게 완화되었다. 유럽연합과의 무역적자 규모는 꾸준히 늘어나 2015년에는 미국의 무역적자 총액의 20.1%를 차지했다. 독일이 2015년 미국 무역적자의 10.0%를 차지했고, 이웃하고 있는 멕시코는 8.1%, 캐나다는 2.1%를 차지했다.

표 8-1	미국의 상품별 수출입 구성(10억 달러, %)					
구분	2000년		2010년		2014년	
	금액	구성비(%)	금액	구성비(%)	금액	구성비(%)
상품 수출	784.9	100.0	1,290.3	100.0	1,632.6	100.0
음식 · 음료	47.9	6.1	107.7	8.3	143.8	8.8
산업 부품	171.1	21.8	388.6	30.1	500.0	30.6
자본재(자동차 제외)	357.0	45.5	447.8	34.7	551.3	33.8
자동차, 부품	80.4	10.2	112.0	8.7	159.7	9.8
소비재	89.3	11.4	164.9	12.8	198.3	12.1
상품 수입	1,231.7	100.0	1,939.0	100.0	2,374.1	100.0
음식 · 음료	46.5	3.8	92.5	4.8	126.7	5.3
산업 부품	303.8	24.7	610.3	31.5	672.6	28.3
자본재(자동차 제외)	347.7	28.2	450.4	23.2	595.7	25.1
자동차, 부품	195.0	15.8	225.6	11.6	328.9	13.9
소비재	284.6	23.1	485.1	25.0	559.4	23.6

한국과의 무역적자는 2000년에 적자총액의 2.9%를 차지했는데 2015년에는 3.8%로 증가했다. 2000년에 미국 무역수지 적자의 15.1%, 2010년에도 8.8%를 차지했던 OPEC과의 무역적자는 미국 셰일가스 생산의 증가와 원유 가격의 대폭 하락에 따라 2015년에는 소액이지만 흑자로 돌아섰다. 미국의 무역적자가 증가한 중국이나 유럽 등 주요 교역대상국과의 무역마찰이 증대했고 이러한 무역적자의 확대에 대한 우려와 소득 불평등 증가에 대한 불만이 상승작용을 하면서 미국에서 보호무역주의가 빠르게 확산되었다.

미국의 주요 서비스산업별 무역을 2008년 통계로 살펴보면, 서비스 무역에서 중요한 위치를 차지하는 것은 금융 · 보험 서비스, 특허 · 사용료, 기업 · 전문 · 기술 서비스의 세 분야인데, 수출입에서 가장 큰 비중을 차지하는 금융 · 보험 서비스는 금융회사들이 주로 담당하지만, 특허 · 사용료와 기업 · 전문 · 기술 서비스의 두 분야는 제조업 다국적기업들이 주로 차지했다(표 8-4 참조).

| 표 8-2 | 미국의 산업별 무역수지(10억 달러) |

구분	2000년			2014년		
	수출액	수입액	수지	수출액	수입액	수지
전체 산업	784.9	1,231.7	-446.8	1,632.6	2,374.1	-741.5
음식·음료	47.9	46.5	1.4	143.8	126.7	17.1
산업 부품	171.1	303.8	-132.7	500.0	672.6	-172.6
자본재(자동차 제외)	357.0	347.7	9.3	551.3	595.7	-44.4
자동차, 부품	80.4	195.0	-114.6	159.7	328.9	-169.2
소비재	89.3	284.6	-195.3	198.3	559.4	-361.1

| 표 8-3 | 미국의 국가별 수출, 수입과 무역수지(백만 달러) |

	2000년			2010년	2015년		
	수출	수입	수지	수지	수출	수입	수지
전체	781,918	1,218,023	-436,105	-635,362	1,502,572	2,248,232	-745,660
유럽연합	168,181	226,901	-58,720	-79,673	271,988	427,562	-155,573
독일	29,448	58,513	-29,065	-34,295	49,981	124,821	-74,850
영국	41,571	43,345	-1,775	-1,395	56,115	57,962	-1,848
캐나다	249,257	277,637	-28,380	-28,380	280,609	296,156	-15,547
브라질	15,321	13,853	1,468	11,460	31,651	27,468	4,182
멕시코	111,348	135,926	-24,577	-66,321	235,745	296,408	-60,663
중국	16,185	100,018	-83,833	-273,042	116,072	483,245	-367,173
일본	64,925	146,479	-81,555	-60,080	62,443	131,364	-68,922
한국	27,830	40,308	-12,478	-10,055	43,446	71,759	-28,313
대만	24,406	40,503	-16,097	-9,797	25,860	40,908	-15,048
OPEC	19,078	67,090	-48,013	-95,667	72,821	66,233	6,588

표 8-4 미국의 주요 산업의 서비스 수출입(2008년, 10억 달러)

구분	총액	금융 서비스	보험	특허· 사용료	정보 통신	기업·전문·기술 서비스					
						소계	컴퓨터· 정보	경영· 컨설팅	연구개발	운영 허가	기타
수출총액	302.3	63.0	13.4	102.1	10.0	113.8	13.1	29.7	17.3	7.7	45.9
제조업	77.6	D	D	40.6	0.2	35.9	2.8	9.7	8.7	0.6	14.0
정보산업	51.4	D	D	31.2	9.5	D	4.0	2.6	D	D	1.9
금융·보험	79.0	55.5	10.6	D	D	12.3	1.0	5.2	D	D	D
전문·과학·기술	38.5	D	D	14.4	D	24.0	3.2	4.0	3.5	0	13.3
수입총액	195.6	17.2	58.9	29.6	7.8	82.0	16.9	22.8	16.3	1.7	24.4
제조업	51.4	0.9	1.6	15.9	0.1	32.9	1.9	8.8	9.9	0.1	12.1
정보산업	25.1	D	D	6.8	7.2	11.0	D	4.3	2.2	D	2.8
금융·보험	73.3	15.1	50.8	0.2	0.08	7.1	1.9	4.1	D	D	1.1
전문·과학·기술	19.3	D	D	1.5	D	D	D	2.7	2.1	D	3.0
서비스수지	106.7	45.8	-45.5	72.5	2.2	31.7	-3.8	6.9	1.0	6.0	21.5

단, D는 개별기업 자료 공개를 피하기 위해 비공개.

미국의 서비스 수출에서는 금융·보험 서비스가 전체 서비스 수출의 1/4을 차지했다. 금융 및 보험 기업에 의한 수출에서는 금융 서비스가 대부분을 차지했고 기업·전문·기술 서비스와 보험도 어느 정도 포함되었다. 제조업으로 분류되는 기업들의 무역은 지적 재산권과 본사 및 지원 서비스와 관련된 것인데, 이러한 서비스 업무는 제조업 대기업의 사무직 노동자들이 담당하는 업무들이었다. 제조업 다국적기업들은 다국적화와 오프쇼어링을 통해 본국의 모회사가 외국의 자회사와 아웃소싱 대상 기업에 대해 기술적, 전문적 지원을 제공하게 되었는데, 서비스 무역의 증가는 제조업 다국적기업들이 연구개발 활동과 업무 지원의 효율화를 전 세계적 규모로 활발하게 전개하고 있는 변화를 반영한 것이다. 제조업 생산을 주로 하는 기업들은 지적 재산권과 지원 서비스와 관련된 서비스 수출이 적지 않았는데, 특히 화학산업과 수송장비산업이 제조업 기업 수출의 과반을 차지했다. 제조업과 금융·보험 부문 다음으로 큰 정보 부문에서는 출판과 방송 관련 기업들이 큰 비중을 차지했는데, 특히 · 사용료 부문, 특히 소프트웨어, 영화, TV 유통 등이 정보 수출 기업들에게 중요한 비중을 차지했다.

서비스 수입에서 금융·보험 서비스가 전체의 1/3 이상을 차지했고 제조업 기업들에 의한 서비스 수입이 약 1/3을 차지했다. 금융·보험 부문에서는 보험이 3/4을 차지했다. 보험 서비스 수입은 주로 특정 지역이나 형태의 위험을 회피하기 위한 재보험 서비스인데 재보험 센터가 영국, 스위스, 독일, 버뮤다 등 해외에 위치하고 미국 조세제도의 영향도 받았기 때문이다. 제조업으로 분류되는 기업들의 서비스 수출은 화학산업과 수송장비산업 등에서 지적 재산권과 관련이 많았다. 서비스 유형으로는 기업·전문·기술 서비스의 비중이 가장 컸는데, 경영·컨설팅 서비스, 연구·개발이 큰 비중을 차지했고, 특허·사용료도 서비스 수입의 15%를 차지했다.

2013년에 미국은 상품과 서비스 무역을 합친 규모에서는 여전히 세계 1위를 차지했지만, 상품 무역 규모에서는 처음으로 중국이 세계 1위 자리를 차지했다. 그러나 첨단기술과 특허 등 서비스 분야에서는 미국이 중국을 크게 앞섰다.

▶ ▶ ▶ 디지털 무역

디지털 무역(digital trade)이 기존의 국제무역의 대안으로 증가하고 있다. 디지털 무역은 상품과 서비스의 무역이 인터넷과 관련 정보통신기술을 기반으로 비대면 방식을 통한 전자상거래로 이루어지는 교역을 말한다. 디지털 무역은 정보와 결제의 흐름을 전자적 방식으로 처리하면서 무역업무처리 과정과 시간의 단축을 통해 기업의 영업비용을 하락시키고 효율성과 경쟁력을 증대시켰다. 특히 2012년에 온라인 거래의 23.4%를 차지한 중소기업들이 다양한 재화, 서비스, 시장에 더 낮은 비용으로 접근함으로써 혜택을 받았고, 소비자들도 상품과 가격에 대한 정보를 활용함으로써 혜택을 받았다. 디지털로 가능해진 미국의 서비스 수출은 2007년의 2,821억 달러에서 2011년에는 3,561억 달러로 빠르게 증가했다. 정보통신기술의 발달은 생산성, 기술혁신과 성장을 견인했는데, 맥킨지글로벌연구소(McKinsey Global Institute)에 따르면 인터넷만으로 2006~2011년간 세계 13대 경제대국들의 성장의 21%를 설명했다.

미국 국제무역위원회(US International Trade Commission)의 조사에 따르면 2012년에 미국의 디지털 집약산업의 온라인 매출액 9,352억 달러 중 수출이 2,229억 달러를 차지했고, 온라인 매입액 4,714억 달러 중 수입이 1,062억 달러를 차지하여 미국의 디지털 무역은 큰 폭의 흑자를 기록했다. 또 디지털 무역의 생산성 증가와 교역 비용 감소의 효과를 합치면 2011년 미국의 실질 GDP는 3.4~4.8%, 실질임금은 4.5~5.0%, 고용은 0.0~1.8% 증가시켰고, 외국의 장벽을 제거하면 실질 GDP가 0.1~0.3% 추가로 증가하는 것으로 추정되었다. 디지털 무역의 장애요소로는 온라인 거래에 대한 국가별 장애, 데이터 비밀 보호, 지적 재산권 관련 문제, 온라인 검열 등을 들 수 있다.

(2) 미국의 무역수지/경상수지

미국은 1970년대 초부터 무역수지 적자가 지속되기 이전에는 거의 100년간 무역수지 흑자를 보였다. 1960년대 후반에 들면서 국제경쟁력 약화, 확장적 대외정책과 느슨한 재정통화정책 등이 겹치면서 적자로 전환했고 이후 오랜 기간 거의 만성적으로 경상수지 적자에 시달려 왔다. 1980년대 전반에 레이건 행정부의 강한 달러 정책과 경기 확대와 경쟁력 약화에 따른 수입 증가를 배경으로 무역수지 적자가 급속히 증대되었다. 1985년의 G7 간의 플라자 협정을 통해 달러 가치의 인하가 이루어졌지만 무역수지는 거의 개선되지 않았다. 대규모의 무역수지 적자가 지속되면서 해외자본에 대한 의존도가 높아진 결과 미국의 1989년 대외순자산잔고가 마이너스로 전환하여 순채무국이 되었다.

1990~1991년의 경기후되에 따른 수요 감소와 이라크에 대한 걸프전쟁에 따른 대외 판매 증가와 동맹국 정부로부터의 현금 이전에 힘입어 경상수지는 일시적으로 균형에 가까워졌지만 경기가 회복되면서 경상수지 적자도 다시 확대되었다. 1990년대 후반에는 장기간에 걸친 경기 확장이 이루어졌고 해외자본의 안정적 유입을 위해 강한 달러 정책이 지속되었기 때문에 경상수지 적자는 더욱 증가했다. 경상수지 적자의 지속가능성에 대한 논의에서는 대개 경상수지 적자가 GDP 규모의 5% 정도에 달하면 화폐가치의 급격한 하락이 발생한다는 연구 결과에 따라 달러 가치의 급격한 하락이 초래될 가능성에 대한 우려가 적지 않았다.

2008년 금융위기에 따른 큰 폭의 수요 감소로 수입이 크게 감소하면서 무역수지 적자폭이 대폭 줄어들었지만, 경기가 회복세를 보이고 소비가 증가하면서 무역적자가 다시 증가 추세를 나타냈다. 2014년에는 미국의 경기 회복, 달러 강세, 저유가 등이 원인이 되어 무역적자가 최대치를 기록했다. 버그스텐(Fred Bergsten) 피터슨국제경제연구소 소장은 미국의 경상수지 적자가 2010년 GDP의 3.2%에서 2030년에는 15%까지 증가할 것이라고 전망했다.

4. 미국의 통상정책과 무역마찰

(1) 미국의 통상정책과 국내산업 보호

미국은 독립 이후 20세기 전반까지 보호무역을 실시했다. 유럽으로부터의 기술 도입과 복제와 함께 높은 관세를 통해 산업을 보호했다. 대공황 발발 직후에는 스무트-홀리 관세법(Smoot-Hawley Tariff Act of 1930)을 통해 농산품을 보호하던 관세법의 적용 범위를 공산품까지 확대시키면서 미국이 수입하는 2만여 종의 물품에 400%의 관세가 부과되었고, 미국에 대한 수출이 대폭 줄어든 유럽 국가들의 경제는 더욱 악화되었다. 유럽 국가들도 보복관세를 단행함으로써 세계적인 보호무역의 시대가 도래했고 세계 경제는 대공황으로 치달았다. 국가의 개입을 통한 미국의 뉴딜 정책이나 독일 나치의 폐쇄적 자립적·국내산업 보호적인 경제정책도 충분한 수요를 지속적으로 창출하지 못했고 독일은 군수산업 육성을 통하여 전쟁을 준비했다.

미국은 제2차 세계대전 이후 1950년대와 1960년대를 통해 기조적으로 무역자유화를 추진했다. 당초 추진했던 국제무역기구(International Trade Organization)가 미국 의회의 인준을 받지 못하자 1948년에 관세 및 무역에 관한 일반협정(General Agreement on Tariffs and Trade, GATT)을 발효시켜서 관세인하·다자간협상·최혜국대우의 원칙 하에서 자유무역을 확산시켰다. 미국의 주도로 합의한 케네디라운드를 통하여 평균 관세율을 35% 인하했고 도쿄라운드에서는 평균 33%의 관세를 대폭 인하하는 등 세계무역의 자유화가 크게 확대되었다.

미국에서 국내시장의 보호가 처음으로 문제가 된 것은 1955년의 소위 '1달러 블라우스' 문제 때문이었다. 한 벌에 1달러라는 저렴한 가격으로 일본으로부터 수입된 블라우스가 저가수출의 상징으로 취급되고 정치적으로 문제가 되면서 1957년에 처음으로 미·일 협정이 체결되어 1961년까지 미국의 면제품 보호가 이루어졌다. 섬유산업에서 비롯된 이러한 문제는 해당 산업의 쇠퇴에 따른 고용 문제 등을 완화하기 위해 일시적으로 시행되는 보호정책으로 간주할 수 있다. 미국의 무역수지는 흑자였기 때문에 이러한 단계의 무역마찰은 해당 산업을 보호하면서 국민경제적인 문제를 일으키지 않는 단계였다.

제2단계의 무역마찰은 기간산업인 철강산업과 전후 미국 경제를 대표하는 자동차산업에서 보호무역정책이 필요한 단계였다. 이 단계에서는 미국이 거액의 무역적자를 보게 되면서 무역마찰 문제를 국민경제상의 주요 문제로 인식하게 되었다. 따라서 섬유산업과는 달리 철강산업과 자동차산업은 개발도상국으로 이전될 산업으로 보지 않았기 때문에 상대국 기업에 미국에 대한 수출자율규제를 강제한 결과 수입 억제와 함께 외국 기업의 미국에 대한 직접투자의 증가를 초래했다. 1981~1984년간 실시되었던 일본 자동차에 대한 대미 수출자율규제정책은 일시적으로 자동차 빅3에게 거액의 이익을 가져다주었지만 미국 자동차시장을 겨냥한 대미 직접투자의 증가와 캐나다 등을 통한 우회수입의 증가를 초래했으며 보호무역정책의 세계적 확산을 가져왔다.

제3단계는 미국의 무역수지 적자가 확대된 1980년대 중반에 이르러서는 제2단계에서 취해졌던 개별적인 보호정책으로는 문제가 해결될 수 없다는 인식하에서 지나치게 고평가되었던 달러의 가치를 인하시킴으로써 미국 제품의 가격경쟁력을 향상시키고 무역불균형도 시정하고 시도한 단계이다. 1985년 9월에는 이러한 환율에 의한 조정을 목적으로 외환시장에 대한 G7의 협조 개입과 국제적 금융정책의 공조가 플라자 합의를 통해 이루어졌다.

1985년의 플라자 합의는 무역마찰의 새로운 해결책이었다. 무역수지 적자국인 미국이 서독·일본·대만 등에 대해서 달러의 가치를 하락시키기 위해 환율조정을 요구하여 실현시켰다. 달러 가치의 하락에 따라 유럽과의 무역적자가 축소되었고 흑자로 전환되었지만 일본과의 무역수지는 거의 변화가 나타나지 않았다. 미국 국내에서는 일본으로부터 수입되던 기계설비·부품·소비재 등의 생산이 이루어지지 않아서 일본으로부터의 수입이 계속되었다. 일본으로의 수출도 미국 제조업의 공동화에 따라 수출 여력이 거의 없었고 해외자회사를 통한 일본에 대한 수출도 답보상태를 벗어나지 못했다. 이에 따라 일본 시장은 시장 메커니즘에 의한 침투가 어려운 것으로 인식하게 되었고 시장개방의 구체적인 수치목표를 설정하라는 압력이 증가했다.

제4단계는 미국의 국방산업과 경제적 패권의 기반인 첨단기술산업에서 국제경쟁력의 하락이 나타난 시기이다. 전략적으로 중요한 이들 산업의 국제경쟁력을 강화하는 것이 가장 중요한 정책과제의 하나로 간주되었다. 이 단계의 특징은 미국이 우위를 지니고 있던 산업에서도 무역마찰이 발생했다는 사실이다. 미국은 상대국 시장에 대한 자국 기업의 진출을 도모하고 해당 산업이나 기업의 시장을 확보할 뿐만 아니라 상대국의 경쟁기업의 시장을 탈취하여 미국 기업의 우위를 확고하게 하고자 했다.

1993년 말에는 7년간 협의가 진행되던 관세와 무역에 관한 일반협정(GATT)의 우루과이라운드(Uruguay Round) 협상이 타결되었고 1995년 세계무역기구(WTO)가 출범했다. 우루과이라운드는 과거 중심이 되었던 공산품뿐만 아니라 농산물과 서비스무역, 지적 재산권 문제, 투자규제 문제 등 종래의 GATT 협상과는 다른 내용을 담았다.

미국에서 경상수지 적자가 크게 확대된 1990년대 말부터 보호무역주의가 확산되었는데, 대체로 제조업 등 취약 부문에서 기업의 도산과 실업 증가, 고용 감소에 따라 민간 이익단체가 주도했고 선거를 의식한 대통령 후보나 의회에서 동조하는 경우가 많았다. 보호주의적 정책이 실시되면서 중국과 각종 통상마찰이 크게 증대되었고 위안화 환율을 둘러싼 갈등이 수시로 나타났는데, 중국도 WTO 제소나 보복관세 부과로 대응했다. 유럽연합과의 통상마찰도 지속되었는데, 미국은 성장호르몬 축산물이나 유전자변형 농산물, 화학물질의 건강 및 환경 영향 등과 같이 소비자보호와 환경보호를 주장하는 유럽의 수입규제가 사실상 보호무역정책의 변형이라고 간주하고 갈등을 지속했다. 한국, 일본 등 다른 나라들과의 무역에 대해서도 적극적 통상정책에 따라 통상마찰이 증대되었다. 환경·노동·경쟁·투자·부패 등의 새로운 뉴밀레니엄 라운드에 대한 논의가 1999년 11월 시애틀 회의를 계기로 공식적으로 시작될 예정이었으나 비정부기구(NGO)들의 대규모 반대시위로 이루어지지 못했고, 9·11 테러 직후인 2001년 11월 카타르의 도하에서 뉴라운드 협상이 급하게 타결되었지만 후속 협상이 순조롭게 진행되지 못했다.

(2) 1988년 종합통상법

미국의 무역수지 적자가 전례 없이 확대되면서 새롭고 강력한 통상법이 필요하다고 인식하고 보호주의적인 제재나 보복조치를 강화시킨 '1988년 종합통상법(Omnibus Trade and Competitiveness Act of 1988)'을 제정했다. 이 법은 미국의 보호정책이 국내 산업 보호 일변도로부터 적극적인 보호주의로 전환되는 출발점이 되었다. 또 이 법은 GATT의 우루과이라운드에 주목해서 지적 소유권 보호를 명백히 하여 과학기술 관련 조항이 많은 통상법이라는 특징도 가지고 있는데, '스페셜 301조'라고도 불렀다. 1974년 무역법에서는 교역상대국이 무역협정의 규정을 위배하거나 또는 외국 정부의 부당하거나 불합리하거나 차별적인 법·정책·관행 등으로 미국 기업의 활동에 부담·제약되는 경우 대통령은 권한 안에서 모든 적절하고 가능한 조치를 취할 수 있다고 되어 있었다. 그러나 1988년 종합통상법에서는 301조 발동과 관련된 제반 권한이 대통령으로부터 무역대표부(United States Trade Representative, USTR)로 이전되었다. 개정된 '레귤러 301조'는 무역제재조치가 대통령의 재량에 달린 임의조항이 아니라 외국의 통상관행이 미국과의 협약에 위배되거나 부당한 경우에는 USTR에 의해 반드시 발동되어야 하는 의무적 보복조치 조항을 신설했다. 불합리하거나 차별적인 외국의 통상관행에 대해서는 USTR이 재량권을 가지고 보복 여부를 결정하도록 했다.

종합통상법 제1302조는 소위 '슈퍼 301조'로 불리는데, 슈퍼 301조는 USTR이 매년 미국의 수출을 저해하는 행위, 정책 또는 관행의 빈도와 정도에 따라 외국의 무역정책과 무역장벽의 내용에 대한 '국가별 무역장벽 보고서'를 의회에 보고해야 하며, 그 후 30일 이내에 USTR은 미국의 무역이익을 해친다고 생각되는 나라와 그 무역장벽을 '우선협상관행(Priority Foreign Practices)'과 '우선협상대상국(Priority Foreign Countries)'으로 지정하도록 규정했고, USTR은 우선협상대상국들과 무역장벽의 제거를 위해 교섭하고 교섭이 순조롭게 끝나지 않을 때는 제재조치를 발동하도록 규정함으로써 교역상대국의 시정조치가 불충분한 경우에는 보복할 수 있는 미국 내 법적인 근거를 제공했다. 슈퍼 301조는 유효기간이 2년이라는 제한이 있었는데 조지 부시 행정부하에서 1989년 일본·브라질·인도가 우선협상대상국으로 지정되었으나 별다른 제재 없이 1990년에 종결되었고, 1994년 클린턴 대통령의 행정명령으로 부활해 2001년까지 연장됐다.

미국은 무역 상대국과의 교섭에서 제재 가능성을 시사하고 상대국의 양보를 유도하는 교섭방법을 채용했는데 미국 통상정책의 기본적인 틀로 자리 잡게 되었다. 미국은 1995년 5월 일본으로부터의 자동차 및 부품 수입에 대해 100% 관세 부과 조치를 발표했고 EU와의 통상마찰에서 협상무기로서 301조가 사용되었는데 그 위력은 분쟁사항이 아닌 다른 분야에 대해 제재할 수 있는 교차보복이 허용된다는 데 있었다. 중요한 점은 미국의 보호정책이 '기회의 균등'에서 '결과의 균등'으로 전환되어 '공격적 상호주의'에 따라 행해졌다는 것이다. 1989년에 시작된 일본과의 미일 구조협의(Structural Impediments Initiative)는 양국 정부가 일본의 구조장벽의 존재를 확인하고 그 시정을 위해 교섭을 시작했던 것이다. 그 내용은 저축·투자 패턴, 토지 이용, 유통, 배타적 거래관행, 기업계열관계, 가격 메커니즘 분야에 걸친 전반적 구조에 관한 것이었다. 1987년 이후 일본에 대한 수출이 확대된 것은 이러한 결과주의에 따른 것이었다.

1997년 10월 미국은 종합통상법 슈퍼 301조를 발동하여 한국의 자동차 세제 등을 우선협상대상국 관행으로 지정했다. 미국 협상단의 요구가 자동차 배기량에 따른 차등과세와 같은 내국세제에 관련된 문제를 포함하고 있지만 한국은 자동차세 세액 구간을 7단계에서 5단계로 축소하고 대형차에 더 유리하도록 세액을 크게 인하했다.

대외무역을 조절하는 주요 권한을 의회가 가지고 있고 의회는 다양한 국내 이해 집단의 압력에 민감한데, 무역대표부는 대통령 직속기관이지만 예산배정 등 의회의 강력한 통제를 받기 때문에 대외무역협상에 있어서 강경한 입장을 취하는 경향이 있다.

후프바우어(Gary Hufbauer) 등은 보호무역에 의한 수입 감소에 따른 사회적 후생비용을 측정한 결과, 1996년에 보호무역으로 인해 GDP의 1.45%에 달하는 973억 달러의 경제적 순손실을 입었다고 분석했다. 보호무역으로 수입이 1달러 감소하면 소비자잉여는 2달러가 줄어드는데 그중 49%는 국내생산자, 40%는 조세수입 및 렌트(rent)로 이전되고 렌트의 일부는 외국수출업자에게 귀속되며, 11%는 사중손실(deadweight loss)로 나타나기 때문에 보호무역의 경제적 편익은 마이너스 값을 나타냈다.

(3) 오바마 행정부의 통상정책

미국은 연방의회가 입법에 의해 기한을 한정해서 행정부에 통상교섭을 할 수 있는 권한을 부여하는 독특한 제도를 가지고 있다. 따라서 역사적으로 미국의 통상정책은 연방의회와 행정부 간의 미묘한 역학관계 속에서 결정되어 왔다. 2002년 8월 조지 부시 대통령은 국제협상을 효율적으로 진행하기 위해 의회로부터 무역촉진권한(Trade Promotion Authority, TPA)을 위임받았다. TPA는 과거에는 신속협상권(Fast Track)으로 불렸는데, 대통령이 의회로부터 TPA 권한을 부여받아서 행정부가 전권을 가지고 협상하고 의회는 협상안에 대한 부분적인 수정 없이 90일 이내에 전체 협상안에 대해 표결하게 되므로 신속하고 효율적으로 협상을 타결할 수 있다. 1974년 통상법에서 처음 도입된 이후 도쿄라운드, 우루과이라운드 협정과 NAFTA 협정에서 중요한 역할을 수행하다가 1994년에 종료되었다. 클린턴 대통령은 의회의 승인을 얻는 데 실패했지만, 부시 대통령은 자유무역의 중요성을 강조하면서 의회와의 협상을 통해 2002년에 무역촉진권한을 재도입했고 이를 통해 한미자유무역협정이 이루어졌다. 2015년 6월 오바마 대통령은 무역촉진권한회생법으로 무역촉진권한을 부여받음으로써 TPP 협상을 가속화할 수 있었다.

오바마 민주당 정권과 공화당이 다수당이었던 의회의 관심 과제로 노동과 환경을 들 수 있었는데, 무역상대국에 대해 노동자의 권리 보호와 환경 규제 강화를 요구했다. 일자리 확보를 최우선으로 하고 있는 미국의 노동단체들은 해외로의 고용 유출을 방지하기 위해 자유무역협정이나 무역투자기본협정(Trade and Investment Framework Agreement, TIFA) 교섭 중에 미국이 동등한 경쟁조건을 유지할 수 있도록 상대국 노동자의 기본 권리를 지키도록 요구하고 위반하는 경우 벌금 부과 등의 제재조치를 실시할 것을 요구했다. 또 환경 규제가 엄격한 선진국에서는 오염물질의 배출에 막대한 비용이나 고액의 정화장치가 요구되는 등 환경대책비용이 막대하므로 환경규제가 적은 개발도상국의 기업들에게 미국과 같은 환경대책을 요구했다. 북미자유무역협정의 보완협정으로 노동자협정과 환경협력협정이 포함되었으며, 2000년대 들어 체결된 칠레나 싱가포르와의 자유무역협정에는 노동·환경 규정에 따른 분쟁처리 조항이 포함되었다.

오바마 대통령은 2010년의 연두교서에서 금융위기로 초래된 세계적인 충격을 완화시키고 재발을 방지하기 위한 정책과 함께 미국의 수출 증가와 수입대체에 의해 국내생산과 고용 회복을 도모하고 미국 경제의 안정화를 추구하기 위해, 미국의 재화와 서비스 수출을 5년간 2배로 증가시킬 것을 목표로 하고 이를 위해 매년 연율 약 15%의 수출 증가를 목표로 천명했다. 2013년에는 국가수출전략(National Export Initiative, NEI)을 통해 성장을 촉진하기 위하여 수출지원을 확대하고 무역장벽을 제거하고 시장 접근을 확대했다.

미국은 WTO를 통해 시장 개방, 다자무역 자유화, 글로벌 무역규범 확산, 보호주의 타파 확산에 기여하기 위해 WTO의 역할을 강화하도록 하고 WTO의 분쟁처리 메커니즘을 활용해서 미국의 이익을 강력하게 추구했다. 지적 재산권(intellectual property) 보호를 통하여 미국 산업의 경쟁력과 경제성장을 촉진하기 위해서 지적 재산권을 강화하는 데 통상정책의 중점을 두었으며, 중국, 러시아 등의 지적 재산권 침해국에 대해 압력을 증대시켰다.

(4) 금융위기 이후 보호무역주의 증대

금융위기 이후 경기침체가 장기간 계속되면서 세계적으로 보호무역이 증대되고 있다. 미국인들은 경기가 빠르게 회복되지 않고 중산층이 타격을 받으면서 중국의 경제력 증대에 대한 우려와 함께 환율 조작, 수출보조금과 열악한 노동조건 등 불공정한 무역으로 미국의 일자리를 빼앗아 가는 국가에 대한 불만이 높아짐에 따라 보호주의 정책이 강화되었다. 또 보호무역주의의 상징인 '바이 아메리칸(Buy American)'에 대한 지지는 철강산업 등을 대상으로 확산되었다. 2009년 이래 미국인 고용을 우선하고 멕시코 트럭의 미국 입국을 금지하고 원산지표시 규제를 더욱 엄격하게 적용해서 실질적으로 미국산을 우대하고 식품 수입에 대한 검사 검역을 강화하는 사례가 나타났다. 미국의 경기 회복이 미흡하고 계층 간 갈등이 심해지면서 반세계화와 보호무역주의가 더욱 강화되었다.

미국에서는 국제 경쟁이 정당하지 못하다는 견해가 강한데, 중국, 한국, 대만 등 국가들이 환율을 인위적으로 낮췄기 때문에 미국의 고용이 타격을 받는다고 보는 경향이 있다. 2016년에는 미국의 무역적자를 축소하기 위해 통화가치의 하락을 유도하는 국가에 대한 제재를 의무화하여 '환율의 슈퍼 301조'로 불리는 '베넷-해치-카퍼 수정법(Bennet-Hatch-Carper Amendment, BHC)'이 제정되었는데, BHC 수정법은 '2015년 무역강화 및 무역촉진법(Trade Facilitation and Trade Enforcement Act of 2015)'의 제7장 환율조작(Title VII : Currency Manipulation) 부분에 대한 별칭이다. 미국 재무부는 미국에 대한 무역수지 흑자가 200억 달러를 초과하거나 경상수지 흑자가 국내총생산의 3%를 초과하거나 환율을 조작하기 위해 사들인 외화자산 순매수액이 GDP의 2%를 초과하는 등의 세 가지 항목을 모두 충족하면 환율조작의심국으로 지정하고 1년간 해당국과 협의를 거쳐 상황이 개선되지 않으면 대외원조 관련 자금 지원 금지, 조달 계약 체결 금지, IMF를 통한 감시, 무역협정 체결 때 제재 등의 조치를 취한다고 발표했다. 2016년 4월에는 두 가지 이하의 항목을 충족시킨 중국, 독일, 일본, 한국, 대만 등 5개국을 '환율관찰대상국'으로 지정했는데, 한국에 대해서는 제한적 시장개입, 외환정책 투명성 제고, 내수활성화를 권고했다. 2016년 10월에도 동일한 국가들이 다시 환율관찰대상국으로 지정되었는데, 한국은 경상수지 흑자가 허용치 3%의 2배 이상을 지속하고 있어서 환율 조작의 의심을 계속 받고 있다.

미국은 자유무역이라는 원칙을 내걸고 상대국의 시장개방을 요구하는 한편 국내 산업을 보호하기 위해 보호무역정책을 실시해 왔다. 세계무역경보(Global Trade Alert)에 따르면 2008년 위기 이후 미국은 인도 다음으로 많은 보호무역 조치를 내렸다. 경제전문가들은 보호무역이 고용에 미치는 영향은 미미한 반면 소비자 후생 손실과 후방산업의 비용 증가가 적지 않을 것이며 국제적 교역 축소와 성장 둔화를 초래하게 된다고 우려했다. 그러나 2016년의 대통령 선거 국면에서 민주당과 공화당 대선 후보들이 앞다투어 보호무역을 주장하는 등 보호무역주의는 경제적 논리보다 정치적 논리에 따라 더욱 강화되었다.

트럼프 대통령은 미국 기준의 공정성을 주장하면서 덤핑이나 보조금 등 외국의 불공정무역에 대해 고율의 보복관세 등을 통하여 제재하고 미국 제조업을 보호하고 신흥공업국으로부터의 수입을 견제하며 미국 기업의 해외 이전을 방지하고 외국의 환율 조작에 강력하게 대응하겠다고 공약했는데, 보호무역정책을 통해 미국 제조업의 경쟁력을 강화하면 일자리 문제를 해결할 수 있다는 주장이다. 미국이 WTO에서 15년간의 유예기간이 끝났는데도 중국의 시장경제지위(Market Economy Status, MES)를 인정하지 않겠다고 하자 중국이 WTO에 제소했고 트럼프 대통령이 중국에 대한 보호무역조치를 강화하겠다고 공약했는데, G2 간의 통상마찰이 더욱 격화될 전망이다. 미국 피터슨국제경제연구소의 노랜드(Marcus Noland) 등은 미국의 재화 · 서비스 무역의 약 1/4을 차지하는 중국과 멕시코에 대해 트럼프의 공약대로 각각 45%와 35%의 관세를 부과해서 무역전쟁이 일어날 경우 미국은 2019년에 경기침체가 최저점에 달하고 약 480만 개의 민간 일자리가 감소할 것으로 추정했다. 또 미국의 보호무역의 강화나 환율전쟁의 위협은 세계 무역을 위축시켜서 트럼프의 재정 증대를 통한 경기부양효과를 축소시킬 가능성이 높다.

글로벌리즘을 포기하고 미국의 이익을 추구하는 '트럼프 현상(Trumpism)'이나 영국의 유럽연합 탈퇴 결정은 반세계화와 신고립주의가 세계적으로 확산되는 현상을 반영하고 있다. 2001년에 WTO에서 새롭게 발족시킨 도하라운드를 통한 자유무역 협상이 난항을 겪으면서 WTO의 역할이 약화되고 세계 경제의 회복이 장기적으로 정체되고 있는 현실도 통상마찰을 증대시키는 데 일조하고 있다.

5. 미국의 자유무역협정

자유무역협정(FTA)은 지역 간 또는 국가 간의 협정에 의해 관세와 무역장벽을 제거하여 무역·투자의 자유화를 촉진함으로써 시장을 단일화하는 협정을 말한다. 그 효과로는 무역 확대를 통하여 지역 경제의 활성화와 산업합리화가 촉진되고 소비자에게 낮은 수입가격과 높은 품질과 서비스를 제공할 수 있다. 미국은 WTO 등 다자 간 협상과 함께 지역 간 자유무역협정 체결을 추진했다. 미국은 현재 캐나다, 멕시코, 오스트레일리아, 칠레, 페루, 바레인, 콜롬비아, 코스타리카, 도미니카, 엘살바도르, 과테말라, 온두라스, 이스라엘, 요르단, 한국, 모로코, 니카라과, 오만, 파나마, 싱가포르 등 20개 국가와 자유무역협정을 체결하고 있다.

1990년대 이후 지역주의의 물결이 거세지면서 세계적으로 FTA의 체결이 급증했는데, 1993년의 유럽 17개국의 유럽연합과 1994년의 미국·캐나다·멕시코 등의 북아메리카 3개국의 북미자유무역협정(North American Free Trade Agreement, NAFTA)을 그 대표적인 예로 들 수 있다.

미국의 주도로 1994년 1월부터 북미자유무역협정이 발효되어 인구 3억 7,000만 명, GDP로 6조 5,000억 달러에 달하여 유럽공동체(EC)를 능가하는 경제규모를 가진 자유무역권이 출범되었다. 이 협정은 1989년에 발효된 미국·캐나다 간 자유무역협정에 남쪽의 개발도상국인 멕시코를 추가한 것으로 당시 진행되던 유럽공동체의 통합 움직임을 강하게 의식하여 구상되었다. 미국이 멕시코를 이용하는 장점은 멕시코가 미국에 지리적으로 인접하고 있고 저임금 노동력으로 신축적인 생산체제를 구축할 수 있다는 점에 있었다. 자동차산업의 경우 현지조달(local content) 비율의 인상과 멕시코에서의 후발 생산업체의 규제를 포함하고 있어서 다른 국가들의 기업과 미국 기업을 차별했다. 북미자유무역협정은 출범 이후 역내 교역량과 해외직접투자의 증가를 가져왔지만 정치적으로는 세 국가에서 모두 적극적인 지지를 받지 못했다.

1994년 1월 NAFTA가 발효된 뒤 2013년까지 20년이 경과된 NAFTA에 대한 평가가 활발하게 이루어졌는데 서로 대조적인 주장이 제기되었다. GDP에 대한 영향을 보면 20년간 미국의 GDP는 63% 증가했고 캐나다는 66%, 멕시코는 65% 증가하여 3개국이 모두 OECD 전체 평균 53%보다 높았다. GDP에 대한 NAFTA의 영향만 분석하기는 쉽지 않지만 의회예산국(Congressional Budget Office)의 미국－멕시코 무역과 GDP에 대한 NAFTA의 효과에서는 NAFTA의 효과가 약간 긍정적이고, 협정 발효 이래 지속적으로 증가했다고 추정했다. 무역에 대한 영향을 보면, 미국의 캐나다와 멕시코에 대한 수출은 각각 301%, 370% 증가했고 수입은 각각 194%, 621% 증가했다. 멕시코와의 무역적자가 1993년의 17억 달러 흑자에서 1995년에는 158억 달러 적자(전체 적자의 16.4%)로 반전했고, 2003년에는 407억 달러 적자(전체 적자의 10.1%), 2013년에는 546억 달러 적자(전체 적자의 11.8%)로 증가했기 때문에 정치적으로 NAFTA에 대한 비판이 높아졌는데, 미국 저축률 감소와 장기호황과 같은 미국 국내 요인, 멕시코의 경제 발전, 멕시코 페소화 가치 하락 등의 요인이 NAFTA와 함께 영향을 미쳤고, 세계적으로 무역자유화가 진행되었으며 무역이 경기변동의 영향을 많이 받기 때문에 NAFTA의 영향만 분리하기는 쉽지 않았다. 의회예산국은 NAFTA가 무역에 대한 효과가 긍정적이고 매년 증가했으며 미국의 수입보다 수출에 더 큰 영향을 미쳤다고 분석했다. 또 미국의 대부분 산업에서 기업 이윤폭은 크게 증가했다. NAFTA의 임금에 대한 영향은 분석 방법에 따라 상이한 결론이 나왔다.

NAFTA가 발효된 이후 20년간 미국 제조업의 일자리는 약 1,700만 개에서 약 1,200만 개로 감소했다. 1992년의 대통령 선거에서 페로(Ross Perot)는 NAFTA로 인해 미국 제조업 일자리가 멕시코로 옮겨지는 '거대한 빨아들이는 소리(a giant sucking sound)'가 날 것이라고 주장했다. 그러나 미국 일자리의 대폭 감소를 NAFTA 탓으로 돌리는 것은 세계화가 진행되는 과정에서 멕시코뿐만 아니라 중국과 인도 등 낮은 임금과 느슨한 노동법이 적용되는 개발도상국들로 공장과 일자리의 이동이 활발하게 이루어진 글로벌 노동시장의 조정이 이루어졌다는 사실과 자동화 등 노동절약적 기술진보, 그리고 2008년 금융위기 이후의 대침체의 영향을 고려하지 않는 것이다. 2013년에 미국은 멕시코와 601억 달러, 중국과 3,188억 달러의 무역수지 적자를 기록했는데, 미국이 멕시코와의 무역으로 1개의 일자리를 잃었다면 중국에는 5.3개의 일자리를 잃은 셈이었다. NAFTA를 비판하는 입장에서 경제정책연구소(EPI)는 NAFTA로 인해 약 50만 개의 미국 일자리가 사라졌다고 추정한 반면, 지지하는 입장에서는 일자리 손실은 불가피했고 고용에 대한 순효과는 무시할 정도일 것으로 추정했다. 지난 20년 동안 매년 평균 45,000개의 일자리가 사라졌다는 비판이 있지만

1억 3,500만 명의 미국 노동력 중 매달 400만에서 500만 명이 일자리를 떠나거나 잃는 데 비하면 0.1% 수준에 그쳤고, NAFTA 발효 이후 미국의 총고용은 22% 증가했다.

멕시코 이외의 중남미 국가들은 북미시장으로부터의 배제를 피하기 위해서 멕시코에 이어 자유무역협정을 체결하려는 움직임을 보였다. 남북 아메리카 자유무역권 설립 움직임도 진행되어 1998년 4월에는 2005년까지 인구 10억의 미주자유무역지대(Free Trade Area of America, FTAA)를 창설한다는 목표를 설정했는데, 브라질의 룰라 대통령 등 남미공동시장(MERCOUSR) 회원국 정상들이 반대하면서 2005년 협의가 결렬되었다.

미국에서 구조조정을 통해 비용을 절감하고 생산성을 향상시켜서 경쟁력을 강화하고 있지만 국내 수요가 정체될 경우에는 해외에서 수요를 찾아야 할 필요가 있다. 미국이 국익에 따라 자유무역체제를 추구하면서도 북미자유무역협정이나 아시아태평양경제협력체(Asia-Pacific Economic Cooperation, APEC)와 같은 경제블록을 결성하려는 모순적인 무역정책을 실시했다. 미국이 세계 시장에서 유럽·일본 등의 기업과의 치열한 경쟁에 직면하면서 자유무역주의와 함께 지역주의·보호주의를 함께 추구하는 것은 미국 통상정책의 딜레마라고 할 수 있다.

2007년 협상이 타결되어 2012년에 발효된 한미자유무역협정(South Korea-United States Free Trade Agreement, KORUS FTA)이 한국과 미국 간의 관계에 경제적인 효과를 넘어서는 다면적인 영향을 미치고 있다. 당초 한미자유무역협정에 대한 논의에서 이준구 교수의 주장과 같이 수출에서 성장 동력을 찾고 있는 한국의 입장에서 보면 거대한 미국 시장을 최대한 활용할 수 있는 길을 모색하는 것이 무엇보다 중요하고 한미자유무역협정을 하지 않기로 결정했을 때의 비용이 적지 않기 때문이라는 찬성론과 조순 교수의 주장과 같이 무역뿐만이 아니라 경제를 넘어선 영역에서 한국을 미국화하는 내용을 담고 있고 경제적으로도 내수산업을 쇠퇴시키고 양극화를 심화시키며 정부의 기능을 축소시킬 것이라는 반대론이 제기되었다.

오바마 정부는 금융위기 이후 경제회복을 위한 통상정책으로 수출촉진정책과 지역무역협정 활성화를 추진했는데, 2016년 환태평양경제동반자협정(Trans-Pacific Partnership, TPP) 협상을 타결했다. TPP는 전 세계 GDP의 36%를 차지하는 국가들을 포괄하는 협정으로 일본, 멕시코, 캐나다, 호주, 말레이시아, 베트남 등을 포함하고 있는데, 관세 인하, 지적 재산권, 인터넷 정보 자유화, 온라인 상거래, 다국적기업 간 분쟁해결 등에 관한 내용을 담았다. 미국은 TPP 협정에서 전자상거래에 대한 국내 규제를 완화하고 국가 간 디지털 거래를 촉진하기 위해 전자상거래 자유화를 추진했다. 미국과 유럽연합이 협의하고 있는 범대서양무역투자동반자협정(Transatlantic Trade and Investment Partnership, TTIP)은 경제적 이익을 앞세워 세계 무역질서를 재편하고자 추진되었는데, 대부분의 부유한 선진국들, 기독교 국가들, 백인 국가들을 포함한다는 점에서 배타성에 대한 비판이 적지 않았다.

중국은 환태평양경제동반자협정에 대응하여 역내포괄적경제동반자협정(Regional Comprehensive Economic Partnership, RCEP)을 추진하는 등 미국과 주도권 확보를 위해 경쟁했으며 아시아·태평양자유무역지대(Free Trade Area of the Asia-Pacific, FTAAP) 창설을 둘러싸고 주도권 다툼을 하고 있다.

2016년 대통령 선거에서 트럼프 후보는 보호무역주의와 반이민자정책으로 백인 노동자들의 표심을 자극하면서 일자리를 죽이는 자유무역협정은 재앙이며 NAFTA에 서명한 이래 버지니아 지역 내 제조업 일자리의 1/3을 잃었다고 비난했고 TPP에 가입한 회원국들과의 교역에서 미국의 적자가 크다고 반대 입장을 밝혔다. 2016년 선거에서 NAFTA를 추진했던 빌 클린턴과 TPP를 추진했던 힐러리 클린턴에 대한 러스트 벨트(Rust Belt) 노동자 계층의 반감이 트럼프의 대통령 당선에 중요한 역할을 했는데, 트럼프 대통령은 NAFTA는 재협상을 추진하기로 했고 TPP에서는 탈퇴했으며, 다자간 협상보다 양자간 협상으로 미국의 이익을 관철하겠다고 주장했다.

자유무역협정은 국민경제에 큰 영향을 미치는 협상이 밀실에서 논의되고 결정된다는 비판이 많다. 2016년에는 국가의 중대한 이익을 현저히 해칠 우려가 있다는 이유로 일부분을 한국 정부가 비공개로 결정했던 한미자유무역협정 문서에 대해 대법원에서 국민의 알 권리를 위해 비공개를 취소하라는 판결이 내려졌다. 또 교황청이 금융투기와 시장의 절대적 자율성을 옹호하는 이데올로기가 사회 양극화를 초래했고 TPP와 TTIP 등의 자유무역협정이 약소국들의 권리와 주권을 훼손할 수 있고 자본가의 이익을 관철시키는 수단으로 이용되고 있다고 비판하면서 다자간 무역협정을 복원해야 한다고 지적했다.

6. 미국 달러 가치의 변동

(1) 브레튼우즈 체제

영국이 1819년에 최초로 금본위제를 채택한 뒤 다른 나라들이 뒤이어 금본위제를 채택했다. 당시 파운드화는 세계 무역의 60%를 장악하면서 통화패권을 장악했는데 제1차 세계대전 이후 금 부족을 이유로 마침내 금본위 통화제도를 포기했다. 제2차 세계대전 이후 미국의 환율정책은 압도적인 경제력, 금 보유량과 군사력을 앞세워서 달러를 기축통화로 하여 금 1온스당 35달러로 설정하고 다른 나라의 통화를 달러에 연계시키는 고정환율제를 기반으로 하는 브레튼우즈(Bretton Woods) 체제가 출범했다.

세계의 기축통화가 되기 위해서는 세계가 신뢰하는 강한 경제력과 정치적 안정, 세계질서를 유지하는 정치력과 군사력을 기반으로 금융시장이 안정적이고 세계에 개방되어 있으며 경상수지 흑자가 유지되어야 한다는 점에서 미국 달러가 압도적인 우위를 차지했다. 그런데 유럽과 일본의 경제가 전쟁 피해를 회복하면서 미국의 경제력이 상대적으로 쇠퇴하기 시작했고 해외에 유출된 금의 양이 미국이 보유하고 있는 금의 양을 훨씬 초과하게 되었다. 1960년대 후반이 되면 프랑스와 벨기에 등의 국가들이 보유한 달러를 금으로 교환하려는 의사를 나타내기도 했고, 1960년대에 미국이 베트남 전쟁 등으로 막대한 비용을 지출하면서 경상수지 적자가 확대되었고 달러가 과잉 공급되면서 달러 가치가 하락해 준비자산으로서 신뢰도가 떨어지면서 고정환율제도가 유지되기 어려워졌다.

미국이 경상수지 적자를 허용하지 않고 달러의 해외 공급이 중단되면 세계 경제가 위축될 수밖에 없다는 '트리핀의 딜레마(Triffin's dilemma)'는 한 나라의 화폐를 기축통화로 하는 체제가 지닌 모순을 지적한다. 미국의 금 준비가 대폭 감소되자 1971년 8월에 닉슨 대통령이 금과 달러 간의 태환을 정지시키면서 브레튼우즈 체제는 해체되었고 주요 선진국들은 변동환율제로 전환했다.

(2) 기축통화 지위의 약화

달러에 대한 절대적인 신뢰성은 약화되었지만 그 후에도 달러는 기축통화의 지위를 유지했다. 그것은 미국의 경제력이 상대적으로 하락했지만 전체적으로 미국을 능가할 수 있는 나라가 없었기 때문이었다. 미국도 독자적인 정책의 한계를 의식해 선진국 간의 협조정책을 모색하게 되었다. 미국은 1977년에 서독과 일본에 대해 달러 저평가를 시정하기 위한 협조를 요청했다. 거시경제정책의 공조를 요청하기는 했지만 만약 미국에 협조하지 않을 경우에는 달러의 저평가를 방치하겠다는 위협이 저변에 깔려 있었다. 극단적인 달러의 저평가는 유럽과 일본의 수출에 큰 타격을 미칠 것이기 때문에 미국의 요청을 받아들이지 않을 수 없었던 것이다.

국제적 정책협조의 대표적인 사례로 1985년의 플라자 합의를 들 수 있다. 1980년대 초에 레이거노믹스의 부작용으로 단기 금리가 단기간에 급등하면서 국제금융자본이 미국으로 유입되면서 달러의 고평가가 초래되었다. 이 때문에 수출이 부진하고 수입이 크게 증대되면서 국내 산업이 큰 타격을 받았고 다수의 산업이 해외로 이전하면서 산업 공동화가 일어났는데, 이 위기를 타개하기 위하여 미국이 G5의 협조를 요청했다. 구체적으로는 다른 선진국들에게 달러 매입과 이자율 인하를 통한 협조를 요청했다.

플라자 합의에 따른 국제적 정책협조에도 불구하고 미국의 경상수지 적자가 축소되지 않자 환율 조정의 효과가 미약하기 때문에 별도의 조치가 필요하다는 주장이 제기되면서 미국의 환율정책이 변화하기 시작했다. 환율이 무역수지에 미치는 효과가 미약한 것은 상대국들이 불공정한 무역을 하거나 경제구조 자체에 문제가 있기 때문이고 이것을 시정하기 위해서는 해당 국가의 거래관습과 경제구조를 고쳐야 한다는 주장이 제기되었고, 1988년에는 보호무역이 강화된 종합통상법이 제정되었다.

환율은 다른 통화 간의 교환비율로서 장기적으로는 물가수준의 차이를 반영하지만 단기적으로는 수많은 경제적 · 비경제적 요인에 의해 변동한다. 환율의 변화가 무역에 미치는 영향은 현실적으로 적지 않기 때문에 달러화의 가치 변동은 미국의 무역상대국에게는 중요한 문제가 된다. 정책협조에 의한 환율 조정은 어려운데 무엇보다도 파생상품 등의 발달로 외환거래액이 격증하면서 국제금융시장에서 실수요와는 관계없이 대규모로 외환이 거래되기 때문이다.

플라자 합의 이후 달러 가치는 안정되었고 1991년 소련 붕괴 이후 금융자본을 앞세워 글로벌 자본주의의 네트워크가 형성되었고, 중국 · 인도 등 신흥국가들의 고속

성장으로 미국은 저가상품을 소비하면서 경상수지 적자가 확대되었으며 신흥국가는 수출을 통해 벌어들인 달러를 미국에 투자했다. 가장 부유한 국가인 미국의 과잉 소비와 중국 등 대부분 아시아 신흥공업국들인 다른 국가들의 과잉 저축이 공존하는 '글로벌 불균형'이 심화되었다.

1990년대 중반 이후부터 2001년까지는 미국 기업의 높은 성장력과 수익성에 따라 외국투자자들이 기업 인수·합병 등의 형태로 대량의 달러 표시 자산을 구입했기 때문에 달러 가치의 강세가 지속되었다. 그러나 2002년 초 이래 달러 가치가 주요 통화에 비하여 하락했다. 그 배경으로는 2001년 미국의 경기침체와 일본과 유로권의 경기회복으로 미국과의 성장률 격차가 축소되었고, 엔론 사태로 뒤이은 기업회계 투명성에 대한 신뢰가 하락했으며, 테러 재발에 대한 우려가 증대되었기 때문에 미국으로의 자금 유입이 감소했던 것을 들 수 있다. 미국이 매년 대규모의 경상수지 적자가 누적된 것은 미국에서 저축률을 상회하는 투자가 이루어지면서 그 차액을 해외로부터의 자금 유입으로 충당하고 있다는 것을 뜻한다.

2007년의 서브프라임 사태 이후 달러 가치 하락에 따라 유로화의 가치가 상승하면서 미국과 유럽이 아시아 국가들의 환율, 특히 달러화에 사실상 고정된 중국의 위안화와 일본의 엔화에 대한 절상 압력이 높았다. 그러나 2010년 이후 유럽이 재정위기를 겪었고 세계적으로 장기 경제침체가 이어지는 가운데 미국은 안정적 성장을 지속함에 따라 안전자산에 대한 수요 증가는 달러 가치를 상승시켰다.

미국의 달러가 국제적으로 기축통화(key currency)로 통용되면서 미국은 다양한 이익을 얻는다. 화폐 발행에 따른 화폐주조차익(seigniorage)을 얻고 무역적자 등 대외적인 제약으로부터 국내경제정책 운용이 비교적 자유롭다. 또 기축통화를 통하여 경제력이나 군사력과 같은 경성권력(hard power)과 자유·개방 등으로 자발적 순응을 유도하는 연성권력(soft power)을 강화할 수 있다. 현재 미국의 달러는 기축통화로서의 국제적 위상이 과거에 비해 크게 하락했지만 달러를 대체할 수 있는 통화는 찾기 어렵다. 세계 외환보유고의 통화별 구성에서 달러의 비중은 2000년의 71.5%에서 2009년에는 62.7%로 하락했고 2015년 6월 말에는 63.8%로 안정적으로 높은 비중을 차지했다. 2015년 6월 말에 유로는 20.5%, 엔화는 3.0%를 차지했다.

미국발 금융위기에도 불구하고 국제금융에서 달러의 영향력은 높아졌다. 유로화는 유럽 국가 재정위기와 영국의 유럽연합 탈퇴 결정으로 불안한 움직임을 보였으며, 일본 엔화는 2012년 말부터 추진된 아베노믹스(Abenomics)의 영향으로 약세를 지속했지만 안전통화인 엔화에 대한 수요가 증가되면서 다소 상승세를 보였다. 중국 위안화는 국제사회에서 아직 충분한 신뢰를 얻지 못했지만 막대한 외환보유고와 국제결제 비중의 증가에 따라 2015년에 IMF의 특별인출권(SDR) 구성 통화에 편입되어 엔화를 제치고 유로에 이어 세 번째로 큰 비중을 차지했다.

미국이 느슨한 통화정책으로 달러를 증발시키고 막대한 재정적자에 시달리고 있으며 중국의 위안화가 국제통화로서의 역할이 높아지고 있으므로 국제통화체제의 개혁이 필요하다는 지적이 적지 않다. 국제적으로 달러를 대체할 수 있는 방안으로 케인스가 주장했던 방코(bancor)를 도입하거나 IMF 특별인출권(SDR)을 활용하자는 등 세계 통화에 대한 논의가 이루어졌지만 현재로서는 현실성이 매우 낮다. 트럼프 대통령 당선자의 정책 중에 공화당 정강의 금본위제를 검토하는 내용이 담겨 있는데, 막대한 재정적자와 국가부채에 따른 달러 가치 하락을 금값에 대한 연동으로 막고자 하는 의도이겠지만 금 보유량이 많지 않고 유동성 조절 능력이 제한되기 때문에 실현되기 어려울 것이다. 트럼프 대통령이 미국 우선주의를 앞세워 미국의 무역적자를 중국, 일본, 한국 등의 불공정 무역 탓으로 돌리면서 미국의 무역적자가 큰 일본, 중국, 독일에 대하여 환율조작 가능성을 제기하면서 외환시장에 충격을 주었고 환율전쟁에 대한 우려가 높아졌다.

(3) 달러 인덱스로 본 달러 가치의 변동

연방준비제도에서 발표하는 달러 인덱스(dollar index)는 미국 달러의 가치를 유로, 영국, 일본, 스위스, 캐나다, 스웨덴, 호주의 화폐 가치의 가중평균과 비교하는 지수로 1973년을 기준점으로 한다(그림 8-2 참조). 달러 인덱스(주요 통화 기준)를 통하여 달러 가치의 장기 변동을 살펴보면 1978년부터 1985년까지 약 7년간은 달러 가치가 큰 폭으로 상승했는데, 1985년 9월에는 레이거노믹스로 지나치게 높아진 달러 가치를 하락시키기 위해 일본과 서독이 자국 통화 가치를 상승시키기 위한 정책을 실시하기로 합의했던 G7 간의 '플라자 합의'가 체결되었다. 1달러에 235엔의 환율이 다음 해에 120엔으로 하락하자 일본 정부가 엔화 가치 상승으로 불리해진 국제경쟁력

그림 8-2 달러 인덱스(주요 통화)

을 만회하기 위해 저금리정책을 실시한 결과 부동산 가격이 급등했고 주식시장에 거품이 형성되었다. 일본 경제는 통화정책의 전환으로 금리 인상이 이루어진 1990년 이후 자산가격이 붕괴하기 시작하면서 실물경제가 함께 전반적으로 장기 불황에 빠지는 복합불황을 겪었다.

1985년에서 1995년까지 약 10년간은 달러 가치가 큰 폭으로 하락했는데, 엔화 가치는 지속적으로 상승하여 1995년 4월에 1달러당 80엔이 붕괴되자 세계 경제의 안정을 위해 G7 간에 일본 엔화 가치 하락을 유도하기 위한 '역플라자 합의'가 이루어졌다. 역플라자 합의는 플라자 합의와는 반대되는 정책 내용을 지녔는데, 플라자 합의는 미국 경제의 어려움 때문에, 역플라자 합의는 일본 경제의 어려움 때문에 선진국들로만 이루어진 G7에서 합의가 이루어졌다는 점에서 개발도상국들의 이해관계가 반영될 수 없는 국제금융의 현실을 보여 주었다. 역플라자 합의 이후 달러 가치는 다시 2002년까지 약 7년간 상승세를 유지했다.

미국에서 형성되었던 1990년대 후반의 정보통신 거품이 꺼지면서 2001년에 경기침체와 9·11 테러가 발생하자 재정적자가 증가했고 경기부양을 위한 저금리정책이 지속되면서 달러 가치가 하락하기 시작했다. 달러 가치는 2002년 이후 2008년까지 하락세를 보였다. 2008년에 미국에서 금융위기가 발생하자 안전통화선호 심리에 따라 달러 가치가 일시적으로 상승했다가 다시 2011년까지 하락세를 지속했다. 2010

년에 발생한 유럽 재정위기는 유럽연합과 그 공동통화인 유로 가치의 불안정성을 드러냈고 미국이 '나홀로 성장'에 가까운 회복세를 보이면서 2011년 이후 달러 가치가 다시 상승세를 지속했다.

지난 40년간 달러의 가치는 대체로 상승국면과 하락국면을 순환적으로 반복하는 움직임을 나타냈다. 달러 가치의 변동은 미국 경제의 변화뿐만 아니라 세계 경제와 각국 경제와 경제주체에 직접 영향을 미치고 세계 곳곳에서 발생하는 정치ㆍ사회ㆍ경제ㆍ군사적 변화에 반응하기 때문에 가장 중요한 경제지표의 하나로서 많은 관심 대상이고 중요한 예측 대상이지만, "경제 예측은 모두 어렵지만 환율 예측보다 어려운 것은 거의 없다"고 할 만큼 불안정하게 변동하기 때문에 많은 경제주체들에게 어려움을 제공하고 있다.

참고문헌

권영민, 미국혁신론, 두남, 2014

그레그 스미스, 내가 골드만삭스를 떠난 이유, 이새누리 옮김, 문학동네, 2014

기 소르망, Made in USA : 미국 문명에 대한 새로운 시선, 민유기 · 조윤경 옮김, 문학세계
   사, 2004

김기수, 미국의 국제통화 영향력에 대한 정치적 분석, 세종연구소, 2012

김성열, 코포릿 아메리카, 페이퍼로드, 2014

김진방 등, 미국 자본주의 해부, 풀빛, 2001

김병종 등, 춘아, 춘아, 옥단춘아, 네 아버지 어디 갔니?, 민음사, 2001

니알 퍼거슨, 콜로서스 : 아메리카 제국 흥망사, 김일영 · 강규형 옮김, 21세기북스, 2010

니얼 퍼거슨, 금융의 지배 : 세계금융사 이야기, 김선영 옮김, 민음사, 2010

딘 베이커, 가장 최근의 미국사, 1980~2011, 최성근 옮김, 시대의창, 2012

라구람 라잔, 폴트 라인, 김민주 · 송희령 옮김, 에코리브르, 2011

로버트 라이시, 슈퍼자본주의, 형선호 옮김, 김영사, 2008

로버트 라이시, 자본주의를 구하라 : 상위 1%의 독주를 멈추게 하는 법, 안기순 옮김, 김영사,
   2016

로버트 루빈, 글로벌 경제의 위기와 미국, 신영섭 · 김선구 옮김, 지식의날, 2005

로버트 쉴러, 새로운 금융시대, 조윤정 · 노지양 옮김, 랜덤하우스코리아, 2013

로버트 실러 등, 새로운 부의 시대 : 21－22세기 미래 예측 보고서, 이경남 옮김, 알키, 2014

로저 로웬스타인, 천재들의 실패, 이승욱 옮김, 동방미디어, 2009

류이근, 왜 자본은 일하는 자보다 더 많이 버는가, 시대의창, 2014

리처드 슈뢰더, 미국의 정부, 주한 미국대사관 공보과, 2004

리처드 윌킨슨 등, 평등이 답이다 : 왜 평등한 사회는 늘 바람직한가?, 이후, 2012

마리나 휘트먼, 변화하는 미국경제, 새로운 게임의 룰, 조명현 옮김, 세종서적, 2001

마이클 더투조스, 메이드 인 아메리카 : MIT가 진단한 미국경제 재건 위한 처방, 신영수 옮김,

시사영어사, 1990

마조리 켈리, 주식회사 이데올로기, 제현주 옮김, 북돋움, 2013

마틴 울프, 금융공황의 시대 : 금융세계화 그 불안한 미래, 김태훈 옮김, 바다출판사, 2009

모리스 버먼, 미국은 왜 실패했는가, 김태언·김형수 옮김, 녹색평론사, 2015

바바라 에렌라이히, 빈곤의 경제, 홍윤주 옮김, 청림출판, 2001

백창재, 미국 패권 연구, 인간사랑, 2009

베르나르 앙리 레비, 아메리칸 버티고, 김병욱 옮김, 황금부엉이, 2014

밴저민 긴스버그 등, 다운사이징 데모크라시, 서복경 옮김, 2013

벤 버냉키, 행동하는 용기, 안세민 옮김, 까치, 2015

브루스 가드너, 20세기의 미국 농업, 권오상 옮김, 박영북스, 2010

새뮤얼 보울스 등, 자본주의 이해하기, 최민식 등 옮김, 후마니타스, 2009

소킨·앤드루, 대마불사 : 금융위기의 순간 그들은 무엇을 선택했나, 한울, 2010

쑹훙빙, 화폐전쟁, 차혜정 옮김, 랜덤하우스코리아, 2011

스캇 패터슨, 퀀트–세계 금융시장을 장악한 수학천재들 이야기, 구본혁, 다산북스, 2011

스티븐 로치, G2 불균형, 이은주 옮김, 생각정원, 2015

스한빙, (미국, 유럽, 중국의) 화폐전쟁, 남영택 옮김, 평단, 2013

앤드류 슈무클러, 시장경제의 환상, 박상철 옮김, 매일경제신문사, 1998

앨런 그린스펀, 격동의 시대, 현대경제연구원 옮김, 북앳북스, 2007

앵거스 디턴, 위대한 탈출–건강, 부 그리고 불평등의 기원, 최윤희·이현정 옮김, 한국경제
    신문, 2015

에릭 브린욜프슨 등, 제2의 기계 시대–인간과 기계의 공생이 시작된다, 이한음 옮김, 청림출
    판, 2014

엘리자베스 워런, 싸울 기회, 박산호 옮김, 에쎄, 2015

은호성, 1990년대 미·일의 경제성과 및 경쟁력 비교 분석, 한국은행, 1998

월터 아이작슨, 스티브 잡스, 안진환 옮김, 민음사, 2011

이광중, M&A의 성배, iTAXnet, 2012

이상광 등, 미·일 자본시장의 구조 및 변화, 한국금융연구원, 2001

이주영, 미국의 좌파와 우파, 살림, 2003

이준구, "분배문제, 절대로 미국을 닮아서는 안 된다", 허핑턴 포스트 코리아, 2014

잭 비어티, 거상 : 대기업이 미국을 바꿨다, 유한수 옮김, 물푸레, 2002

잭 웰치, 끝없는 도전과 경쟁, 이동현 옮김, 청림출판, 2001

제라르 뒤메닐 · 도미니크 레비, 신자유주의의 위기, 김덕민 옮김, 후마니타스, 2014

제러미 리프킨, 유러피언 드림, 이원기 옮김, 민음사, 2005

제러미 리프킨, 한계비용 제로 사회 ― 사물인터넷과 공유경제의 부상, 안진환 옮김, 민음사, 2014

조나단 그루버, 재정학과 공공정책, 김홍균 외 옮김, 시그마프레스, 2011

조너선 코졸, 야만적 불평등 ― 미국의 공교육은 왜 실패했는가, 김명신 옮김, 문예출판사, 2010년

조영빈 · 박기우, 미국식 경영의 도입과 극복, 삼성경제연구소, 1998

조지 소로스, 미국 패권주의의 거품, 최종옥 옮김, 세종연구원, 2004

조지 프리드먼, 100년 후, 손민중 옮김, 김영사, 2010

조지프 나이, 미국의 세기는 끝났는가, 이기동 옮김, 프리뷰, 2015

조지프 스티글리츠, 불평등의 대가, 이순희 옮김, 열린책들, 2013

조현진, 배출권거래제와 자본시장법, 이담Books, 2013

존 고든, 부의 제국 ― 미국은 어떻게 세계 최강대국이 되었나, 안진환 · 왕수민 옮김, 황금가지, 2007

존 캐서디, 시장의 배반, 이경남 옮김, 민음사, 2011

중국중앙전시대, 무역전쟁, 랜덤하우스코리아, 2011

중국중앙전시대, 대국굴기 : 강대국의 조건-미국, 안그라픽스, 2007

쥐스탱 바이스, 미국식 사회모델, 김종명 옮김, 동문선, 2002

진현환, 쉽게 읽는 미국 주택정책, 삼성경제연구소, 2013

찰스 가이스트, 월스트리트 100년, 권치오 옮김, 좋은책만들기, 2001

찰스 린드블롬, 시장체제, 한상석 옮김, 후마니타스, 2009

츠츠미 미카, (르포) 빈곤대국 아메리카, 홍성민 옮김, 문학수첩, 2008

츠츠미 미카, (르포) 빈곤대국 아메리카2, 홍성민 옮김, 문학수첩, 2010

KBS 미국의 부활 제작팀, 미국의 부활, 가나출판사, 2016

클라우스 슈밥, 제4차 산업혁명, 송경진 옮김, 새로운현재, 2016

토니 주트, 더 나은 삶을 상상하라 : 자유시장과 복지국가 사이에서, 김일년 옮김, 플래닛, 2011

토마 피케티, 21세기 자본론, 장경덕 옮김, 글항아리, 2014

토마스 프랭크, (정치를 비즈니스로 만든) 우파의 탄생, 구세희 · 이정민 옮김, 어바마마, 2013

토머스 프리드먼 등, 미국 쇠망론, 이은경 · 강정임 옮김, 21세기북스, 2011

토머스 프리드먼, 세계는 평평하다 : 21세기 세계 흐름에 대한 통찰, 김상철 · 이윤섭 옮김, 창해, 2005

톰 하트만, (2016) 미국 몰락, 민윤경 옮김, 21세기북스, 2014

펠릭스 로하틴, 월가의 전쟁, 이민주 옮김, 토네이도미디어그룹, 2011

폴 크루그먼, 대폭로, 송철복 옮김, 세종연구원, 2003

폴 크루그먼, 새로운 미래를 말하다, 박태일 등 옮김, 엘도라도, 2012

폴 크루그먼, 지금 당장 불황을 끝내라!, 박세연 옮김, 엘도라도, 2013

프레드릭 미쉬킨, 화폐와 금융, 이명훈 옮김, 피어슨에듀케이션코리아, 2013

프레드릭 앨런, 1929, 미국 대공황, 신범수 옮김, 고려원, 1992

피터 베르, 미국의 경제, 주한 미국대사관 공보과, 2012

하랄트 슈만 등, 글로벌 카운트다운, 김호균 옮김, 영림카디널, 2009

허버트 스타인, 대통령의 경제학, 권혁승 옮김, 김영사, 1999

홍은주, 초국적시대의 미국기업, 한송, 1998

Acharya, Amitav, *The end of American world order*, Polity Press, 2014

Akerlof, George, *What have we learned?*, MIT Press, 2014

Bowles, Samuel, *The new economics of inequality and redistribution*, Cambridge, 2012

CIA, *The CIA world factbook 2016*, 2015

Coates, David, *Models of capitalism*, Polity, 2000

Council of Economic Advisers, *Economic report of the President 2016*

Foroohar, Rana, *Makers and takers－The Rise of finance and the fall of American business*, Crown Business, 2016

Michel, Lawrence et al., *The state of working America 2004/2005*, Economic Policy Institute, 2005

Gordon, Robert, *The rise and fall of American growth*, Princeton, 2016

Helleiner, Eric, *The status quo crisis*, Oxford, 2014

Heintz, James, *Field guide to the U.S. economy*, Rev. ed., The New Press, 2000

Iceland, John, *Poverty in America*, 2nd ed., Univ. of California Press, 2006

Janssen, Sarah, *The World almanac and book of facts 2015*, World Almanac, 2014

Jones, Bruce, *Still ours to lead*, Brookings, 2014

Karabell, Zachary, *The leading indicators*, Simon & Schuster, 2014

Kotkin, Joel, *The next hundred million*, Penguin, 2010

Leicht, Kevin, *Middle class meltdown in America*, Routledge, 2014

Mishkin, Frederic, *The economics of money, banking and financial markets*, 11[th]ed., 2016

Noland, Marcus, *Assessing Trade Agendas in the US Presidential Campaign*, Peterson Institute for International Economics, 2016

OECD, *Economic Surveys : United States*, 2016

Peterson Institute for International Economics, *NAFTA 20 YEARS LATER*, November 2014

Prasad, Eswar, *The dollar trap*, Princeton, 2014

Prestowitz, Clyde, *The betrayal of American prosperity*, Free Press, 2010

ProQuest, *ProQuest Statistical Abstract of the United States 2016*, Bernan Press, 2015

Reich, Robert, *Beyond outrage*, Vintage Books, 2012

Roberts, Kevin, *African American issues*, Greenwood, 2006

Russell, James, *Double standard-Social policy in Europe and the United States*, 3rd ed., Rowman & Littlefield, 2014

Stein, Herbert et al., *The new illustrated guide to the American economy*, 2nd ed., AEI, 1995

Stiglitz, Joseph, *Rewriting the rules of the American economy*, Norton, 2016

U.S. Congressional Budget Office, *The effects of NAFTA on U.S.-Mexican trade and GDP*, Congress of the United States, May 2003

U.S. International Trade Commission, *Digital Trade in the U.S. and Global Economies*, Part 1, 2013; Part 2, 2014

Viscusi, Kip et al., *Economics of regulation and antitrust*, 4th ed., MIT Press, 2005

Wolf, Martin, *The shifts and the shocks*, Penguin Press, 2014

Zambrana, Ruth, *Latinos in American society*, Cornell, 2011

미국 경제 관련 주요 사이트

미국 American Enterprise Institute

   https://www.aei.org/

미국 Board of Governors of the Federal Reserve System

   https://www.federalreserve.gov/

미국 Brookings Institution

   https://www.brookings.edu/

미국 Bureau of Economic Analysis

   https://www.bea.gov/

미국 Bureau of Labor Statistics

   http://www.bls.gov/

미국 Census Bureau

   http://www.census.gov/en.html

미국 CIA, World Factbook

   https://www.cia.gov/library/publications/the-world-factbook/

미국 Council on Competitiveness

   http://www.compete.org/

미국 Economic Policy Institute

   http://www.epi.org/

미국 Economic Report of the President

   https://www.whitehouse.gov/administration/eop/cea/

미국 Federal Reserve Bank of St. Louis

   https://fred.stlouisfed.org/

미국 Institute for Policy Studies

   http://www.ips-dc.org/

미국 Levy Economics Institute

http://www.levy.org/

미국 National Bureau of Economic Research
http://www.nber.org/

미국 Peterson Institute for International Economics
https://piie.com/

미국 Pew Research Center
http://www.pewresearch.org/

미국 Statistical Abstracts of the United States
http://www.census.gov/library/publications/time-series/statistical_abstracts.html

OECD
https://data.oecd.org/

Wikipedia
https://www.wikipedia.org/tor

찾아보기